名作家写雨花英烈丛书 | 丛书主编 闻慧斌

芳魂

孙月红 著

南京大学出版社

图书在版编目(CIP)数据

芳魂 / 孙月红著. — 南京：南京大学出版社，2021.6
（名作家写雨花英烈丛书 / 闻慧斌，杨金荣主编）
ISBN 978-7-305-24514-5

Ⅰ.①芳… Ⅱ.①孙… Ⅲ.①女英雄－列传－中国－近现代 Ⅳ.①K828.5

中国版本图书馆 CIP 数据核字(2021)第 097102 号

出版发行	南京大学出版社
社　　址	南京市汉口路 22 号　　邮　编　210093
出 版 人	金鑫荣
丛 书 名	名作家写雨花英烈丛书
丛书主编	闻慧斌　杨金荣
书　　名	**芳魂**
著　　者	孙月红
责任编辑	黄　睿
照　　排	南京南琳图文制作有限公司
印　　刷	南京玉河印刷厂
开　　本	880×1230　1/32　印张 12.5　字数 302 千
版　　次	2021 年 6 月第 1 版　2021 年 6 月第 1 次印刷
ISBN	978-7-305-24514-5
定　　价	50.00 元

网址：http://www.njupco.com
官方微博：http://weibo.com/njupco
官方微信号：njupress
销售咨询热线：(025) 83594756

＊版权所有，侵权必究
＊凡购买南大版图书，如有印装质量问题，请与所购
　图书销售部门联系调换

总　序

相传南朝梁武帝时期,高僧云光法师在雨花台设坛讲经,讲到精彩处,感动上苍,落花如雨,花落大地成了红红的雨花石。一千多年后,雨花台见证了一批批共产党人和爱国志士英勇不屈、慷慨就义的悲壮,人们更愿意相信,这些红红的雨花石是烈士的鲜血染红的。

"雨花台,雨花台,红骨都在那里埋。"

1927年至1949年间,在雨花台这块圣地埋下了邓中夏、罗登贤、黄励、郭纲琳等一大批革命烈士的忠骨。为了民族独立,人民幸福,为了自己的信仰,为了建立一个理想社会,他们在雨花台献出了鲜活的生命。监狱中、刑场上,他们给家人与同志留下了生命最后的话语:对不起,爸爸妈妈,不能为你们养老送终了,希望你们不要悲伤;对不起,亲爱的,今后两个人的担子要由你一个人承担,希望你照顾好爹妈,把孩子培养成人;对不起,孩子,不能陪你们长大成人,愿你们健康成长;同志们,我们死后,你们勇往直前啊,完成我们未尽的事业……

他们牺牲后,同志们继承他们的事业继续前行,他们的父母、爱人和孩子背负着生活与精神的双重压力,艰难地生存。

每每读到此处,我们的心灵受到极大震撼,泪不能止,掩卷长思。

长思后总想为烈士做些什么,为烈士的亲属做些什么,把他们感天动地的故事奉献给大家。因此,我们策划了一套"名作家写雨花英烈丛书",这套丛书包括女性英烈的《芳魂》、青年学生的《学子魂》、黄埔军校军人的《黄埔魂》、隐蔽战线的《谍魂》及雨花英烈夫妻情的《绝恋》等……

为了使这套丛书既是真实历史,又有文学性可读性,让广大读者尤其青少年朋友,了解那段刻骨铭心的历史,了解先辈们走过的不平凡的崎岖之路,从先烈身上汲取精神养分,我们特邀请知名作家,以纪实文学的形式来完成这套丛书,让雨花英烈的故事传得更远,传向历史的深处。

相信丛书的出版,能起到缅怀先烈、激励后人、不忘初心、继续前行的作用。

2021 年 6 月 1 日

花雨深处的那些芳魂（代序）

5年前我完成了长篇纪实《墨云惊鸿》后，被书中主人公陈君起这样的女革命者的瑰丽人生所吸引，开始研究记录中国革命史上那些为信仰而牺牲的女性。

20世纪初的第一个十年开启了对中国现代女性的塑造。女性从救国起步，同时开始了自救。她们与男性一样，救国于水火，解民于倒悬。在中国革命史上，女性的革命征途往往比男性革命者更加艰辛与残酷。在政治生命与传统观念的选择中，她们很难兼顾两种角色。在深层焦虑中，她们往往选择政治生命。为了自己的信仰，有的做了传统家族的叛逆者；有的弃学从军；有的舍儿弃女从政；有的随夫革命。无论哪一种情况，一旦她们有了自己的信仰，确定了自己的奋斗目标，她们愿意追随信仰并为之献出一切。在她们柔美的外表内蕴涵着的是一种无法抗拒的魅力。

有信仰的女人是美丽的。

人们常说：慷慨赴死易，从容就义难。来看看女先烈是怎么从容赴死的。秋瑾挥笔写下"秋风秋雨愁煞人"后，走向绍兴轩亭口，她双手被反绑在身后，拖曳着沉重的脚镣，每走一步，尖利的铁棱就会刺进她脚踝的皮肉里，钻心的疼痛使她寸步难行，士兵走过来试图架起秋瑾，秋瑾冷傲地喝道："吾固能行，何掖为！"；向警予被押赴汉口余记里空坪刑场时，沿途向群众大声演讲；陈铁军与周文雍在红花岗刑场上举行的那场婚礼，悲壮而浪漫。还有在浏阳门外识字岭英勇就义的杨开慧；被日军"游街示众"后杀害的赵一曼……研究最多的还是雨花台烈士中的 17 位女烈士。这 17 位女烈士平均年龄仅 25.4 岁，最大的是 42 岁的陈君起，几位最小的姑娘年仅 18 岁。除了两位烈士是工人出身外，其他的烈士都接受过中等或高等教育。她们生命之花的瞬间绽放，凝成了 17 枚血色花朵。张应春的知性、陈君起的婉约、郭凤韶的聪颖、姚爱兰的求索、丁香的才情、杜焕卿的热烈、黄励的辉芒、徐全直的温煦、何宝珍的母爱、郭纲琳的刚烈、孙晓梅的执著等等，共同构成了雨花台 17 位非凡女性的群像。

　　写到郭纲琳，我会对她说：纲琳，你为什么这么执著呢？你为什么不能像其他革命者一样保持沉默呢？国共两党合作了，他们都走出监狱继续革命了，你却走向了雨花台！写到黄励，我惊叹：黄励，你怎么能做到在走向雨花台刑场的路上用自己的方式启发教育国民党士兵呢？多少意志薄弱的男人在这一刻早已魂飞魄散，是军警拖着他们的躯体来到刑场的。而你，从容地跟士兵讲革命真理，面对死亡依然淡定与理性。难道你没想到一个小时后，你将流尽身上最后一滴血，结束你年轻如花一般的生命？！

　　这是一种什么样的力量使柔弱的女人心理如此强大？是什么样的信仰让她们从容地走向死亡？

　　春节假期的十几天时间，我闭门写作，与她们相伴。我闻到血腥味时，会立即离开电脑，或走到室外的阳光下，没有阳光的日子，我就听一曲欢快的乐曲或歌曲。那次写下"在监狱中的杜焕卿也不知道，在她被捕后不久，毕维周在家乡也被捕了，1933年8月3日清晨，毕维周被国民党当局枪杀在无定河畔。毕维周死前也不会想到，他与杜焕卿短暂的相聚，给他们留下了一个爱情结晶；他更没有想到，在他离开人世几个月后，杜焕卿带着他们的孩子也随他而去"这段后，我保存了文档，冲出家门，一位中年女邻居好奇地盯着我。我是不是走得急衣服没穿好？我是不是脸色苍白？我是不是散着头发吓着邻居了？什么也顾不上了，我冲进阳光里，站在那儿才意识到，我的脸上全是水，是泪水。

我对自己说：我要听音乐，听贝多芬的《欢乐颂》。我不要写这些，不要写这些人间悲剧。午后的阳光驱走了我心中的忧伤，回到家，坐在电脑前，写完这篇的最后一句"这个米脂婆姨轰轰烈烈地度过了她22年的一生"。此时，我需要《欢乐颂》里激情澎湃的唱词和急速雄壮的旋律。

她们为理想社会的奋斗献身史融入了中国革命史，构成了这本书的内容。

有人说，女性是彻底的革命者。写完这本书后，我相信了，也相信罗莎·卢森堡的那句名言："当大街上只剩下最后一个革命者，这个革命者必定是女性。"在为她们喟然长叹时，我会自问：如果我是她们，面对恐怖的刑具和敌人的狞笑，面对日军闪着寒光的屠刀和饿了几天的狼狗，我会不会背叛自己的信仰，背叛自己的同志？无数次自虐式的自我追问，最终也没有答案。

在这本书里，我与读者共同深思与追问这个一直令我想知道的答案。

目 录

001　总　序

001　花雨深处的那些芳魂（代序）

第一章　秦淮河祭
003　张应春：血花红染好胭脂
038　陈君起：瘦梅虽老，尤鲜艳耐寒

第二章　晓庄学校开出了两朵红蔷薇
073　姚爱兰：唤醒锄头来革命呀
093　郭凤韶：且向百花头上开

第三章　姐妹同行赴南京
113　冯菊芬：东海菊香自芬芳
130　吕国英：隐籍埋名为母妹

第四章　她们从安源出发

144　徐全直:"此女太刚烈"

184　何宝珍:悲情母亲的激情岁月

第五章　她们只求"生若夏花般绚烂"

228　黄励:策反狱卒的组织部部长

261　季月娥:柔弱女子磐石心

269　郭纲琳:不愿造一点点罪恶在我生命中

第六章　她俩是身怀有孕被捕的

309　丁香:结着愁怨的姑娘

322　杜焕卿:米脂小巷则飞出的一只凤

第七章　她们被埋葬在了冬天里

331　苏订娥:一位女交通员的地下生活

339　刘英:你不怕死,我也不怕死

345　姜辉麟:弃儿舍女主义真

第八章　向着泾县进发

365　孙晓梅:文精武壮女中魁

388　编后记

第一章 秦淮河祭

南京有条古老的河，千载悠悠秦淮河。

秦淮河的全长约110公里，流域面积达2631平方公里。她滋养哺育着南京这方土地和生活在这片土地上的人们，所以，秦淮河也被称为南京的母亲河。秦淮河流到通济门外分为两支，一支称内秦淮河，另一支称外秦淮河。内秦淮河由通济门东水关入城，进入南京城区，穿城而过，由西水关出城，汇入长江。在孔尚任的笔下，秦淮河的春天极美："梨花似雪草如烟，春在秦淮两岸边。"然而，1927年的春天，秦淮河失去了她往日的美艳，在一个没有月亮的夜晚，母亲河被迫接纳了10位年轻革命者的遗体，具体地点就在秦淮河的分叉点通济门外。

"一眼望去，疏疏的林，淡淡的月，衬着蓝蔚的天，颇像荒江野渡光景；那边呢，郁丛丛的，阴森森的，又似乎藏着无边的黑暗；令人几乎不信那是繁华的秦淮河了。"这是朱自清描写的近通济门外的秦淮河。

1927年4月13日的那个夜晚，秦淮河就是郁丛丛、阴森森的。

张应春：血花红染好胭脂

1927年6月10日的那个晚上，逃亡日本的柳亚子先生一直心神不宁，躺在东京神田区日华学会的寝室里，辗转反侧。夜半，终于入眠。张应春向柳亚子走来，牵着他的布衣，哀哀地说："党祸已迫，速自为计。"柳亚子从梦中惊醒，睡意全无：难道张应春发生什么祸事？第二天清晨，柳亚子刚起床就收到国内的一封信，拆开一看，惊愕不已，张应春已殉难，不在人世

图1-1 张应春

了。昨夜，难道是她托梦于我？惊愕过后，柳亚子继续看信，信中云，秋石殉难的地点、时间无人知道。有的说"与女友陈君起并绞死"；有的说"与墨樵同时就逮，复同被缚置麻布囊中，以乱刀攒刺之，血流如注，沉尸大江"。

柳亚子先生自逃亡日本后，一直不放心在国内的张应春，特别是近来，心里总是慌慌的，原来她已不在人世。柳亚子先生对着空

中悲愤地喊道:"秋石,秋石,你终究成了鉴湖女侠!"

铺开纸墨,柳亚子挥泪感成一绝:

> 血花红染好胭脂,
> 英绝眉痕入梦时。
> 挥手人天成永诀,
> 可怜南八是男儿。

第二年,柳亚子先生结束了在日本的流亡生活,以国民党中央监察委员的身份回到南京出席国民党二届五中全会。在南京期间,他不惧白色恐怖,四处探寻张应春的遗骸,终无结果。

1

柳亚子与张应春是同乡,同居江南水乡的古镇黎里。黎里,别名梨川,又称梨花里。在黎里镇区,一条贯穿东西的长河将三里长街分成南北两岸,夏家桥的南塊坐落着黎里女子小学(也称黎里女校),镇的北岸,住着当地很有名的柳家,即柳亚子的一家。柳亚子出身书香门第,少从母亲学唐诗,其父学养有素,亚子亦受父亲影响,赞成变法维新。

住在黎里葫芦兜乡的张家与柳家是世交,张应春之父张鼎斋与柳亚子早有交往。张鼎斋,是位清末秀才,喜好吟咏,与其四位堂兄弟并称"葫芦兜五子"。他早年曾在南京造币厂供职,后回乡办起了村塾。他创办的这所私塾是村上最早的学校。

1901年（清光绪二十七年）11月11日，张鼎斋的头胎孩子呱呱坠地，是个女婴。这一天是农历十月初一，农谚有"十月芙蓉应小春"的说法，张鼎斋就将这新生孩儿取名为蓉城，字应春。后来柳亚子又为张应春取字"秋石"，秋含肃杀之气，与鉴湖女侠秋瑾同调。

幼年的张应春就成了她父亲私塾里一名罕见的女学生。1912年，民国元年，张鼎斋与堂兄弟一起又办起了葫芦兜初级小学，张应春随父又成了这所小学的女学生了。1916年，张鼎斋应聘前往黎里女子小学高小部任教，张应春亦随父去学校就读。

张鼎斋被聘黎里女子小学任教之前，曾在柳亚子家里当过塾师。柳亚子的三妹柳公权高小毕业后，其母不赞成她外出求学，就请了张鼎斋为柳公权的私塾老师，专修国文。张应春随父去黎里女子小学读书时，同桌的同学是柳亚子的四妹柳均权，两人"上课同桌而坐，放学结伴返家，过从甚密"。那年暑期，还是学生的张应春应邀来到柳家，同窗柳均权把她介绍给了哥哥柳亚子，相差十四岁的柳亚子与张应春一见如故。柳均权后来回忆说："他们谈得十分投机，共同语言颇多。"张应春与长她十四岁满腹经纶的柳亚子有共同语言，可见她少年老

图1-2 张应春读书时的生活照

成，学识过人。张应春始识了柳亚子，从此，深受柳亚子先生的教诲与帮助。

此时的柳亚子，已与同里陈去病等人创建了革命文学团体南社，成为江南诗坛的盟主。张鼎斋也在不惑之年参加了南社，与社友一道，在反清斗争中以文字鼓吹革命，支持民主革命活动。

黎里在柳亚子等人的影响下，已形成了一股"新派力量"，民主气息甚浓。张应春在这样的环境熏陶下，逐渐意识到，妇女被歧视、没有社会地位的罪魁祸首是吃人的封建礼教。张应春母亲金氏因一连生下四个女孩，张应春父亲是家中长子，弟辈们多生男孩，而他家全是女孩，因此，金氏备受家族歧视，终年抬不起头来，虽然第5胎生下了男孩，但张氏已精神失常。这给家中的大姐张应春很大的刺激与打击，当时她还不知道造成这苦难的社会根源是什么，懵懂中，她开始仇恨这个吃人的封建礼教。与柳亚子等人接触后，她终于知道母亲与广大妇女们苦难的根源，她对同学柳均权说："女子无才便是德，是封建意识，我辈要勤奋学习，要争女权，一以天下为己任。"小小张应春已经有了女权意识，已经有了"天下兴亡，匹夫有责"的担当与责任，这也是张应春后来参加革命，从事妇女解放运动的原因之一。

2

1920年的夏天，张应春从黎里女子小学高小毕业后，在父亲的鼓励下来到上海，考入中国女子体育专门学校（以下简称：女子体育学校）。这所体育学校位于上海提篮桥倍开尔路精武体育会对面的春阳里,是我国第一所培养女子体育师资的私立学校。学校是1910年创办的,原为中国体操学校女子部。发起人曾专门撰文以阐明其办校的初衷:推原吾国民身体之薄弱,实本于先天。二万万女子缠足者大半,为母之气血,既不充足儿童之躯干,何由强健。故欲注意体育者,犹当注意女子之体育……。此校在江浙一带颇有影响。张应春一入学校,就学会了校歌,让我们来看看一百多年前体校的校歌歌词:

  霹雳一声声,
  睡狮醒未醒,
  神州底事化维新。
  治乱先求根,
  医国在民病,
  赖兹体育振先声。
  学问无穷,
  精神是竞,
  弱者无能强者胜。
  寄语青年,
  莫负光阴,
  振兴体育为己任。

  我们无法听到校歌的旋律,单看这歌词就振奋人心,催人奋进。我们再来看看一百多年前女子体育学校都学些什么,他们的课程设置,除了体操、球类、拳术等"术科",还有国文、生理、音乐等"学科",尤其以教授日本舞蹈和中国武术闻名。除课堂教学外，学校还经常组织学生远足、野营，利用假期进行社会调查，深切关注民生民情，每年还要举办体育运动会，向社会展示女子体育的发展与魅力。

图1-3 张应春(左一)在女子体育学校期间与同学的合影

柳均权曾说："张应春爽直，诚以待人，秉性刚强，嫉恶如仇。凡应春之师长、同窗，无不留有深刻印象。"这也许是张应春考女子体育学校的原因之一。在这所学校的几年学习与生活，她的这种性格更加突出。

张应春虽然身体弱些，但她是个性格开朗豁达、充满活力的女孩儿，每次假期回家，她都不会闲着，看望族中长辈、访问昔日的老师和同学、带弟弟妹妹玩。几十年后，她的妹妹们还会记得月儿朗照的夏夜，大姐往大伙乘凉的场地中央一站，为大家表演一段体操或手球，有时则拉着妹妹们跳起"月明之夜""葡萄仙子"等舞蹈，纳凉的大人与孩子们的笑声传得很远。

从别人的回忆中还可以看出，学生时代的张应春就很关心国家大事，忧国忧民。1921年11月，英、美、法、日等九国在华盛顿召开会议，签订了有损中国主权的《九国公约》，确立了"各国在中国全境之商务实业机会均等之原则"，使局势又回到了帝国主义国家共同宰割中国的境地。消息从美国传到国内，全国各大城市都掀起了大规模的抗议活动，张应春也投入抗议的浪潮中。她作为女子体校的学生代表，12月7日下午，舞蹈课一结束，她就前往青年会参加上海各校学生的代表会议，讨论翌日下午参加上海各界国民大会。第二天下午，上海国民大会在上海南火车站沪军营操场隆重召开，张应春身着童子军装，手执"拒签《九国公约》"的小白旗，随浩浩荡荡的本校队伍前往会场。大会结束，她又与四五万名群众一起示威游行。张应春热血沸腾，游行结束回到学校，趁热情尚未散去，坐下来，把这一天的活动记了下来："那飞飞的小白旗，上面写了许多激动人心的字句……我见了心里很是凄惨，又是快活。为什么呢？因我见这千万人的景况个个都是带着愁容，挥着白旗，好像丧事死了人，也好像亡了国家一般，所以我要凄惨了；然而看见我国的民意这样热心，我国前途必然有希望，所以我又快活。"

这可能是张应春第一次参加如此浩大的爱国活动，她得到了前所未有的锻炼，这也是她今后参加共产党，从事妇女解放运动的原因之一吧。

这次活动后，张应春开始关注国内外形势，关注着大洋彼岸的华盛顿会议。12月21日上午，四堂课刚刚结束，她匆忙跑出教室，来到图书室翻阅报纸，这天报载："华盛顿会议上，中国代表提议取消'二十一条'。日本代表拒绝讨论，其他各国代表亦持同样态度。中国代表于是宣布，若不讨论'二十一条'，前所议决的事项一律推翻,不同意作为大会的决议。"看到这里,张应春抬起头,面朝窗外,独自坐在那里思考,午餐的铃声响了,她还是坐着不动,同学喊她吃饭,她才缓过神来。此时,张应春只是个21岁的姑娘。

从女子体育学校毕业后,张应春告别父母弟妹,远赴福建厦门厦岭学校担任体育老师。后因患足疾"丹毒"而离开福建回到家乡诊治。同学柳均权去她家探望,两人交谈中,张应春的话题离不开国事民事,柳均权感觉到张应春的成熟与家国情怀。

3

1923年8月,柳亚子应邀参加松江景贤女子中学(以下简称:景贤女中)发起的第二次暑期学术演讲会,他想到张应春的足疾已痊愈,就把她介绍给了景贤女中校务主任侯绍裘。张应春与侯绍裘都没有想到,4年后,他们同时被投进秦淮河中。

暑期后,张应春来到景贤女中,担任体育教师。这所女子中学原是姚文莹与丁月心等人于1905年创办的,张应春来到这所学校时,学校已易主,已是侯绍裘等人在管理。侯绍裘是一名中共党员,此后任国民党江苏省党部常务委员、中共党团书记。这所学校提倡培养学生具有"完全的人格",具有"观察力及判断力",能"以科学的态度应付各种问题"。学校邀请柳亚子、沈雁冰、邵力子、恽代英、肖楚女、杨贤江、汪精卫、于右任、杨杏佛、陈望道等各界知名人士到学校演讲。他们有的宣传社会主义,有的讲述三民主义,有的介绍工人运动、妇女解放。在这所弥漫着浓厚革命气息的学校里，张应春与云集在此的诸多进步青年一起阅读《新青年》《前锋》《松江评论》等进步报刊，一起讨论对现实社会的改造。她感受到了一个新的天地正向她敞开，使她加快与封建旧思想旧道德决裂的进程。

第二年，中国国民党"一大"（即中国国民党第一次全国代表大会）在广州召开，实现了国共两党的第一次合作，波澜壮阔的大革命拉开了序幕，张应春虽不在广州，但她感受到了革命气息正扑面而来。因此，由侯绍裘介绍，张应春在景贤女中加入了改组后的国民党。此时，柳亚子受命在吴江秘密组建国民党地方组织，他立足黎里，一面主编《新黎里》报，濡墨挥毫，鼓动人们投身即将到来的大革命洪流；一面四处奔波联络，秘密发展党员，组建基层组织。8月24日，中国国民党吴江县第一次代表大会在盛泽镇东庙书场秘密召开，国民党吴江县党部正式成立。此时，正值暑期，张应春放假在家，她与柳亚子、侯绍裘、邵力子等人一起出席了大会。当柳亚子把张应春介绍给各位代表时，大家都热情地与她握手、招呼，张应春感觉到了革命大家庭的温暖。

从此，张应春走上了革命的道路。

她与她的同志们奉行孙中山"联俄、联共、扶助农工"的三大政策，积极开展党务工作。不久，张应春离开了景贤女中，回到家乡黎里开展工作，同时在黎里女子小学任教。剪去发髻的张应春，一踏上故土，便在家乡引起了轩然大波。

女子在封建伦理道德的压力下，除了受着精神枷锁的束缚，还要缠足、蓄发、束胸。蓄发，就是从小得留起头发，幼年时梳着辫子，成人后盘起发髻。

加入国民党后，张应春从事妇女工作，在争取女权的实践斗争中，痛感自己的母亲，以及中国妇女受封建礼教毒害之深。张应春母亲金氏的悲苦遭遇，从小就在张应春年幼的心灵烙下难以磨灭的印记。她以为，千千万万妇女深重苦难的祸首就是封建伦理道德。要提倡女子解放，就要以自身的行动向封建伦理道德挑战，就要从女子剪发与"天乳运动"开始。在景贤女中的那个晚上，张应春拿起准备好的剪刀，对着镜子，毫无留念地一剪刀下去，长在她头上20多年的长发落在了地上，一个清爽的齐耳短发的女子在镜中微笑着。第二天上午是她的体育课，张应春精神抖擞地走进操场，站在一排女生前面，女孩子们个个瞪大眼睛，瞬间一片叽叽喳喳，有的摇头，更多的是笑着，佩服这位体育女教师的勇气与新潮。张应春的剪发行动在松江县引起了不小的反响，遭到一些守旧人士的非议：女子怎么能剪发呢，太不美了；上千年的习惯，怎么能破坏呢，太不像话了；女子剪了发，男女还有什么区别呀，太伤风败俗了。面对汹涌而来的飞短流长，年轻的张应春泰然自若，行若无事。令她没有想到的是，她的剪发传到了父亲耳朵里，具有一定民主意识的父亲也不能理解，写信严加斥责。张应春一次又一次给父亲去信解释，希望父亲能理解，但父亲一点也不能理解女儿。最后女儿给父亲的信中这样写道："大人苟终弗儿谅者，儿且远走北国，终身不复归家矣！"父亲见女儿的态度如此坚决就不再提及此事了。柳亚子说："事乃解，其秉性强御如此。"从此信中可以看出张应春个性之坚定，以及妇女解放意识的觉醒及决心。令她再一次没有想到的是，因她的剪发，家乡的父老乡亲也不能理解，甚至还遭到弟妹们的嘲笑。经过松江的风波，张应春不再在意家乡乡亲对她剪发的反应，她照旧串门走户，谈笑风生。她知道，绵延数千年的封建陋习在人们的思想中已扎了根，一时半会儿不能理解她的行为是很正常的事。没过多久，嘲笑她的两位胞妹与两位堂妹也都剪了发辫。走在乡间小道上，没见过世面的人们冲着她们喊着"尼姑，尼姑"，她们调皮地回道："假尼姑，给你念经。"

剪发风波过后，张应春开始用文字来启发人们了。她连续在《新黎里》报上发表文章。1924年11月1日的《新黎里》报刊载了她以"YC女士"为笔名写的《对于本区女同胞的几句话》，让我们来看看她是怎么说的：

> 讲到女子剪发，实在有利而无弊的事情，现在却有许多人在旁边诽论，他们的意见无非是：不美观呀，习惯已然，不应剪掉呀！女子也剪了发，男女还有分别么等话。我听了后恨不恨呢？自然要发表几句了。不美观，大家要知道人的美观不美观，是应该在精神和身心方面着想的，不该拿形式和外观来批评的。头发对于美观，是风马牛不相关的东西；假使说留发是合于美观的，那末男子们为什么都不留发呢？岂女子要做别人的玩物，一定要讲美观，男子就可以不讲吗？还是女子们天生的美，还不够，一定要在头发上做功夫么？
>
> 现在看惯了女子有头发，所以就算剪发是不美观的。不想想前十年提倡女子放足的时候，大家的议论是怎样？到了现在，请问大足有什么希奇？从前男子剪发还是大家讨厌他不美观，但是到现在非特不说甚么，并且将于留着长发，死不肯剪的，都要叫他顽固，不开通了！再进一层讲，美观是甚么？女子要讲究美观，究竟为什么意思？咳，美观！

美观！你个万恶的美观呀！我女同胞们为了你不知吃了多少苦楚！她们要借着你去求她们的丈夫或别人的宠爱,丧尽她们的人格变成牛马奴隶,做人们的附属品使人类不平等,出了一半废料,造成那个半身不遂的社会,这多是你美观的作孽！

您们知道男女性的分别,不过生理方面,外观是不关的,况且也不必拿几根头发来做记号吧？你们不见和尚同尼姑么？他们的妆束和头发不是同样么？我们都能判别出来,这是和尚,那是尼姑,断没错的,所以女子的剪发,对于男女分别上,是毫无阻碍的,而且有了形式上男女的分别,对于我们有什么好处呢？

我们大家知道,头发是积污的东西,时常要发臭的,尤其在暑天,臭得利害,以致惹人们讨厌。如天天去洗涤,不免太费事了,所以最好是剪掉他。并且剪掉后,非特清洁而睡眠起来,也觉得适意而睡得着。

我们天天梳头至少要费去二十分钟,统计一年,就要费七千三百分钟,那么全中国二万万女同胞计算要费多少呢？从前女子每天只要妆束妆束,依靠着男子过生活,一天到晚,不做什么事情,现在的女子,却不然了,天天要做事情,差不多一刻时候也没空的,能够拿每天梳头的时间,来做劳的工作,岂不是好么？

现在照中下的人家说,每天头上总要费许多金钱,什么押发呀,绒绳呀,网巾呀,叉针呀,都是缺不来的东西,每年至少要费二三块钱。还有许多资本家,少奶奶的妇人们更是不得了,每人身上,要几百块钱,甚至几万块的消耗。什么金珠呀,钻石呀,宝呀,多是他们独一无二的妆饰品。咳!我们若然二万万女同胞,大家剪了发,岂不是少费许多金钱么?

　　束胸的害处,恐怕比缠足还要利害,简直有生命出入的危险呢!因为我们身体上最紧要的器官,是胸腔内的肺、心等官能,肺的作用是呼吸,能使全身污浊的血液变为清洁的血液,再赖以脏的循环作用,再输运到身体各部。……倘然诸君以狭窄的小衣束紧缚住,那呼吸因之不爽,肺脏不得自由膨胀,空气未能充分交换,直接肺部受害,血行受阻,因而发生各种疾病,这不是一件绝大的危险么?

　　张应春的这篇文章很长,我们只选择了几个段落,让各位看看100多年前的女子观念,就现在一些落后地区的人来看,也会觉得稀奇。虽说我们现在有剪发、天乳的自由,但张应春的理念还是值得我们学习的。

　　张应春的这些言论在古镇黎里激起了一波又一波的巨浪。传统守旧者惊愕过后是谩骂;开明士绅击掌叫好;一般人士醍醐灌顶。对于那些传统的没有文化的女子来说,无疑是一种启蒙与开智,即使一时不能接受张应春的观念,那也会促使她们加快地走向"妇女解放"的道路。

　　在家乡这段时间,张应春经常到柳家,与柳亚子交往密切,甚得柳亚子的器重和赏识。给柳亚子留下深刻印象的是黎里各界举行孙中山先生的追悼大会。这次大会上,张应春登台演讲,她晃动着齐耳短发大声呼吁:"孙先生致力国民革命四十年,主张实现三民主义,这就必须实行三大政策。如果没有共产党员协力同心,国民革命就不可能成功；如果抛弃三大政策，就意味着背叛了孙先生的三民主义。"台下的柳亚子听着张应春的演讲，不停地点头，眼中满是欣赏。会后游行时，张应春手捧孙中山遗像，大步走在游行队伍的前头，一些孩子和群众拥挤追看着齐耳短发的张应春，有些孩子大声嚷着："大家快来呀，快来看盛泽尼姑。"盛泽是吴江的一个大镇，与浙江嘉兴毗邻，那里的一些暗娼剪了发辫，打扮得与尼姑一样，当地人说"盛泽尼姑"指的就是暗娼。张应春当然也知道，面对人们的嘲笑，她泰然自若，依然神采奕奕地继续行进。听了演讲，又目睹嘲笑下沉着镇定的张应春，柳亚子感慨道："君登坛誓众，陈词慷慨，一座尽惊，余始心服君，欲以党事想属矣。""好一个思想健全的进步分子！"

张应春认为妇女要解放，必须受教育，只有这样，女子才能跟男子平等。此时，她在黎里女校任体育教师，与女生们打成一片，鼓励女生习武。每天清晨，她吹响哨子唤醒住校生起床锻炼，体育课上，她带领女生们跑步、跳高、打拳。她对学生们说："我们女子不应当做三层楼上的闺阁千金，应当同男子一样，强身健体，将来成为国家有用之才。"与此同时，她把目光投到了社会上那些年长失学妇女同胞的身上。经过调查，张应春知道，这些妇女长期处于社会的边缘，被社会与家庭忽视，有的甚至连应有的权利都被剥夺殆尽。妇女遭此的原因之一是没有文化。因此，她主张创办一所妇女学校，把"人生必要学识灌输到女同胞的脑子里去"。1925年6月14日的区教育夏季常委会上，张应春提出了暑假组织妇女学校的议案。同时，她在《新黎里》报上发表《怎样可以补救我们年长失学的妇女们？》。不久，区教育会评论会议通过了张应春的提案。那年夏天，黎里办起了暑期妇女学校，她被公推为主任教师，全面负责教务工作。为了劝导女同胞入学，她冒着酷暑，挨家挨户地做妇女们的思想工作，最终动员了16位家庭主妇走进了暑期妇女学校学习。

张应春是一百多年前的张桂梅。张桂梅女校长帮助了1600多名贫困女孩子走出大山，走进大学。如果有机会，张应春也会帮助更多没文化的妇女走进学堂。

暑期妇女学校开学典礼那天，柳亚子也到场祝贺。

针对这些从没有受过系统教育的年长妇女的特点，张应春设置了国文、算术、常识三个科目，教材以实用而浅显为原则，聘请本地女教师担任教职员，柳均权也来了，负责会计工作。

暑期妇女学校开学后，教室里热闹非凡，张应春笑吟吟地站在讲台前，给这些成年女子上了第一堂课。经过一个多月的学习，暑期妇女学校的女同胞们终于顺利结业了。为了纪念这一时刻，8月23日下午4时，学校举行了结业仪式，全体师生与区教育会代表合影留念。

通过这段时间的学习，很多妇女的思想认识有了较大的提升，妇女们不仅自己得到了良好的教育，也会把自己学到的东西传到社会，带到家里，影响着身边的人。暑期妇女班结束后，有两位妇女转入黎里女校就读。

张应春因此赢得了大家的赞赏，剪发的风波也被人们渐渐淡忘。

4

1925年8月，国民党江苏省党部在上海正式成立，柳亚子与侯绍裘同为常务委员。侯绍裘与姜长林从上海专程来到黎里和柳亚子磋商,请柳亚子先生推荐一位适合任省党部妇女部部长的人选,侯绍裘告诉柳亚子:"全省以松江和吴江两县的女党员较多,松江女党员中虽有思想进步的,但体质较弱,不宜承担这一职务,希望在吴江的女党员中间考虑。"柳亚子就推荐了张应春。侯绍裘对张应春有一定的了解,也认为她很合适。于是,张应春被选定为国民党江苏省党部执行委员兼妇女部部长。

此时的张应春却病倒了,她先在吴江芦墟医院诊治,后转到苏州省立医院治疗,迟迟未到省党部就职。柳亚子穿梭于上海与黎里之间,兼管江苏、吴江两地的党务工作,因为不能到任,躺在病床上的张应春心急如焚。我们从她给柳均权的信中可以看到她的心情:"我这三四天里,头病渐愈了,医生说我不日就要好全了。我现定廿九日返舍,三号到申参与省执行会,不然我还可在院住几天哩。因为急于赴申,所以能够出院就出院,预备到沪再治,您闻了一定代我快活的。"从张应春的信中看出,她是勉强出院的,病情尚未完全好转。果然,她出院后,旧疾复发,卧床调养。30日,她在给柳亚子的信中说:"这次常会我不能出席,您能够赴会也是我的幸事。因为您可以代我声明,而且返梨①后,或可详细地告诉我议决的事情和指教。"

几天后,国民党左派领袖廖仲恺先生被刺,噩耗传来,张应春怒不可遏,勉力弃医,不顾因江浙军阀战争而造成的路途艰险,抱病赴上海就职。

从此,张应春走上了革命的道路。

---

① 指黎里,又称梨花里、梨川。

柳亚子以为，没有他的介绍，张应春不会走上革命道路，也就不会死。所以，在张应春牺牲5年后的1932年，柳亚子先生又为她作了一首七言律诗：

　　伤心又吊秣陵秋，抔土无缘证首丘。
　　祗惜年光如尺电，敢言姓氏已千秋。
　　虫沙猿鹤终同命，瓜蔓株连竟效尤。
　　最使伯仁由我死，长教隐痛贮心头。

"最使伯仁由我死"，道出了柳亚子心头的怀念与自责。晋元帝时，宰相王导的堂兄王敦谋反，进兵朝廷后，杀一批宦臣时，征求王导意见是否杀周伯仁（即周顗，王导的好朋友）。王导未置可否。王敦遂杀了伯仁。后来王导得知伯仁曾在元帝面前为王敦谋反一事多次为自己辩护，不禁流泪感慨："我虽不杀伯仁，伯仁由我而死！"柳亚子感慨："君死不同周顗，余亦非王导比。顾君委身党国，余实劝驾。君勇猛精进，弗顾夷险，终戕厥身，而余退缩苟全，不获与君同殉。律以春秋之义，则余实杀君，复何辞哉！余其终负君九原矣！悲夫！"

国共合作的国民党江苏省党部的20名执监委中，有中共党员12名，共青团员1名，其余都是国民党左派，堪称国民党人与共产党人亲密合作的典范。张应春到上海就任江苏省党部妇女部部长后，不顾足疾未愈，一边赴苏州、南京等地调查研究，动员组织群众，妥善安排全省的妇女运动；一边协助组织部审查新党员，做好发证等工作。

此时，柳亚子也常住在上海处理党务，张应春便在生活上照顾柳亚子，柳亚子则在革命理论与工作方法上对她给予指点和帮助。

不久，国民党右派势力抬头，省党部的主要负责人柳亚子、侯绍裘等又在外地工作，张应春独当一面地将她的工作做得有条不紊，亲自深入各地调查研究，并安排和执导全省的妇女开展反帝反封建的斗争，还得同国民党内的右派势力作斗争。革命斗争的风风雨雨使张应春很快成长为坚定的国民党左派、江苏地区颇有影响的妇女运动倡导者。

上海执行部的妇女部，原来设有国民党妇女运动委员会（以下简称：妇运会），妇运会由共产党人向警予、杨之华等人领导，活动开展得有声有色，在五卅运动中更是赢得了威望。但西山会议后，国民党右派妇女部部长叶楚伧下令解散妇运会。面对这一情况，张应春与杨之华等人奔走联络，数次召集会议，决定另行组织妇运会，与国民党右派针锋相对，继续全力以赴领导妇女运动。此时，柳亚子在黎里，正在筹备1926年元旦在平望召开的国民党吴江县第四次代表大会。远在上海的张应春根据柳亚子的意见，邀请了共产党人肖楚女、姜长林等届时赴平望出席大会，发表演说，以痛击吴江的国民党右派势力。

1925年底，由侯绍裘、姜长林两位同志的介绍，经中共江浙区委批准，张应春参加了中国共产党，开始了她的新的征途。她在给柳亚子的信中说道："我以为入了党，当然以党为前提了，一切多可以牺牲的。"从此，"革命是我的唯一依靠"。根据党组织的安排，入党后的张应春，仍然以国民党江苏省党部妇女部部长的身份从事妇运工作。

5

1926年1月,国民党第二次全国代表大会在广州召开。在上海执行部的女同志会议上,张应春被推选为"二大"江苏女代表。

她准备向大会报告三个问题:一是经费问题;二是妇女部独立,不要男子任部长;三是注重劳动妇女工作。当天,她写信给在黎里的柳亚子通报情况,征求他的意见。信中说:"其余的要求可以增加的我想不出什么,你可以代我想出几个么?全国大会我们省部也是要出席的,我们也可以先想了些事情去要求的,你道如何?"正当张应春全力准备赴会议题时,家乡却传出了骇人的谣言,谣言传到了张家。12月中旬,家里来信,一定要张应春回家。家人认为当前时局凶险,怕女儿遭到意外。恰巧,丹阳妇女界邀请张应春去演讲,她准备借演讲之行顺道回趟家,做做家里人的工作。由于妇运会被解散,丹阳之行一再延期,回家也未实现。直到12月21日,张应春从上海直接回到家里。家里人竭力反对张应春出席国民党二大会议,父女俩发生了激烈的争执,出于对女儿的担忧,父亲坚决不同意她赴广州出席国民党二大。父女俩不欢而散,12月23日,张应春回到了上海。原定24日与侯绍裘等人一起出发去广州,不得不推迟了行期。张应春于24日前往丹阳,为丹阳妇女界作了《妇女与革命的关系》讲演,然后风尘仆仆地赶往广州。

会上,她汇报了江苏妇女运动的情况,并提出妇女运动的两项议案:中央各省党部组织妇女运动讲习所函授班案;中央各省各县党部附设平民妇女学校案。这两项议案受到了代表们的好评。

大会结束后张应春回到上海。置身于这样一个风云变幻的大革命中心,张应春感到自己太稚嫩,也感到自己革命理论素养缺乏,遂想进入上海大学新社会系学习。1月7日深夜,她给柳亚子写了一封信:

亚子先生:

前上一信谅已收到。大会情形详观日刊罢。我已向发刊处签名,请他们直接寄您二百份,够么?我想许多人,他们《中国国民》多没时间来看,则日刊更无论矣。故暂时二百份恐够分配了罢。大会这几天多是报告,没有提案讨论哩!

我做了二个提案:(一)中央各省党部组织妇女运动讲习所函授班案;(二)中央各省各县党部附设平民妇女学校案。别的所要想提的都被广东已提出了,我们不必再提,以后开议时附议好了,您道对么?

今天中央妇女部何部长(即何香凝)说,要我们各省妇女部做书面的报告。我觉得万分惭愧,因为实在没什么成绩可报告,只得勉强做一些,已请绍裘删改。我的议案也是请朱侯(指朱季恂、侯绍裘)两先生看过的。在此我觉得我的能力实在薄弱,学问实在不够,明年想进上海大学新社会系求学,不知做得么?你在同志的地位来切实地评论一句好么?我所以要读书原因如下:(1)想得些知识上的进步而领导妇女们做革命工作;(2)我的脚至今未愈,教员当然不能做了;(3)我现在住在上海,省部方面党证仍由长林发或由省部交给我,妇女部事情仍旧可以顾到,你看如何?

何香凝同志见识实在不错,她在五日那天公祭廖先生时发表的意见和祭沙基惨死烈士时的报告都令人发指而钦佩。我想要和她详细谈一次调查妇女运动,但我的计划尚未做好,故不能即日要求,况且这几天她很忙罢。大会至十五号闭幕。现在一个问题也没讨论过,时间已过了七天了,您道糟糕不糟糕呢!

吴江方面党部进行如何?代表会结果谅很好,楚女、长林宣传得结果如何?请告我听听。……

我们开完大会后经费能够争到。我们大家说就要开省代表大会了,您的意见如何余后告,再会。祝您努力!

应春上

十五年一月七日夜十一时

她以充沛的精力投入革命工作中去。她一方面到上海大学旁听学习,受教于瞿秋白、恽代英等同志;另一方面参加了省党部在上海大学举办的政治训练班。此间,她与瞿秋白的夫人杨之华,上海的女革命者姜辉麟等人相聚,与她们成了亲密的朋友。姜辉麟也是雨花女英烈,多年以后,这一对生前好友的事迹一起陈列在雨花台烈士纪念馆。后文也将写到姜辉麟的故事。

与她同时培训的还有一个叫胡耐秋的同学,多年以后,他回忆对张应春的印象时说:"一九二六年二月,我在上海见到张应春同志,她长得圆脸宽额,已经剪发,戴一顶肉红色的西式女呢帽,穿一件灰色线呢棉旗袍,走路和动作都很利落,和有些人一见面就说'啊!我早已知道你的名字了'。使人感到很容易和她亲近。"

6

国民党"二大"后,张应春意识到正确指导江苏妇女运动很有必要,因此萌生了要筹办一份妇女报,月刊或半月刊,以提高广大妇女的觉悟,推动全省的妇女运动。张应春计划先办《吴江妇女》,待成熟后再扩大版面为《江苏妇女》。这个想法得到了柳亚子的肯定与鼓励。随后,她草拟了一份创办《吴江妇女》的简要计划,交由省党部中共党团组织讨论,再转请中共上海区委批准。在恽代英、侯绍裘、杨之华等人的支持下,计划获得通过。

在具体的出版日期上,柳亚子提议,作为月刊,《吴江妇女》每月8日出版,创刊号定在3月8日国际妇女节,以介绍国际妇女节为中心内容。由于省党部的日常办公经费有限,所以,《吴江妇女》的经营费用只得由省党部的同志慷慨捐助。

1926年3月8日,张应春同柳亚子、侯绍裘等私人集资创办的月刊《吴江妇女》正式问世,由张应春任主编,在上海发行。《发刊词》由柳亚子执笔:吴江妇女应该和世界革命妇女组成联合战线,共同努力,最终推翻旧礼教! 改造社会经济制度! 打倒帝国主义及其工具军阀! 实现妇女乃至全人类的自由与平等。在创刊号上,张应春发表了《国际妇女纪念日与吴江妇女》一文,以纪念和宣传国际妇女节。《吴江妇女》第一期的出版发行,在上海及江苏引起了很大反响,许多生活在黑暗中的妇女看到了一束光亮:原来我们妇女也是有地位的。因此,《吴江妇女》很受妇女读者的欢迎。

此后，张应春连续撰写了《悼北京为爱国惨死的女烈士》《我们应该怎样纪念"五卅"》等多篇文章，在《悼北京为爱国惨死的女烈士》的文章中，她深刻揭露段祺瑞军阀政府镇压爱国运动的罪行，热情赞扬爱国青年的革命精神，表示要以刘和珍等女烈士为榜样，为革命流血牺牲。她在文章中还写道："革命的事业，没有流血是不会成功的。"我们女同胞"要牺牲生命而从事于革命"，"我亲爱的女同胞，大家起来奋斗吧，跟着女烈士鲜明的血迹，猛勇地前进；我们誓死要从红色的血泪里边，找着光明的途路，建设起光华灿烂的社会来"。她号召妇女们勇敢地投入国民革命，"使中国的国民革命，在最短期间成功，更进而参与世界革命的事业"。

作为江苏妇女解放运动的先驱，张应春认为，妇女解放的具体内容，要求在法律上、经济上、教育上、社会上的种种平等待遇。法律上的平等，指女子应有参政权、选举权与被选举权；经济上的平等，指女子应有财产继承权；教育上的平等，指女子应有受教育权；社会上的平等，指婚姻的自由、工资的平等、职业机关的开放、童工母性的种种保护等等。《新同里》报第九期刊载了署名为张女士撰写的《男女平权的我见》。这篇文章，以维护人格为借口反对一个女子的离婚行为，从而谈到男女平权应从人格和学识两方面着手，却绝口不谈其他种种方面的解放。这种改良主义的论调，显然是妇女解放运动中的噪音。读了此文，张应春在《吴江妇女》第三期上署名 YC 回复了《读〈男女平权的我见〉以后》一文。在这篇文章中，张应春再次表述了自己对妇女解放运动的认识，然后指出女子"离婚结婚更应有绝对自由权"。文章结尾写道："我们要打破不平等，先要打破一切野蛮的礼教、野蛮的社会制度，而改进出'男女一样的人'的社会来。现在张女士要想在旧礼教旧社会内修改修改，充其量不过做到'女博士式'的新女子罢了，哪里能够达到真正的平等！"

这些文章充满战斗激情，杂志因而引起租界巡捕和军阀密探的关注。每期杂志在闸北排版印制，为了节省经费，每期都由省党部的同志轮流去印刷厂校对。刊物的发行则由张应春亲自负责，她在每期杂志的封面上都注明刊物联系处："上海望志路永吉里41号张应春转。"同志们劝告她，现在环境凶险，不能这样暴露自己的身份。张应春说："没有发行处，就不能达到广泛联系群众的效果。"

杂志还辟有《唤醒妇女界的明星》一栏，专门向女同胞们推荐各地的妇女刊物，如国民党中央党部的《妇女之声》、上海各界妇女联合会办的《中国妇女》、北京女界联合会的《妇女钟》等。

《吴江妇女》的撰稿人除了张应春外，还有杨之华、高尔松、姜长林、瞿又成、葛季膺、张光炜等十余人，以及广州、上海、南京等地的妇女协会与组织。柳亚子为了支持张应春的妇女工作，情绪高涨地挑灯夜战，撰写了数篇檄文，发表在《吴江妇女》月刊上。在《革命和妇女》一文中，他对妇女同志提出了希冀："我希望中国的革命妇女立刻起来，和革命的男同志共同奋斗，达到国民革命的目的；再和世界的革命男女同志，共同奋斗，达到世界革命的目的。革命万岁！革命的妇女万岁！"柳亚子关心妇女工作，杂志的宣言檄文大都出自柳亚子手笔，侯绍裘因而戏称他是"妇女部秘书"。

《吴江妇女》只出版了5期。但在那艰苦的环境中，作为一份富有革命朝气和战斗性的妇女刊物，唤醒了妇女的觉悟，推动了妇女解放事业。如今，上海档案馆珍藏的《吴江妇女》是研究中国妇女解放运动的珍贵资料。

7

这年的3月12日,南京举行纪念孙中山先生逝世一周年大会和中山陵墓奠基礼。张应春和柳亚子、侯绍裘等人一同来到了南京。

此时,南京国民党左右派的矛盾已经公开化了,成立了两个市党部,左派市党部与右派市党部,两个党部针锋相对。张应春他们的到来将要经历一次动乱。

12日上午,左派市党部冒雨在夫子庙贡院举行纪念会,追祭中山先生,与会者约4000人。与此同时,右派市党部在秀山公园也举行了追祭中山先生的纪念会,与会人数不足千人。为了不引起矛盾,孙中山家属宋庆龄和孙科没有参加这两个纪念会。贡院的纪念会由葬事筹备委员林焕廷主持,杨杏佛代表孙中山家属答谢。秀山公园的纪念会名义上是由南京市民组织,宋庆龄、孙科委托沈卓吾代表家属到会答谢。

上午的两个纪念会总算平安度过。

按计划,下午3时,孙中山先生陵墓奠基典礼在紫金山中茅山坡举行。绵绵不断的春雨没有阻挡人们的到来,到了下午3点左右,老天突然变脸,细雨转为大雨,但各界人士全部如期参加。参加盛典的有广州国民政府、国民党中央代表邓泽如等人;孙中山家属宋庆龄、孙科等人;葬事筹备委员会、葬事筹备处成员;各省、区国民党代表;江苏军政首脑孙传芳、陈陶遗的代表和浙江省长夏超的代表;苏联驻上海总领事林德和英、日、美等国驻南京的领事；上海各团体、学校、各级党部代表；苏州、无锡、常州、松江等地国民党代表；南京两个市党部的国民党员；南京各机关、团体代表；各地新闻记者等，总计3000余人。从上面的参加人员看，可谓隆重又庄严，属于国民党的重要活动。

活动开始前，张应春他们提前进了会场。一进会场，敏锐的她就发现会场正中最显著的位置被200多人占据，她问身边的人："这些看似学生的都是些什么人？"回答："不知道，身份不明。"所以，江苏省、南京市左派党部进场的队伍被挤到了侧面。

张应春与市党部的几个负责人交换了意见，未与其计较。

下午3时，中山陵墓奠基典礼在庄严的乐曲声中开始了。升旗后，国民党中央委员邓泽如宣读总理遗嘱，报告了孙中山先生葬在南京的原由及其意义。接着，杨杏佛报告了筹备处筹备陵墓之经过和工程计划。与会者向孙中山先生遗像三鞠躬后，由邓泽如举行奠基，他揭开了奠基石上覆盖的青天白日旗，人们看到中山先生遗像前的奠基石上刻着"中华民国十五年三月十二日中国国民党为总理孙先生陵墓行奠基礼"一行字，典礼在乐曲中缓缓结束。

与会人员准备离场。

会场中间不明身份的队伍里突然有人吹起了警笛，警笛声一落，"打倒跨党分子""孙文主义学会万岁"等口号声在会场的上空响起，他们一边叫喊一边冲过去将省、市党部的旗帜撕破置于地下踩踏。左派市党部的队伍里立刻给予了回击："打倒西山会议派！""打倒孙文主义学会！"

闹事者是右派市党部偕同上海国民党的右派分子，以及伪装成学生模样的打手，他们用旗杆、铁棍、木棒等工具在省、市党部的队伍里乱打，继而又用石子乱掷。左派市党部的人员没做任何准备,赤手空拳予以还击,双方厮打成一团。

葬事筹备委员会、葬事筹备处的成员看此情形,没有停留,迅速离开会场;一些中外来宾见状也赶紧离场。

右派人员可能早已瞄准了省党部的侯绍裘,第一时间将侯绍裘打倒在地,侯绍裘口吐血沫,不省人事,被人抬下山去。正当张应春与陈君起两位女士忙着救护侯绍裘时,突然看到,柳亚子先生正遭到几个年轻人的追打,文文弱弱的柳亚子先生哪经得住这帮强壮的打手追打,跌跌撞撞地一路奔跑一路躲闪。张应春与陈君起不顾自己的伤痛,急忙赶上前去挡住那些击向柳亚子身上的木棍,护卫着他一路奔跑离开了会场。

危难之机有两位女士护卫,柳亚子先生对张应春和陈君起的义举,常萦于怀。

护送柳亚子先生回去后,张应春等人随陈君起回到家,几位同志聚集在陈君起家平时开会的那间屋子里。陈君起的儿子曾鼎乾后来回忆,他断断续续地听到有人说:"太幼稚了,太轻易相信了,缺乏经验……""政治上的损失……""侯绍裘受了重伤由几位同志护送回去了……"散会后,张应春与陈君起等人去侯绍裘的住处看望了他。

这天,她俩很晚才回到家。

8

张应春自参加革命始,一路上有柳亚子先生的勉励和帮助。1926年9月初,柳亚子送儿子柳无忌北上清华学堂就学,抵达上海，住振华旅馆，曾去看望张应春和省党部的其他同志。第二天，张应春在南京路参加示威游行，走在队伍前列，高呼口号，遭几个军警追捕，危急之际，她灵机一动，左转右拐，跑进了柳亚子住的振华旅馆，潜入柳亚子的居室，甩掉了军警的追捕。为了参加游行，她饭也没来得及吃，此时饿得发慌，她在旅馆里找来一些剩菜剩饭充饥，又到浴室间洗了澡作为休息，看看外面没人蹲守，又匆匆忙忙地出门奔波去了。

第二天风雨交加，柳亚子要回黎里。张应春冒着风雨前往沪杭路南站送柳亚子先生，风雨中，两人"话语絮絮弗能尽"。柳亚子上车了，列车开动了，列车渐行渐远，柳亚子透过车窗玻璃看到张应春头戴男帽，身穿碧色雨衣，在滂沱大雨中向他挥动着手中的手绢。柳亚子再也没有想到，雨中向他挥手的张应春是留给他的最后形象，这一形象定格在了柳亚子的脑海中。

其实，10月，柳亚子又来上海，由于孙传芳指名查捕柳亚子，柳亚子化名唐蕴芝匿居于法租界贝勒路（今黄陂路）恒庆里，未告知张应春与省党部的其他同志。张应春知道柳亚子先生来到上海后，多方打听，四处寻找他的踪迹，后又登报启事，希望柳亚子能够与她联系。但是，柳亚子一直保持沉默，始终未与她联系，只是从旁人处打听张应春的情况，默默地关心牵挂着张应春。

这年的下半年，张应春被推选为中共江浙区委妇女运动委员会委员、济难会委员。

26岁的张应春已经到了嫁人的年龄，在那个时代这个年纪还未成家已经让人说三道四了。父母很为她着急，一再催促，但张应春无暇考虑自己的个人问题。繁重的工作，使张应春的健康每况愈下，积劳成疾，1926年底，她只得暂时离开上海江苏省党部回黎里休养。

9

国民革命军浩浩荡荡地沿长江东下，1927年2月17日占领杭州，18日占领嘉兴，而后由浙江抵达黎里，部队驻扎在镇西宁绍会馆。国民革命军在镇上举行了盛大的军民联欢会，正在家乡的张应春在联欢会上发表了激情洋溢的讲话，她欢迎北伐军的到来，欢呼北伐战争的胜利，并要求清除混进革命队伍中的不良分子。

根据党的指示，4月2日，侯绍裘率领国民党江苏省党部的部分人员迁往南京，和南京市党部在中正街安徽公学合署办公。刚刚搬到南京的省党部各项工作千头万绪，右派分子又在捣乱，张应春还在家休养，妇女部暂由范志超代理部长。侯绍裘连拍3封急电到黎里，要求张应春速往南京就职。看着3封急电，张应春意识到了省党部一定有什么危急情况，不然侯绍裘不会一封接一封连拍了3封加急电报。

7日，张应春收拾了行李，告别了恋恋不舍的家人，抱病离开了家乡，她准备先到上海再转赴南京。多年后，她的妹妹张留春回忆道："离家前，我问姐姐去南京做什么，什么时候回来。"姐姐笑着回答："小妹，大姐就会回来的。"张应春与家人都不会想到，她就此踏上了一条不归路，鲜活的生命将在几天之后终结。因急着赶路，张应春没来得及多看一眼家乡与家人。

9日，蒋介石在上海已经布置好"清党"的计划。几天前已被江右军政治部查封的国民党南京市右派党部和劳工总会又活跃了起来。他们趁国民党左派于9日下午开会之际，砸毁了国民党江苏省党部和南京市左派党部的临时办公场所安徽公学,逮捕了二三十人。

就在这天,张应春来到了南京。她还不知道南京发生的事情,下了火车直接去了省党部,谁知省党部已经被冲砸得面目全非,被一帮军人占领,张应春感觉事态严峻不敢久留,也不能多问,就去了中共南京地委妇女委员陈君起的家,等着陈君起的归来。

两位好友加同志相见,分外亲热,相互问好后,彼此诉说别后的情况。陈君起又将这天发生的事情简单地告诉了张应春。刚到南京的张应春感到了事态的严重,两人在愤怒之后又分析了国共两党复杂之情形。陈君起又告诉张应春,中共南京地委与省市党部决定第二天,也就是10日召开南京群众大会,谴责和声讨反革命派的罪行。

两人都奔波一天,疲惫不堪,相互嘱咐早点休息。

第二天,她们参加声讨

图1-4 南京通济门外九龙桥秦淮河

大会后随游行队伍到达总司令部,在总司令部前队伍发生了血案。当晚11时,张应春与陈君起参加了在大纱帽巷10号召开的共产党干部会议,商议应变措施。由于机密遭到泄露,敌侦缉队获悉了会

址。凌晨2时,张应春、侯绍裘及陈君起等10人被捕,关押在南京公安局看守所。

几天后,张应春与她的9位同志被秘密杀害,尸体被抛入南京通济门外九龙桥下的秦淮河中。

这是后来才知道的细节。

张应春失踪了,外面的坏消息不断传来,许多共产党人被杀害、被追捕。张应春的父母及弟妹惊恐悲痛,根本不相信刚刚离开家的女儿(姐姐)就这样一去不返了,父亲张鼎斋更是寝食俱废,两度赴南京探询女儿的下落,终不得消息,他知道女儿已不在人世了,遂忧忿成疾,狂吐鲜血,悲恸而逝,终年仅50岁;其弟年幼,是张家的独子,眼看家中两位亲人先后离世,刺激太深,神志不清,几年后也随父姐而去。

10

我们再来说说柳亚子先生。

国民革命军占领吴江后,避居上海的柳亚子思乡心切,于4月中旬转道杭州返回黎里,到家方知,张应春已经去了南京。当时,国共两党的矛盾已经公开化了,柳亚子预感到将有大事发生,心急如焚,担心张应春的安危。他不知道,在他担忧之时,张应春已经被捕被害。

5月8日那个深夜,蒋介石派往黎里的军警突然潜入柳府搜捕柳亚子,柳亚子藏匿复壁终脱险,然后逃离故土,东渡日本。

柳亚子身在日本,心却留在中国,日夜担心着张应春与其他同志的安危，6月10日的那个夜半，他在梦中见到了"颜色如平生"的张应春，第二天方知他担心的事已经发生了。

柳亚子一生都在怀念着张应春。

为了这无尽的思念，柳亚子请了岭南画派创始人之一陈树人先生和山阴诸贞壮先生各绘了一幅《秣陵悲秋图》。图成后，柳亚子又在南社成员中广征题咏，辑成《礼蓉招桂盦缀语》，"庶慰沉冤之魂"以志纪念。

图 1-5 《秣陵悲秋图》

柳亚子用心良苦，秣陵曾是南京的旧称，张应春又名秋石、蓉城。

柳亚子亲自为《秣陵悲秋图》写了序："呜呼！此亡友秋石女士成仁纪念也。吊青溪之碧血，高颎无情；殉白练以红颜，杨环同命。故人慷慨，吴祭酒所由兴悲；宾客漂零，龚祠部能无致慨。

何况伯仁由我,恸哭新亭;魏阉横行,株连东厂。锦裙罗袜,难寻碎玉之墟;青冢黄昏,绝少埋魂之窟。嗟夫!嗟夫!尚忍言哉!戊辰八月,余来斯地,河山犹是,人物已非。爱驱车林薄间,携樽酒奠之,更乞陈子树人绘图以纪。呜呼! 返生无术,何来不死之香;文字有灵,庶慰沉冤之魄。凡我朋旧,幸题咏焉。是为序。"

此序写于张应春牺牲的第二年,载于《磨剑室文录》。

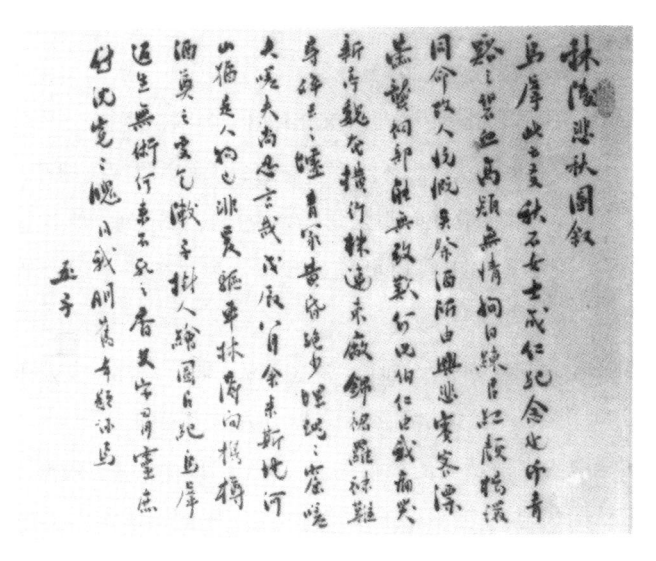

图 1-6 《秣陵悲秋图》叙

《礼蓉招桂龛缀语》计有柳亚子、陈树人、诸贞壮、沈长公、林庚白等17人的诗词,共诗84首,词19阕,曲4首。柳亚子和南社的诗人们以充满悲愤的笔墨道出了对张应春的绵绵哀思。

1930年5月,柳亚子又写成《秋石女士传》,柳亚子长歌当哭:

顾君委身党国，余实劝驾。君猛勇精进，弗顾夷险，终戕厥身，而余退缩苟全，不获与君同殉。律以春秋之谳，则余实杀君，复何辞哉！余其终负君九原矣！悲夫！

秋石殉难三年，苌弘之血早化，而一传未成，实低徊不忍下笔也。十九年五月一日晨，卧病沪西寓楼，枕畔梦回，如潮影事，都上心头，披衣握管，急就成此，是泪是墨，非所敢知已！写初稿竟后附记。

这篇小传后来刊载于《世界文化》第二卷第二辑上。1931年1月23日，柳亚子在致姜长林的信中写道："应姐照片已翻印，奉上一纸，乞收。原照最好能割爱送弟，否则暂留弟处，他日有便奉还，好否？"从此信中我们可以品味出，柳亚子于张应春的情愫可鉴。

柳亚子还建议为张应春建一座衣冠冢，他与南社朋友及张家亲友于1931年在其家乡分湖滨无多庵外建成了一座衣冠冢。棺木内，置张应春生前所用的梳妆盒为"头"，葬有帽子、衣服、鞋袜等，并请国民党元老于右任题写碑文："呜呼，秋石女士纪念之碑！"勒石竖立墓前。

据说，柳亚子曾拟请人以张应春为原型撰写一篇小说，未成。他在致姜长林的信中云："春姐事竟无人能写，怅极怅极。"

在张应春四十七岁冥诞时，柳亚子又写下《纪念张应春先烈冥诞》诗：

廿年痛哭泪成河，忍对金樽发浩歌。

镜里头颅犹粉黛，寰中土宇尽干戈。

> 誓烹白首吴王濞,来奠红颜谢小娥。
> 一样风流雄武美,杜陵兄妹意如何?

柳亚子与张应春从相识到相知,两人肝胆相照、荣辱与共,结下了深厚的友情。柳亚子外孙柳光辽先生说:"外祖父是位性情中人,在他的后半生里,一直深深地怀念着这位年轻的共产党人,以各种传统文化形式寄托哀思。"1949年,应中共中央的邀请,柳亚子北上迎接新中国的曙光,他一踏上初春的北平,便吟诵出了:

> 白首同归侣,侯张并激昂。
> 洞胸悲宛李,割舌惨刘黄。
> 硕果今余几,丰功忍淡忘。
> 表扬吾辈责,青史有光芒。

侯张即侯绍裘与张应春。第二年的某一天,柳亚子从"思旧庐"的书橱里拿出一张珍贵的照片底片,是那种玻璃的硬板底片,让外孙去王府井的照相馆洗印。这是张应春的照片,他要将洗出的照片赠送给邓颖超。柳亚子告诉外孙,张应春与邓颖超都是中国妇女运动的先驱,都是第一次国共合作期间的跨党党员,也都是国民党第二次全国代表大会的代表,都曾去广州开会,共商妇女运动的大计,她俩有着很深的同志情谊。

1950年2月9日,柳亚子在给张应春妹妹张留春的信中写道:"令姊表扬事,决不敢忘!"南京雨花台烈士纪念馆陈列的张应春、侯绍裘的一些文物、资料,都是柳亚子捐赠的。

陈君起：瘦梅虽老，尤鲜艳耐寒

多年后，柳亚子得知了张应春与陈君起等人被捕的细节。

1927年4月10日的那个夜晚，南京大纱帽巷10号的民宅被50余名便衣武装人员铁桶般地包围。民宅内10多人正在开会，研究白天血案的应变措施及反蒋宣传等问题。会场气氛热烈，丝毫未察觉外面的情况。11日凌晨2时，月亮已经完全西沉了，只有风中呼呼作响的树枝在黑暗中摇动。50多个黑影开始一点一点地移动，朝着目标悄悄地围拢。坐在门边的一个人听到了杂乱的脚步声，竖起耳朵又听了听，脚步声越来越近，他轻声说了声："不好！有人来了，快撤。"话音刚落，这处民宅即闯入了一大批陌生人员，会场一片混乱，除了一人趁乱越墙逃脱外，其余10人全部被捕，张应春与陈君起就这样被捕了。

图1-7 陈君起

陈君起虽年长张应春16岁，但革命热情与年轻人一样强烈，用陈君起自己的话说:"瘦梅虽老,尤鲜艳耐寒。"

1

陈君起,又名墨云。家乡江苏嘉定南翔(今上海嘉定南翔)。生于1885年农历乙酉年四月初七。她的父亲陈巽倩,是清末进士,一位翰林,也是本地及上海地区有名的耆老。受到洋务运动的影响,陈巽倩还算开明,没有让女儿裹足,成就了陈君起的一双天足。在清末的嘉定虽说西风渐进,但在那个时代不缠足也算是凤毛麟角了。这位翰林对女儿的教育也很重视,送女儿进了私塾,当然他不是为了培养女儿成为有文化、有独立人格和独立思想的女权主义者,而是想把女儿培养成淑女,不辱没一个书香门第之家。但让陈巽倩没有想到的是,他的这一举动将女儿陈君起推向了中国女性最早的独立之路。

陈巽倩将长女陈竹梅嫁到上海后,就想将小女陈君起留在身边,并为她盖了一幢小楼,作为嫁妆。1904年的初春,人们刚刚除去棉袍,陈巽倩就忙着给19岁的小女陈君起张罗着婚配。陈巽倩选婿的首要条件是门当户对,经过筛选,最后给女儿选定的是嘉定一个豪绅家的公子。陈君起知道后,对这位公子作了了解,这一了解让陈君起傻了眼,对方是一个不学无术、品行不端的公子哥。陈君起丝毫没有犹豫向父母摊牌,退婚。退婚,谈何容易!这在当时是一件不可思议的事情。双方都是嘉定有头有脸的豪门权贵,彩礼都收了,亲戚好友的祝福犹在耳边,怎么能退婚!家里人开始做工作,遭到陈君起的坚拒。眼看婚期将至,小女仍坚拒不从,盛怒之下的陈巽倩让夫人传给女儿一句话:"如果墨云不从,从此以后我与她就不再是父女了。"陈巽倩原本只是想吓吓女儿,令他没有想到的是女儿根本不怕吓,坚决不屈从。更让陈巽倩没有想到的是,几个月后,女儿陈君起在家乡消失了。

这件事让这位有名望的士绅在家乡颜面尽失,以至到死都不再与女儿说一句话。

陈君起离家出走了。

1904年(清光绪三十年)的秋天,陈君起来到上海,在姐姐的帮助下进入了上海务本女塾,这时陈君起又叫陈振,为了阅读方便,我们还是叫她陈君起。

陈君起一进入务本女塾就引起了同学们的关注,除了她的学识渊博,举手投足大家闺秀外,就是母亲为她准备的名贵穿着,这些引起同学们的好奇与猜测。当同学们得知陈君起是太史府的小姐,因反抗父亲的包办婚姻,抛弃荣华富贵,逃出太史府来到上海求学时,不禁对她的勇气胆识、独立人格感到敬佩。

陈君起进入务本女塾后一扫在家时的忧郁。女塾的校训是"勤朴勇诚",正像务本校歌歌词所唱的:"千寻之木始于苗,百川之水朝宗遥,海上首创学校,胚胎国民此其兆,生男勿喜女勿恼,从今民我皆同胞,学界兮光昭,女界兮光昭,宏母教兮兼容并包。"很快,陈君起就适应了这种学生生活,她抛弃了以前衣来伸手,饭来张口的小姐生活习惯,在新的氛围中开始了她寻求真知的生涯。

务本女塾教师中的流派很多,有极其封建的,有中庸的,也有激进的。对陈君起影响最大的是一位地理教师,这位地理教师是一名中国同盟会会员,这位风华正茂的地理教师不仅讲授地理知识,更多的是通过讲述地理来解释民主共和,讲述清政府的腐败无能、丧权辱国、割地赔款。他告诉同学们,他信仰孙中山先生的"民族、民权、民生"三民主义,他向同学们作了解释:民族主义即反对民族压迫,反对满洲贵族对中国的专制统治;民权主义即推翻君主专制政体,建立资产阶级民主共和国;民生主义即平均地权。这些新词、新观念让陈君起感到震撼,青春的血液在她的身体里激荡。

在务本女塾,陈君起的同班中有一位叫曾琮的同学,来自南京的一户朱门大家庭。两人同病相怜,成了无话不谈的好姐妹,用现在的话说,叫闺密。曾琮不是逃婚来上海求学的,她是不被继母善待而执意离家来上海进入务本女塾的。

1907年12月,陈君起与她的同学们从校长吴馨先生手上接过了务本女塾师范科的毕业证书。

与同学曾琮不同的是,陈君起面临着无家可归。她从母亲那里得来信息,父亲正在上海一所大学教书,但与她不联系,父亲还没有原谅她,她回不了家。三年前陈君起义无反顾地逃离家乡时,也没有对自己今后的生活有过多的打算。如今,她已经22岁,要自谋生活,养活自己。虽说她是师范毕业,算女性中的佼佼者,但在晚清时代,一个未婚的女孩子找工作谈何容易,何况她是太史府的小姐,抛头露面被人骂为伤风败俗。曾琮劝陈君起跟她一起回南京,在南京找个合适的工作,彼此也有个照应。陈君起觉得这个主意不错,就同意了。

1907年的年底,上海下着这年的第一场雪,陈君起在漫天飞舞着的雪花中带着一丝愁绪与曾琮离开了上海,前往南京。

她俩都没有想到,曾琮的这个邀请,将彻底改变陈君起的命运。

2

陈君起与曾琮来到南京,随曾琮住进了曾家。陈君起的到来,给曾家带来了一股新鲜气息。

曾家是一个封建大家庭,曾琮的祖父是曾国潘手下的一名将官,后在湖南镇压太平天国时战死。清王朝为了表彰死难将士,授于曾琮父亲曾光熙一个县官的职位。曾光熙为人耿直,得罪了上司,不久就"告老"回到南京定居。曾光熙原配夫人早逝,到了南京后又娶了一位夫人王氏,就是曾琮的继母。在曾家后人的记忆中,这位王氏有着非常传统的观念,"三从四德""女子无才便是德""父要子死,不死不孝"的封建吃人的礼教在她的身上根深蒂固。

二小姐曾琮带回来一位上海姑娘,在曾家引起了一阵好奇。陈君起随曾琮拜见了曾光熙与王氏,陈君起出身书香门第,严格的家规家训,使她尚礼仪懂规矩,加上腹有诗书,内外兼修,相见之下使老爷曾光熙特别愉快,曾光熙是位有见识比较开明的长辈,与陈君起交谈后,不禁对女儿的这位同学备加欣赏,遂嘱咐女儿好生招待陈君起,又嘱王氏安排好陈君起的食宿。老爷高兴,一家人也不敢怠慢,陈君起感到亲切,几年的学校生活,使她怀念家的气息,现在她有一种家的感觉。

再好的感觉,毕竟不是自己的家,安顿好自己后,陈君起开始考虑自己的生存问题。她们学的是师范,另外,陈君起还有一种"教育救国"的想法,所以,她考虑要去一所学校教书,把在学校学到的知识,特别是地理教师传授的爱国思想传输给孩子们。

1908年的春天,当迎春花在南京的街头绽放时,陈君起走进了南京城南的一所小学。

学界出现了女教师,引起了人们的好奇与猜测。说着吴侬软语、容貌清秀的年轻女教师更加引起人们的兴趣。在20世纪初的清末,一个远离父母,只身一人进入社会的未婚姑娘,与男子一样给孩子们教书让人们充满了想象力,校里校外都觉得稀奇古怪。有人看不惯,不能接受,还有一些同校的男教师,觉得与女人平起平坐,不成体统。男教师与一些家长们轻蔑的眼神,更有冷嘲热讽的语言,让陈君起如芒在背,人们听说她的父亲还是翰林,更是摇头叹息:一位翰林之女怎么能进入社会抛头露面?成何体统!但也有人赞许,这所小学的校长就很支持陈君起,他是位有见地、有思想,受到西方教育影响的一位校长,不仅接受了陈君起,还鼓励她不要考虑太多,边教学边学习;同学曾琮也鼓励她,曾琮不仅鼓励陈君起,还想效仿陈君起,也想走出封建大家庭逃离王氏的管束,走进校园与孩子们在一起。但是,她没有陈君起的勇气与反抗精神,家人不允许她出来工作,她只能待在家里,等待着嫁人。陈君起毕竟是一个成熟且具有独立个性的知识女性,渐渐地,她不再如芒在背,对一些飞短流长亦不再放在心上了。

到学校教书后,陈君起就从曾家搬了出来,一个人住在学校教学楼的楼上。她非常敬业,白天倾其所学的知识给孩子们上课,也会启发孩子们的爱国思想,晚上在油灯下批改作业、备课。除此,就是阅读,在研究陈君起留下的资料时,我们发现,她最喜欢读的书是《史记》,她从家里带出的那部线装本的《史记》,至今仍保藏着,内页留下她的许多注释,有的地方圈了又圈,点了又点。除了

《史记》外,她最喜欢看的就是上海的《申报》,这是她延续多年的习惯。

当然,陈君起也会感到孤寂,此时的陈君起已经23岁,那个时代,女孩子一般16岁就嫁人了,23岁已经是几个孩子的妈妈了,而陈君起还是个姑娘。她也会想着自己的婚姻大事,憧憬着自己未来的家庭生活。

图1-8 1907年,陈君起在南京任小学教师时的照片

如今离开父母,一切都要靠自己,包括自食其力养活自己。她在南京唯一的好友就是曾琮了,她内心藏着的这些话只能与曾琮说。

陈君起是曾家的常客,她的来来往往引起了曾家少爷曾科进的关注。

曾科进是曾琮的哥哥,此时已有家室。

曾科进是曾光熙唯一的儿子,曾光熙对他的培养可谓用尽心思,让他读私塾,李鸿章提倡"洋学"时,又送他上"洋学堂",因此,曾科进看了不少西方的科学书籍,在其父的支持下,一度准备东渡日本留学，后被继母王氏强行阻拦而未果，在当时也算是个"新派人物"。

曾科进的妻子是其父母指腹为婚定下来的，这位指腹为婚的姑娘长到应该说话的时候居然不会说话，再后来家人发现她是个聋哑姑娘。不仅聋哑，还有些傻。长大成人的曾科进不可能心甘情愿地接受父母给他指定的没有文化、不能交流的聋哑姑娘做自己的妻子，他曾反抗过，但跟陈君起相比他的反抗是微弱的。他虽接受过洋学堂的教育，但封建礼教在他的心中扎了根。从后来的一些事情中我们看出他的性格是懦弱的，一个懦弱的男人，他的命运是被别人安排好的。从另一个角度来说，他也是封建礼教的一个受害者。

曾家是个传统文化下的忠义之家，既然是指腹为婚，就不能悔婚，儿子的婚姻不是个人的，是一个家族的，曾科进到了成家年龄父母就给他娶了亲。妻子虽傻，居然还给曾家生了几个孩子。又聋又傻的主妇，生孩子行，但主持一个大家庭就不行了，曾光熙就想给儿子另娶一房夫人。

陈君起的出现，给曾家带来了一丝希望。

陈君起与曾琮是好友，也住过曾家，对曾家的情况比较熟悉。从曾琮那里知道了曾科进的不幸婚姻，在同情之余还产生了好感。曾科进也从妹妹曾琮处了解到陈君起的过往，知道陈君起逃婚到上海求学，曾科进自叹不如，心生佩服之感，陈君起做到了他想做而不敢做的事，由此更加关注，想办法接近她。

其实，曾科进的父亲曾光熙第一次与陈君起交谈后，就有了这种想法，他觉得王氏泼辣但不事理家，自从王氏进了这个家门以后，家务凌乱，亲人之间矛盾重重，曾光熙就有意再娶一个能干的儿媳妇回来管理这个家，但一时又没有合适的人选，见到陈君起后，他就有了这种想法。按照曾家的规矩和传统习俗，应该向陈君起父母提亲，但陈君起已经与父亲脱离关系，他只好把女儿曾琮叫到面前，把这件事交给曾琮解决。

曾琮不负父望，很快就有了满意的结果。

初恋是甜蜜的，带着对婚姻生活的无比憧憬，陈君起嫁入了曾家。

作为儿媳妇的陈君起走进了曾家，不再是客人了，公公曾光熙将家交给了陈君起管理，陈君起有文化，知书达礼，温文而雅，把家里的事务处理得有条不紊，与长辈同辈下辈的关系处理得很融洽。

以前陈君起作为曾家的客人，婆母王氏对她还算客气，新媳妇刚进曾家的门，王氏虽看不惯陈君起的新潮，不接受陈君起的新思想，但总算还能过得下去。只是提出陈君起不要再外出教书，在公公与丈夫的支持下，陈君起婚后仍继续在学校教书，这让婆婆王氏心里极不舒服。没过多久，陈君起怀孕，遂辞去了学校的教务，回家待产生子。

女儿的出生，给陈君起带来了一丝喜悦，她将女儿的名字取名为"翔官"，陈君起的家乡是南翔，从女儿的名字可以看出陈君起是非常想念家乡的。女儿的出生让陈君起对曾家有了一种依恋，是那种家的感觉，但婆媳之间的矛盾渐渐地显露出来。

王氏是家庭妇女，她用传统婆婆的标准要求媳妇陈君起，陈君起出身士绅之家，又受过高等教育，自然不会适应婆婆王氏对待聋哑媳妇的那一套，陈君起不但会说话，而且非常有思想，与婆婆的关系是可想而知的。曾家还是个人口众多、勾心斗角、互相猜忌的封建大家庭，婆媳姑嫂之间、嫡出庶出之间、主仆之间的那种明争暗斗婆婆妈妈的事根本不属于陈君起的能力范畴，她只有暂时避开这个家庭，眼不见心不烦，所以，翔官长到几个月时，陈君起又外出教书去了，这让王氏难以接受。

1912年12月15日，在一片忙乱中陈君起又生下了一个儿子，她喊儿子"阿宝"，取名为曾鼎乾。儿子的出生，给这个大家庭带来的是暂时的安静。但好景不长，随着儿女的成长，婆媳之间的矛盾又尖锐起来。

图 1-9　陈君起的全家合影

1914年的隆冬，南京刚下过一场大雪，陈君起4岁的女儿翔官得了伤寒病，生命危急，陈君起抱着女儿焦急万分，让曾科进赶紧去请医生。婆婆王氏得知情况后，对家里人说："真是报应啊！女人哪能外出抛头露面，报应在孩子身上了吧。不能让这孩子死在家里，死在家里不干净。"遂趁曾科进外出找医生之际派人将翔官从陈君起的怀里抢走。几天来陈君起白天黑夜不眠不休地护理着女儿，已精疲力竭，看着女儿被人从自己怀中抢走，一急之下竟昏厥了过去。待她醒来，怀里已空，女儿不知去向，她摇摇晃晃地满屋子寻找女儿，终于在院子冰冷的雪地上找到女儿，陈君起扑过去，女儿已被冻得又硬又直，陈君起"哇"的一声大哭，哭声惊飞了树上雪地上的鸟儿，一口气没吐出来，又昏了过去。

陈君起大病一场，待她能起床时，她抱着儿子，对还听不懂母亲话的鼎乾说，我们该离开这个家了。

3

女儿的死致使陈君起再一次想到逃离。这次的逃离，陈君起已经不是为自己了，而是为了儿子，她不能让儿子步女儿的后尘。

让陈君起没有想到的是，这次的逃离，比当年离开娘家去上海读书更难，当年还有母亲支持她、帮助她。这里没人帮他，家里唯一能理解支持她的人是曾琮，此时已远嫁北京。所有人都反对她离家另过，包括丈夫曾科进。曾科进也觉得陈君起受了委屈，话说得入情入理，他同情妻子，特别是女儿的死，他也难过。但他不主张离开大家庭，他认为对父母"言听计从方是孝，不孝是罪过"。曾光熙与王氏听说儿媳妇要与他们分家，当头一棒，惊愕不已。与父母闹分家另过，在这么个封建大家庭里，是绝不允许的！所以，他们骂陈君起"大逆不孝"。公公曾光熙让儿子曾科进劝说陈君起，陈君起态度坚决，不容商量，毅然决然地要离开，于是两人整天争吵。

王氏最后施出了一个杀手锏，她指着曾谦与曾丽两个小姑娘恶狠狠地对陈君起说："要走也可以，把她们俩也一起带走，她俩不能生活在这个家里。"

陈君起看着称自己为妈妈的两个小姑娘，眼中充满了怜惜，她对王氏说："曾谦与曾丽的妈妈都是你的丫鬟，按理说，她们应该生活在这个家里，由你们扶养。当然，如果你不愿意扶养，我也可以把她们一起带走。"

提到曾谦与曾丽两个女儿，陈君起的心就会一阵绞痛，她坚决要求离开这个家，或许还想离开曾科进，跟这两个女儿有关。

这两个女儿是曾科进与家里的两个丫鬟生下的。曾谦是陈君起进曾家之前生的，曾丽是陈君起进曾家之后生的，比曾鼎乾小两岁。

多年以后，陈君起对儿子曾鼎乾说："家庭的不幸是她从事妇女解放运动的一个重要原因。"

一个严寒的冬天，又是一场大雪过后，陈君起抱着出生仅仅几个月的曾丽，牵着儿子曾鼎乾，后面跟着曾谦离开了这个家。

陈君起带着三个孩子离开了衣食无忧但精神备受摧残的大家庭，搬进了南京城南张府园的一处普通民宅。条件简陋，经济拮据，但她心情舒畅，不再看婆妈的脸色，听着婆妈的骂声，她又呼吸到了那种自由的空气了，陈君起愉快起来。

曾科进不愿意搬出大家庭，两人就此分居，他们虽然没有履行离婚形式，但已是徒有其名了。4年后，曾科进受不了继母王氏的逼迫也离家出走，前往北京定居，这是后话。

就这样，这对自由恋爱的夫妻从此彻底分开了，陈君起独自扶养三个未成年的儿女。

大女儿曾谦进小学读书，陈君起去了一所小学教书。曾鼎乾与曾丽待在家里。

一家四口，靠陈君起的薪水，紧紧巴巴地将就着过日子。起初，曾科进还能补贴些家用，后来，曾科进去了北京，就只能靠陈君起一个人的薪水维持这个家最基本的生活。陈君起虽是个富家女，但她很会过日子，在这么艰苦的日子里，她还是省吃俭用地积攒了一些钱，以备不时之需。

随着孩子们的长大，家庭支出费用越来越大，开始陈君起靠教书与以前工作积蓄下来的钱还能维持生活，渐渐地积蓄也用光了，单靠她教书那点微薄的收入维持一家四口的生活是远远不够的，陈君起一家陷入了困境。为了维持全家最简朴的生活，陈君起开始白天教书，夜晚替人织毛巾，昼夜操劳，没过多久，疾病缠身，身体终于垮了下来，不仅晚上不能织毛巾，白天也不能教书了。

儿女们因交不起学费而辍学，陈君起为了给儿女们交学费常常跟亲友们借钱。孩子们开学的时候也是陈君起烦恼的时候，借到钱就去上学，借不到钱就不能上学，待在家里。陈君起没有因为他们待在家里就放弃学业，她自己教儿女，严格地按照学校课程教。身体稍好一些后，就出去工作，有了钱立即送孩子们去上学。

陈君起虽然只有曾鼎乾这么一个儿子，但她从不娇惯他，她兼有"父亲般的严厉，母亲般的慈爱"。陈君起对儿子不仅功课上要求严格，在行为上做人上更加严厉，不准说假话，不准说下流话，不准瞎传话，不准有不好的生活习气，不准与调皮捣蛋的孩子在一起干坏事，当日事当日毕。

曾鼎乾先生后来回忆："犹忆当年一盏煤油灯下，每日晚饭后，母亲陪着我们三个人读书、做功课。我家订有一份《申报》，这份报纸，家里再困难，母亲也要订的，我们做功课，她看报纸，这是她多年的习惯，我们功课做完后，母亲常把报上的新闻讲给我们听，特别灌输我们那些爱国新闻，因为母亲的灌输，在我幼小的心灵里就有了爱国思想。记得在五四运动时她和一些教员先生，还有一些我不认识的人常出去，回来给我们讲北京、南京的学生运动。"

五四时期的新文化运动，喊出了陈君起多年积压在胸底的心声，她参加了南京请愿队伍。

1922年下半年，曾鼎乾考入了当时南京最好的小学——国立东南大学附小。入学后，陈君起经常到学校访问老师，了解儿子的表现，她懂得家长与学校配合教育孩子的重要性。她常到学校访问，结识了一些进步教师与东南大学的进步学生。曾鼎乾先生后来回忆："那时常常看到母亲与这些人的来往，而且神神秘秘的，有时也来我们家讨论一些问题。"

4

南京青年学生对新文化运动、民主、科学，以及对男女平等表现出浓厚的兴趣。

陈君起结识了南京高等师范学校的谢远定、宛希俨等学生，由于共同的语言，他们来往得越来越频繁。谢远定、宛希俨是湖北籍学生，他们在武昌读书时，在恽代英等人的影响下参加了当地的五四运动及进步社团，传播新思想，并接触了有关社会主义、十月革命的书籍。来南京后，他们同恽代英等人继续保持着密切联系。

1921年5月，谢远定加入了社会主义青年团，此后，他将《新青年》等刊物带给了陈君起，陈君起如获至宝，把刊物带回了家，刊物中的内容吸引了她，她的思想与刊物内容产生了共鸣，遂开始认真阅读这些进步刊物。

《新青年》以及由陈独秀、李大钊创办的政治周刊《每周评论》等进步刊物，是通过南京高等师范学校、河海工程专门学校、金陵大学、暨南学校等校图书馆的途径传到南京的，在知识界传播。这些刊物高举民主、科学两面大旗，对以儒家学说为代表的封建文化和封建礼教进行了猛烈抨击。陈君起是师范学校毕业，又受过梁启超的资产阶级维新派的启蒙教育，一经接触这些文章，立即投入研究。她与谢远定、宛希俨等青年学生常去东南大学、北极阁等一些进步人士常聚会的场所，和他们畅谈国内外形势及个人理想。

在谢远定的影响下，陈君起又开始研读马克思主义理论。在读过这些进步书刊后，陈君起做出一个决定，于1923年加入了社会主义青年团。此时，陈君起不再年轻，是一位38岁的知识女性，不会大脑一热做出令人后悔的事，她既然选择了这条路，将会奉献自己的一生，甚至生命。

中共上海地方兼区执行委员会为贯彻党的"三大"制定的国共合作的方针，建立了以沈雁冰为委员长的国民运动委员会，并决定："限最短期间内全体加入国民党。"

1923年年底以前，南京全体共产党员、青年团员都以个人名义加入了国民党。就在这一年，陈君起也加入了中国国民党。

1923年底，在中共南京地委的支持下，陈君起着手筹建南京妇女问题研究会。1924年5月，在北极阁正式成立了南京妇女问题研究会，会员 30 人，陈君起任该会负责人。她与同志们一起调查研究中国妇女受压迫的原因、辛亥革命以来中国妇女运动的情况以及今后妇女运动的方向等。向广大妇女宣传反帝反封建思想，发动妇女们踊跃参加争取自由民主的运动。研究会的会刊为《妇女旬刊》，陈君起的家成为妇女们的活动场所。有了信仰和前进的方向，陈君起感受到前所未有的快乐。

1924 年初的一天，陈君起从外面回家，笑容从门外带进了家门，儿子鼎乾觉得妈妈今天特别漂亮，就问妈妈为什么这样高兴，陈君起耳语般地告诉儿子鼎乾："我加入了一个更激进的党——中国共产党。"

曾鼎乾先生后来回忆："母亲自从加入了中国共产党，我们家就成了南京党的活动中心，恽代英、肖楚女、林育南等人到南京时就来我们家开会。母亲开始向我灌输党内的纪律，明确告诉了我，我们这个'家'的任务，要我看好'家'。再后来，母亲开始把她的信仰传输给我，让我给他们送信，送通知，跟他们出去'玩'。"

陈君起因为儿子曾鼎乾就读于国立东南大学附小，为方便孩子就近读书，她另租了学校附近的朱姓房东一处住宅，住宅地址是居安里 20 号。

居安里 20 号，独门独院，离当时的东南大学、金陵大学等校区很近，而且偏僻隐蔽，附近都是菜园、鱼塘。陈君起入党后，她的家——居安里 20 号就成了中共南京地委的秘密机关和通信联络地点。地委开会时，儿子鼎乾一边在外面玩一边放哨。

陈君起曾对儿子说："为了党组织和同志们的安全，你一定要保守秘密，即使个人牺牲了，也要保护组织与同志。"并对他约法三章：一、家里来往人员、活动，不许对外说出一个字；二、大人在

图 1-10　陈君起在南京时的住址——居安里 20 号，也是党的秘密活动地点

房里开会时，你要在院子里看书写字或者自己玩，要注意周围的动静，有陌生人来时喊一声，不能让陌生人闯进来；三、同志们有什么事情请你去办，比如送信什么的，你要去送，信件不能给任何人看，送完后立即回来。

为了培养儿子对党的忠诚，她拿回来一本苏联小说给儿子看，看完小说后，儿子鼎乾的眼睛已经被泪水模糊了，他懂得了母亲的用心良苦。

那本小说的名字叫《夜未央》，作者是波兰的廖抗夫。曾鼎乾先生直到晚年还记得这本小说的大概意思：这是一个苏联十月革命前沙皇时代的一个故事，有一个亲王手段毒辣，不少革命的同志都死在他的手上，组织决定除掉他。但亲王手下保镖随从很多，很难接近他。经过观察，发现亲王爱看戏，每次剧院散场，等观众走完后，他才在保镖随从的前呼后拥下离开剧院。组织决定就利用这个机会除掉他，在剧院门口放置一枚炸弹，这枚炸弹放置的位置很重要，一定能炸死他。这就需要一个人随时引爆炸弹，这个人也将与亲王一起被炸飞。还有一个问题，就是时间问题，怎样才能精准到亲王走到这枚炸弹爆炸威力所及的位置。组织上想出了一个办法，安排另外一个同志在剧院对面一个旅店楼上的窗口观察，这个位置正好能细致地观察到剧院大门外的一切动静。这个同志准备好一支燃烧的蜡烛，等亲王走出剧院，走到炸弹所及范围内，就把这支点燃的蜡烛移到窗口，这就是引爆信号，引爆炸弹的人看到这信号，立即引爆炸弹。一日，亲王来到剧院看戏，一切如期而至。当这位亲王在保镖的护卫下走进危险区域时，旅馆内手执已经点燃蜡烛的同志全身微微颤抖，心情五味杂陈，如果将蜡烛移至窗口，这位引爆炸弹的同志将被炸死，而这位同志不是别人，正是自己的丈夫。如果不把蜡烛移至窗口，会有更多的同志死在这位亲王手里。她想到这里，毅然决然地把点燃的这支蜡烛移到窗口。故事至此戛然而止。

现在一定有人会认为，将这种暴力血腥的书给儿童看很不合适，但陈君起就把这本书带回家专给她的独子看，这本书的内容对少年曾鼎乾影响很大。一年后，14岁的鼎乾被军阀逮捕居然像母亲一样不被诱惑，他勇敢，机智，坚贞，小小年纪在那小黑屋里再恐惧也没说出党的机密。这不能不说是陈君起的先见之明与智慧。

上海五卅惨案的消息传到南京，青年学生群情沸腾，南京党支部召开紧急会议，决定广泛发动群众，声援上海人民的斗争。6月1日下午，东南大学附中学生率先罢课。2日，东南大学全体学生罢课，同时成立了上海五卅惨案东南大学后援会。南京党、团组织又发动英商和记洋行工人罢工，以抗议英帝暴行，声援上海人民的反帝斗争。

6月3日上午,陈君起出席了东南大学、志成中学、妇女问题研究会等48个团体发起在公共体育场召开的全市声援五卅惨案大会。4日,南京各界3万余人举行了联合大游行,陈君起参加了演讲,以及散发、张贴"打倒帝国主义""收回租界""严办五卅惨案凶手"等传单。

为救济和记工厂罢工工人,陈君起参加了募捐工作,筹备印制募捐簿,管理募捐账目,亲自向女工发放救济费等具体工作。她工作细致,事无巨细一丝不苟,忙得废寝忘食。她还对因参加五卅运动遭到开除的一批女中学生进行了慰问,促成她们转学。1925年秋,陈君起当选为共青团南京地委妇女委员兼第三支部书记。

1926年3月12日孙中山逝世一周年,国民党中央于这天的下午3时,在南京中山陵墓地茅山坡举行孙中山先生陵墓奠基典礼。南京的中共党员基本上都去了,在奠基礼上,国民党右派与陈君起他们发生了冲突,侯绍裘被打成了重伤,柳亚子先生在张应春与陈君起的护卫下逃离现场。

陈君起意识到国共的严寒将要到来。

5

1926年7月9日,北伐战争在"打倒列强,除军阀"的口号中拉开了序幕。

9月,北伐军一路北上,南京的孙传芳加紧了防卫,为了"保境安民",孙传芳设立了联组稽查队、反赤化团、保工局、警备营等组织，发布十大戒严令，严禁一切集会、游行，大批军警、暗探日夜搜查。封闭了中共创办的光复中学，以及乐天、启明两个书店（因出售进步书刊），逮捕进步学生数十人。这一段时间，陈君起两次收到信封上印有"国民革命军第 X 军党代表办公室"字样的信件，加之平日家里信件频繁，人来人往，引起了孙传芳部警察的关注。陈君起是位成熟的革命者，她预感到了会发生什么事，因此，将家里所有的党内文件、信件等都做了妥善处理。

10 月 3 日，孙传芳当局逮捕了一名女学生，在搜查其寓所时，搜出一份国民党员名单，其中有陈君起的名字。第二天下午，三四十个武装警察闯进了陈君起的家——居安里 20 号，进门就问："谁是陈君起？"陈君起停下手中的家务活，回答道："我是。"警察又问："你住在哪间屋子？"答："这间。"警察蜂拥进入了陈君起的卧室，翻箱倒柜地搜查。在警察忙着搜查之际，陈君起给儿子曾鼎乾递了个眼色，曾鼎乾心领神会，趁着敌人不防备，悄悄溜出了院子，出了大门，停下来回头观察，没有人跟踪，这才快步急走，拐了个弯，又回头查看，没发现有人跟踪，然后一路狂奔，百米冲刺般向着离家最近的一个中共据点——大纱帽巷跑去。到了据点，曾鼎乾双腿发软，站立不住，一边大口喘着粗气，一边把家里正在发生的情况告诉了几位同志，同志们马上分头通知了其他人员。由于曾鼎乾的通报，几处党、团组织及时作了转移，没有遭到破坏。除了陈君起一个人，也没有其他人被捕，他们记住了陈君起的这个好儿子。

从大纱帽巷出来，曾鼎乾担心妈妈，还是一路跑着回家。回到家里妈妈已经被带走了，家里被翻得一片狼藉。曾鼎乾一边收拾妈妈的物品一边流泪。这个晚上，曾鼎乾失眠了，小小年纪，第一次尝到了失眠的痛苦,他四处打听妈妈被关在什么地方。

警察在陈家一无所获,但还是以"革命党"的罪名逮捕了陈君起,将她关进了警察厅。因为这次抓捕中只有陈君起一个女的,因此她"享受"了一个单间小牢房。

在知道了妈妈被关在什么地方后,曾鼎乾常去探监,起初,警察对他监督很严,时间长了,看守也放松了警惕。于是,曾鼎乾就开始帮母亲传递消息,母亲也把写好的纸条夹在换洗的衣服缝里给儿子带出来,交给组织,组织上有什么事,也写个纸条,让曾鼎乾带给母亲。

陈君起在狱中画了两幅画,一幅画了一株梅花,题词曰:"瘦梅虽老,尤鲜艳耐寒。"此时陈君起已过了不惑之年,人至中年,与革命的青年相比是他们的老大姐了,人虽老了,但革命意志并未衰退,与年轻人一样充满激情。

另一幅画的是一座小平房,房外有只小燕子在飞翔。题词曰:"秋风秋雨近重阳,滴滴秋声知夜长。来回斗室三五步,绕梁小燕补巢忙。"陈君起在狱中思念儿子曾鼎乾,感叹儿子小小年纪却要为自己跑来跑去。这两幅画,曾鼎乾一直珍藏在身边,随着他一路漂泊到各地,思念母亲时就拿出来看看。现在这两幅画被珍藏在雨花台烈士纪念馆。

在多方营救下,陈君起在警察厅待了三个月,于1926年底军阀当局以"妇女无知"为由释放了她,党组织怕军阀反复无常,陈君起一出狱即派她去了南昌,在国民革命军第三军某部从事政治工作。

军阀释放了陈君起并不等于就没事了,他们还在密切地关注着她。陈君起一离开南京,军阀方知他们疏忽大意了,陈君起不是一般妇女,确实是革命党。 于是,在1926年底的一个夜晚,居安里20号的陈家又被军阀抄了一次,但还是一无所获,一怒之下,孙传芳当局以"小革命党"的罪名把陈君起的儿子曾鼎乾逮捕了。

14岁的曾鼎乾在狱中像他母亲一样不屈服。 警察问曾鼎乾:"你母亲到哪里去了?""哪些人同你母亲来往?""他们都叫什么名字?""他们住在哪里?""你母亲为什么去南昌?"曾鼎乾回答:"我母亲是到南昌去了,这是她告诉我的,她没有告诉我为什么去南昌,我也不知道。""我的老师有时来我家,再就是我爸爸的朋友也会来我家,他们住在哪儿,我也不知道。"警察逼紧了,曾鼎乾就说:"大人的事我怎么知道,我一个小孩嘛!"警察觉得这个男孩不好对付,天天审讯也没得到什么,在警察厅关了12天后,就把他转押到军法处去了。 军法处关押的都是重刑犯,一到军法处,曾鼎乾就被带上了手铐、脚镣。

曾鼎乾先生后来说:"当时我气愤之极,我只有14岁,能有什么罪呢? 将我手脚都铐上。"

时值寒冬腊月,曾鼎乾进牢房时没带任何行李,晚上就蜷曲在大人的被窝里,生了一身虱子。 每餐是一大桶饭,一大盆汤,汤里漂着几根豆芽,早晚放两次风。 正在长身体的曾鼎乾常常饿得眼前发黑,双腿发软。 但这些并没有消磨掉他的意志,相反他的胆子越来越大。 在军法处,曾鼎乾被提审过3次,还是警察厅曾经问过的问题。 每次审问,曾鼎乾都装着不懂事,一概推说不知道。 警察们有时哄孩子一样哄着曾鼎乾,有时打犯人时,让他看着,犯人的惨叫声,并没有吓着曾鼎乾。 最后,他就是一句话:"大人的事我确实不知道,要知道我早就告诉你们了。"

到了军法处第8天的一个下午,一个看守喊着:"曾鼎乾,你家人给你送钱来了。"曾鼎乾知道，家里没有钱，也不会有人给他送钱，一定是党组织送来的。曾鼎乾猜的没错，确实是南京党组织送来的。曾鼎乾被捕后，党组织密切关注他，因为他知道许多党组织的事情，包括党组织的据点。毕竟是个小孩，所以组织通过内线打听他在监狱的表现，回馈来的信息是：曾鼎乾什么也没说，一问三不知。党组织遂研究决定给他5块钱作为奖励。曾鼎乾先生后来说："我手中握着那5块钱，兴奋不已，心里感到一阵温暖。一个看守见到我笑了，对我说，小把戏！家里给你送钱买吃的，高兴了！当时我心里想，你知道什么，这是党组织给我的奖励，军法处就是一辈子不放我出去，甚至杀了我，我也不会说出一句真话，一定要对得起母亲，对得起革命同志。"

军法处有个规定，不准给"犯人"送东西，但可以送钱，"犯人"有钱可以托看守买东西，看守在购买东西时从中赚点小钱，所以他们很乐意给"犯人"买吃的用的东西。

由于没有确证，又无口供，加上北伐军节节胜利，审讯曾鼎乾的法官，也许想为自己留条后路，在大年三十晚上的这天，以"年幼无知"将曾鼎乾交保释放。

在困境中成长起来的曾鼎乾后来成长为我国著名的石油地质科学家。

大年三十晚上，曾鼎乾回到了家，家里什么吃的也没有，别人家欢欢喜喜、热热闹闹地过年，他们姐弟三人对着一盏煤油灯凄凄惨惨地过了一个没有妈妈的春节。

在南昌的陈君起，知道儿子被捕时，一下子昏了过去，醒来时，嘴里喊着："阿宝，阿宝！"

1927年3月24日，晨曦初露，国民革命军江右军三路大军陆续开进南京城。天明时,全城悬挂起国民党的党旗,四处张贴着欢迎北伐军的标语。江右军进城之后,纪律严明,不占民房,不住学校,以革命军的姿态出现在了南京市民的面前,受到南京地区国共两党与民众的热烈欢迎。

党组织派陈君起重返南京工作。陈君起抵宁时已是夜晚了,但她思儿心切,连夜赶往曾鼎乾的寄宿学校看望儿子。

当陈君起远远地看见儿子从宿舍跑出来时,已经泪奔了。儿子见到母亲时,惊叫一声"妈妈"后一下子投入母亲的怀里,泪水浸湿了母亲的衣裳,此刻母子无语,所有的语言都在这泪水中了。母亲擦干眼睛,把儿子从头看到脚,又从脚看到头,没有变化,只是变瘦了,长高了,成熟了。母亲一连串地问儿子:"阿宝,他们有没有打你啊?有没有打伤你啊?在里面吃了不少苦吧!妈妈已经知道你在狱中的表现了,妈妈为你高兴,同志们都在赞扬你呢。"

七十二年后,电视台采访曾鼎乾先生,他追忆母子在学校相见的那一刻时,已是 87 岁的曾鼎乾先生恍如昨日,因哽咽而没能说下去。

陈君起告诉儿子,她回南京后,担任国民党南京市党部妇女部部长、中共南京地委妇女委员。

6

南京光复了。

国民革命军江右军政治部进南京城的当天就宣传国民党南京市党部(在安徽公学办公)为唯一合法的市党部。封闭了花牌楼的右派市党部，收缴了他们的文件、印信。3月28日，武汉国民革命军总政治部任命林祖涵为该部驻宁办事处主任，在林未到任前由李富春代理。

南京光复的第3天（3月26日），蒋介石任命其亲信温建刚为南京公安局局长，任命杨虎为津浦路南段特务处处长，任命反对国共合作的陈葆元为津浦路南段总队长，任命柳世裕为江防要塞先遣司令，同时派人控制了南京的电报、邮政、税收等部门。陈葆元建立起南京市劳工总会，并组织武装纠察队，以手枪、竹棍等为武器。

3月末，蒋介石宣布，他"将驻宁指挥北伐军事"。随后，将武汉总司令部行营迁到了南京。4月初，将支持国民党左派及中共的第二军陆续调往江北，将其嫡系部队薛岳的两个师调驻南京。至此，蒋介石已完全控制了南京的军队、警察、水陆交通、通信联络等。

蒋介石继续北伐。

4月6日，温建刚颁布了"凡地方人民集会结社，须先呈由公安局核准立案，方得开会"的通告。陈君起等人从这个通告中感觉出了一些不对劲的信号。

4月7日，因不满温建刚所发布的限制人民集会的通告，南京市农民协会、总工会等团体到公安局请愿，强烈要求取消此通告，恢复人民集会自由，遭到拒绝。

南京的形势急转直下。

中共南京地委、国民党江苏省党部为了打击、孤立对方，决定8日召开军民联欢会，9日开欢迎汪精卫复职大会，10日开市民大会。

9日这天上午，蒋介石从上海来到南京。

下午2时，省、市党部在公共体育场召开"欢迎汪精卫主席复职大会"，会上也张贴了欢迎蒋介石的标语。与会者达三四万人。陈葆元、达剑峰从下关欢迎蒋介石回来后，指挥劳工总会、右派市党部等百余人，手持木棍、铁棍、手枪冲到设在安徽公学的省、市党部，将省党部20余人和市党部10余人捕去，并捣毁市总工会，将省、市党部的文件、印信、财物等一并搜走。

在公共体育场开会的人闻讯，一致决议：立即到总司令部请愿，要求蒋介石严惩凶手，封闭劳工总会，保护省、市党部和市总工会。队伍到达总司令部后，温建刚出来接见，他说："劳工总会是总司令派人组织的，封闭该会，须得总司令允许。"在请愿队伍一再要求下，蒋介石出来了。他在二三分钟的讲话中也没触及实质性问题。请愿队伍解散。

当日晚，陈君起参加了中共南京地委召开各团体负责人的紧急会议。她还不知道，就在这天她的父亲陈巽倩在嘉定被当作土豪劣绅枪决了。

第二天，即4月10日，星期天。曾鼎乾在学校寝室天亮即起，他要赶回家看母亲，上次在学校门外与母亲匆匆一见，一肚子话还没来得及跟母亲说呢。曾鼎乾跑进家门时，看见母亲正伏案赶写材料，喊了声："妈妈，我回来了。"看到儿子回来，陈君起猛然想起今天是星期日，一周白天黑夜地忙碌，竟然忘了今天是星期天。陈君起惊喜，赶紧停下手中的笔，站起来迎接儿子，问寒问暖问学习，简短的交流后，陈君起对儿子说："你自己去玩，看看书，等我把今天的急事忙完，晚上回来妈妈有话要跟你说。"说完她又埋头写材料去了。陈君起何尝不想跟儿子说说话，分离几个月的母子有着说不完的话，何况儿子刚从监狱出来。

陈君起完成了材料，嘱咐儿子在家等她，就匆匆离开了。没有任何预感，也没有任何预兆，这是她与儿子今生说的最后一句话。

陈君起赶往公共体育场参加大会去了。

上午9时，数万人从四面八方向公共体育场涌去，陈君起率领妇女团也在其中。大会由市总工会工人纠察队维持秩序，市党部刘少猷担任主席。侯绍裘代表省党部声讨捣毁省、市党部的暴行。大会结束后游行示威，游行队伍于下午1时到达总司令部。总司令部门前军警荷枪实弹，如临大敌。队伍高呼口号近一个小时，总司令部的门终于打开，走出一个人，让派几个代表进去谈话。省党部执行委员、工人部长兼秘书长的刘重民等人进去见蒋介石，代表进去后久不见出来，第二批、第三批代表又进去。约下午5时许，不见答复，也不见代表出来。第四批代表正准备进去时，门内有人出来发话不准进见。人们在总司令部门前高喊"代表出来报告交涉经过"。几批代表终于被放出来。刘重民对大家说："交涉没有任何结果。"请愿队伍的代表就地决议："不达到目的，誓死不离开总司令部。"话音刚落，数百名打着劳工总会旗帜，臂戴袖章，手持竹棍的人从西辕门冲进队伍，一阵乱打。请愿队伍也有准备，市总工会工人纠察队手持齐眉棍还击。正在双方打成一团时，枪响了，请愿队伍中有数十人倒下了。人们看到了房顶上架起了机枪，房顶上的人还往人群队伍中扔砖头瓦块。人群一阵混乱，向东辕门拥去，铁制的东辕门被挤坏了，门旁的石狮子也被挤翻了，两丈高的围墙也被挤倒了一段，死伤者一片。

请愿队伍迅速撤退。

当晚11时，中共南京地委在大纱帽巷10号召开紧急扩大会议，地委委员及省市党部，以及市总工会的负责人出席会议，研究应变措施、反蒋宣传等问题。会议开到凌晨2时，就发生了本文开头的那一幕。越墙逃脱的是刘少猷，与陈君起同时被捕的还有侯绍裘、谢文锦、张应春等人。史称南京"四一〇"惨案。

陈君起等人被关押在公安局看守所。这个看守所位于南京内桥附近的珠宝廊（1929年11月改名为首都警察厅看守所，今白下路23号）。当时还是国共合作期间，还没有公开撕破脸皮，陈君起承认自己信仰共产主义，是共产党员，也是国民党员。问到其他人的具体情况时，她简单明了地回答："不知道。"陈君起气质高雅，眼神坚定，态度沉着冷静，不多说一句话。对待像陈君起这样的人，公安局看守所的审判人员不会浪费口舌，也不会刑讯逼供。

陈君起被捕两天后的一个上午，曾鼎乾课后回宿舍见到自己的桌子上有一封信，一看是母亲的笔迹，鼎乾急忙打开，看了第一句话曾鼎乾如晴空霹雳，瞬间惊呆了！再往下看，鼎乾的泪水就出来了，泪水顺着他的脸颊往下流，看不清字了，他急着要往下看，于是，用袖口擦干了泪水。

阿宝：

我又被捕了。

这次我不会再出狱了。我和张应春两人被关在一间屋子里，这间屋子就是去年关过我的那间牢房，我们两个人住得很挤，但我们很相安。这次上面很凶，但下面对我们很同情。我和张偷偷地去看过侯绍裘、刘重民他们男同志，他们的处境更苦。

这件事说明我们还很幼稚，没有经验。

你接信后就赶快回家，把我住的那间房子的门锁好，不准任何人进去住。

我再也见不着你了，我死之后，你向曾谦要人。

有可能给我送几件换洗衣服来，张应春也要。

你自己要慎重，不多嘱。

母字

星期天上午陈君起离开家时让曾鼎乾在家等着，等她晚上回来说话。可曾鼎乾等了一天也不见母亲回来，晚上继续等，等得他瞌睡难忍，就上床睡觉了。曾鼎乾以为自己第二天醒来就能见到母亲，可第二天醒来依然不见母亲回来，就匆匆吃了早饭上学去了。他以为，母亲可能有事一时回不来，等下周日回家再说，曾鼎乾也没往坏处想。没想到母亲又被捕了！

曾鼎乾看完信，捧着信的双手，微微颤抖，不知如何是好。瞬间，他心中生出一股悲凉，是那种成年人的悲凉。这是母亲第二次被捕，曾鼎乾只是悲凉，还没把事情想得最坏。少年曾鼎乾将母亲的信折叠好，藏在身上。母亲信中说："你接信后就赶快回家，把我住的那间房子的门锁好，不准任何人进去住。"鼎乾领会了母亲的意思，母亲突然被捕，家里可能还有文件之类的东西没有处理好。于是，曾鼎乾一边落泪一边往家里跑，跑到居安里20号的家门口时，双腿已经软了。他希望奇迹出现，推开家门，母亲就在家里等着他。他把母亲的房门一点一点地推开，屋里没有母亲，他又在家里找了一遍，还是不见母亲，曾谦、曾丽听到动静跑了出来，看着双眼红肿的鼎乾，问他出了什么事儿。鼎乾一边找母亲一边把信的内容告诉她们。她们告诉鼎乾，妈妈几天没有回家了。鼎乾一头扎进母亲的房间，开始翻箱倒柜，他仔细地找遍房间的每一个角落，把母亲来往的信件，以及认为可能引起敌人注意的东西全部收集在一起，在院子里挖了个坑，一把火全部烧掉了。只留下母亲的三本日记本，曾鼎乾认为这是母亲的亲笔日记，不能烧，也不舍得烧掉，但一定得收藏好。匆忙中他翻了翻日记本，看到一则日记中写着母亲和共产国际代表鲍罗庭顾问的谈话，地点在南昌。他也没有心思仔细看，就将三本笔记本包好，放进一个空罐子里，埋在自家的地板之下。几个月后取出时，日记本已经霉烂了，曾鼎乾后悔莫及，直至晚年还在追悔。

曾鼎乾处理好了家里的事，就给母亲和张应春找了几件衣服，带着妹妹曾丽直奔公安局看守所。公安局门前戒备森严，军警十分凶恶，无论曾鼎乾与曾丽怎么百般哀求，军警就是不让他们进去。曾鼎乾想看看母亲，那天的话还没有说完呢。警察不让进，他就在公安局的门前哭开了，警察也不理他们，任由他们哭泣。兄妹二人哭了一会儿看看实在进不去了，就一步三回头地离开了看守所。

几天后，陈君起与她的9位同志被秘密杀害，尸体被抛入南京通济门外九龙桥下的秦淮河中。

曾鼎乾日夜思念着母亲，听说长江边有人死去，就独自一人跑到下关的长江边，沿着堤岸一路奔跑，寻找他的妈妈陈君起。多年后，他从严绍彭先生那里知道他的妈妈融进的不是长江而是秦淮河。可是，他很固执地认为他的妈妈就是融入了长江。多少次，他带着鲜花与纸钱来到长江边，祭奠他的母亲陈君起烈士。是的，曾鼎乾没有错，秦淮河由通济门东水关入城，进入南京城区，穿城而过，由西水关出城，最终汇入长江。

秦淮河，一条负荷着华丽的历史荣名的河流，数百年唱不衰的

"秦淮笙歌"还在继续地唱着。此时却应了清初诗人王渔洋的"千载秦淮呜咽水,不应仍恨孔都官"的诗句。黛绿的河水,承载着的是一位儿子的呜咽。河的对岸,正是六街灯火的辉煌,楼头的轻歌曼舞,娇艳的肉体的倾轧,以及一声声檀板丝弦,一阵阵像梦魇般飘了出来,随着河水轻悠荡漾,让人心旌摇曳,陶醉在醉生梦死中。唐代诗人杜牧的"商女不知亡国恨,隔江犹唱后庭花"道出了此时的伤感与悲凉。

第二章 晓庄学校开出了两朵红蔷薇

清晨，晓庄师范的指导员与学生们肩扛帐篷，手提绳索，从暂时借宿的燕子矶小学出发。他们迎着曙光，踏着乡间小路，步行3里路来到劳山脚下。师生们先搭起帐篷做临时休息室；再就地取材，搭建了一座高台，向农友借了一张八仙桌和几条长条凳，一个充满乡土气息的会场就这样布置好了。不要小看这乡间学校，一个简易会场，参加开学典礼的100多位来宾都是教育界的知名人士；十里八乡来看热闹看稀奇的农友扶老携幼，成群结队，如同赶集一般齐集在劳山脚下的这个会场。

　　开学典礼开始啦，陶行知先生登上讲台，向世界大声宣告："晓庄试验乡村师范开学了！我们没有教室，没有礼堂，但我们的学校是世界上最伟大的，我们要以宇宙为学校，奉万物为宗师。蓝色的天是我们的屋顶，灿烂的大地是我们的屋基。我们在这伟大的学校里，可以得着丰富的教育。本校特异于平常的学校有两点，一无校舍，二无教员。大凡一个学校创立，总要有房屋才能开课，我们在这空旷的山麓行开学礼，实在是罕见的。要知道我们的校舍上面盖的是青天，下面踏的是大地，我们的精神一样要充溢于天地间。所造的草屋，不过避风躲雨之所。本校只有指导员而无教师，我们相信没有专能教的老师，只有经验稍深或学识稍好的指导。今天到会的农友很多，他们是我们的朋友，以后我们要他们帮助的地方很多，我们需要和大家做亲密的朋友，向他们好好地学习。你们不要以为乡下人无知识，一般大学生念过不少自然科学的书，到了乡下便不认识麦子，说韭菜何其多也！所以农夫、村妇、渔人、樵夫都可做我们的指导员，因为我们很有不及他们之处。我们认清了这两点，才能在广袤的乡村教育的路上前进。"

　　陶行知校长话音刚落，来宾与乡间农友的掌声如雷般响起。

这天是 1927 年 3 月 15 日，陶行知先生创建的"晓庄试验乡村师范学校"（也称晓庄学校、晓庄师范等）正式开学。

大家可能认为地处偏僻小山村建一个学校，也不会有什么名气。错。因学校教育理念与传统教学的不同，使晓庄师范在中国教育史上写下浓墨重彩的一笔，国内政要与外国友人也踏上了这片泥土。

蒋介石夫妇、冯玉祥、蔡元培、梁漱溟等一大批军政要人和教育界资深人士前来考察；陶行知先生在哥伦比亚大学的老师克伯屈也来到晓庄考察。他说："我现在无论到什么地方，都要宣传在中国的晓庄有一个试验学校，把这里的理想和设施，宣传出去，使全世界人知道。"他把晓庄校歌《锄头舞歌》也带回美国，交由黑人歌唱家罗伯逊翻唱并灌成唱片。世界教育大会后，国际自由平等同盟会特派两位女性代表来到中国参观晓庄师范，她们赞誉：晓庄的宗旨与办法，实在很适合现代潮流。晓庄师范声名远播，学子们向往着南京劳山脚下的晓庄学校。

于是，1928 年的初夏，一位爷爷领着一个十五六岁的女娃来到晓庄，找到了晓庄师范的陶行知校长，用南京六合方言跟陶行知说："陶先生，我们是从江那边的六合东王乡来的，这是我的孙女姚爱兰，刚读完初小，听说你们学校很特别，能锻炼人，我就把她送到您这来了，请您收下她吧。"说完，老人把孙女拉到陶先生面前，姚爱兰有些羞怯地给陶行知鞠了一躬，轻轻地喊了一声："陶先生好！"陶校长看着圆脸大眼睛的姚爱兰，笑着说："挺聪明的女娃，我们这所学校与别的学校不一样，要能吃苦哦。"老人说："我这个孙女小兰平日娇生惯养，需要锻炼，就让她来这里边学习边锻炼。"

于是，姚爱兰就成了晓庄中心小学的学生了。

一年后的1929年秋天，另一个叫郭凤韶的女孩从浙江临海来到南京，走进了晓庄师范。她俩犹如两朵小小的红蔷薇在这所乡间学校里瞬间盛开了。正如诗人方回《红蔷薇花》的诗：

月桂金沙各斗春，蔷薇红透更精神。

虽然面似佳人笑，满体锋铓解刺人。

姚爱兰：唤醒锄头来革命呀

南京六合东王乡旁，有一处名为"菜园"的地方，这里的居民大多以种菜为生。姚爱兰就出生在这个地方，她的家在当地算是富裕的。姚爱兰出生之前的姚家，人丁极不兴旺，几代人都不能生养，每一代都抱养别人家的孩子才能传宗接代，姚爱兰的父亲也是姚家抱养来的。姚爱兰的出生，对于这个家族来说，无异于上天赐给姚家的珍宝。所以，爷爷送她去学堂，这是农村女孩儿少有的待遇。

图 2-1 姚爱兰

1928年的夏天，姚爱兰16岁了，爷爷打听到南京的晓庄有一所师范学校，是陶行知先生创建的，就打算把孙女送到晓庄师范的小学部读书。

暑假后，爷爷亲自划着小船送孙女到晓庄师范学校上学。爷爷常年守在家里，难得出门，到了学校，满眼都是稀奇，领着姚爱兰在晓庄"校园"里转悠。远远看去，各种各样的建筑散落在田野山谷中。爷孙俩一边走一边看,来到"犁宫",同学告诉他们,"犁宫"是晓庄学校的礼堂。礼堂坐落在一片草坪之上,正中间的草屋顶高高隆起,两旁的厢房有着弧形的飞檐,门柱上一副楹联是:

和马牛羊鸡犬豕交朋友
对稻粱菽麦黍稷下功夫

爷爷说,这个礼堂名字好啊,一听就是我们农民家子女的礼堂,一定能犁出好后生,也能犁出香喷喷的粮食。

一路走着,就来到"书呆子莫来馆"图书馆,"食力厅"厨房,爷爷指着一间屋子说,这是茅房吧,叫什么?初小毕业的孙女说,叫"黄金世界"。爷爷大笑:"形象,形象,这个学校好,这个学校好。"

爷孙俩最后来到了"桃花源",桃花源是女生宿舍。陶行知将女生宿舍取名为桃花源,一定是想到他那1000多年前本家陶渊明与他的《桃花源记》,他是不是想着在这块土地上也能实现桃花源的"土地平旷,屋舍俨然,有良田美池桑竹之属。阡陌交通,鸡犬相闻。其中往来种作,男女衣着,悉如外人。黄发垂髫,并怡然自乐"之美境。陶校长是在向往一个没有阶级,没有剥削,自给自足,人人自得其乐的平静和谐社会。所以,他把他的母亲、妹妹及家人都接到"桃花源"来了,让她们也享受着田园美境。

姚爱兰进入了晓庄中心小学,住进了"桃花源"。

姚爱兰与她的同学清晨5点之前起床,洗漱完毕后,5点准时有一个10分钟左右的全校短会,这个会由师生轮流主持。姚爱兰跟着同学一起唱着校歌《锄头舞歌》：

> 手把个锄头锄野草呀！
> 锄去野草好长苗呀！
> 绮呀海，雅荷海。
> 锄去野草好长苗呀！
> 雅荷海，绮呀海。
>
> 五千年古国要出头呀！
> 锄头底下有自由呀！
> 绮呀海，雅荷海。
> 锄头底下有自由呀！
> 雅荷海，绮呀海。
>
> 天生了孙公做救星呀！
> 唤醒锄头来革命呀！
> 绮呀海，雅荷海。
> 唤醒锄头来革命呀！
> 雅荷海，绮呀海。
>
> 革命的成功靠锄头呀！
> 锄头锄头要奋斗呀！
> 绮呀海，雅荷海。
> 锄头锄头要奋斗呀！
> 雅荷海，绮呀海。

校歌唱起来特别亲切，朗朗上口，一学就会。姚爱兰问一个同学："校歌怎么这么容易唱，特别有劳动节奏，唱着唱着就想去劳动了嘛。"同学告诉她，这曲调是南京郊区农村秧山歌的调子，词是我们的校长陶行知亲自填的。

1929年1月23日，离春节还有半个多月时间，但晓庄如过年一样热闹起来了，同学们奔走相告："知道吗？今天南国社要来咱们学校啦，听说演员都是大上海的名流。"乡亲们也听说了，口口相传，热闹非凡。

南国社于1月18日在南京公演，演出盛况空前，报纸争相报道，可以说轰动了南京城。晓庄师范学校的师生们也想看南国社的演出，于是，就请校长陶行知邀请田汉先生来校演出。田汉早年留学日本，回国后与郭沫若、郁达夫等人组织了创造社，后又创办了南国社。南国社在国内最早把话剧搬上了舞台，在市民阶层产生了广泛的社会影响。陶行知认为话剧是对群众进行宣传教育的一种有效方式，尤其在文化落后的乡村。于是，他非常赞成师生们的想法，便亲自写了封邀请信：

田汉先生转南国社诸先生：

自从诸先生来到首都，城里民众唤不醒，乡下民众睡不着。

唤不醒，连夜看戏，早上爬不起来也；睡不着，想看戏，路远，无钱也。诸先生以艺术天才，专攻白话剧，必能为中国戏剧开一新纪元。知生谨代表晓庄农友、教师、学生向诸先生致一最高敬礼，并欢迎诸先生下乡现身说法，以慰渴望。此处有千仞冈，可以振衣；万里流，可以濯足，下乡一游，亦别有乐趣。兹公推陈金禄、赵彦如等三先生前来奉约，如蒙俯于接见，不胜感激之至。敬礼康乐！

陶行知
一月二十日

三位先生拿着陶校长的信去南京拜谒田汉，邀请剧团来晓庄演出。田汉看了信欣然接受邀请，认为这是革命的艺术与革命的教育"结婚"的好机会。这一邀请，开创了"送戏下乡"的先河。

在草草结束最后一场公演后，第二天清晨，南国社的大车载着道具，一路向北，出了和平门，过了迈皋桥，来到晓庄。

田汉与演员们一到晓庄，立即受到校长、师生及农友们的热烈欢迎，姚爱兰也在人群中，门外虽然风雪交加，犁宫内热烈的气氛如同春天。陶行知校长致欢迎词："今天我是以'田汉'的资格欢迎田汉。晓庄是为农友而办的学校，农友是晓庄师生的朋友，我们的教育是为种田汉而办的教育。我们犁宫前的一副对联，说明我们的办学态度，'和马牛羊鸡犬豕做朋友，对稻粱菽麦黍稷下功夫'。所以我是以一个'种田汉'代表的资格在这儿欢迎田汉……"听到最后大家才听出校长诙谐的欢迎词，田汉、其他演员、师生及农友们笑作一团，犁宫内春意盎然，笑声传遍犁宫的每个角落，校长把欢乐传递到每个人的心底。田汉也作了答辞："陶先生说，他是以'田汉'的资格欢迎田汉，实不敢当！我是一个假'田汉'，陶先生是个真'田汉'，我这个假'田汉'，能够受到陶先生这个真'田汉'以及在座的许多真'田汉'的欢迎，实在感到荣幸！"他表示一定要向真"田汉"学习，让革命的艺术同"田汉"大众携起手来。

演员们在这个气氛下进入了角色。当晚演出的剧目是田汉创作的独幕话剧《苏州夜话》，此剧描写一对带有浓厚传奇色彩的父女不期而遇的故事，剧中主人公的命运引起观者的强烈共鸣，整场演出反响颇为热烈。第二天演出的是田汉的《生之意志》《颤栗》和左明的默剧《一文钱》，以及集体编创以晓庄农村生活为背景的《新村之夜》。天天看剧，也不用花钱，演戏的还是业内的一流演员，唐槐秋、顾梦鹤、欧笑风、张慧灵、陈凝秋（塞克）、郑重（君里）、唐叔明、吴似鸿、王素等名角全体出演，阵容齐整，情绪饱满，特别是活报剧式的《新村之夜》，受到师生和农友狂热般的鼓掌。演出结束时，晓庄师生与农友高唱《锄头舞歌》，台上台下一片欢乐。

这些话剧激荡在青春的血液中，也激荡着姚爱兰。南国社的演出引起了晓庄师生对话剧艺术的兴趣。南国社离开学校后不久，趁着这股话剧热，陶行知就组织成立了"晓庄剧社"。

田汉在离开晓庄前，送给晓庄师范全套演出台本，这让"晓庄剧社"事半功倍。陶行知说："南国社来晓庄演出，是革命戏剧初次下乡与革命教育的携手，是中国现代文化史上值得纪念的日子。"校长给师生上了一堂"过艺术生活，受革命教育"的课。他说："艺术是生活的再现，我们欣赏艺术，就是过艺术生活，如果我们观赏的是进步艺术，我们就会受到一次生动的革命教育。演戏的人是过艺术的生活，受革命的教育，看戏的人同样是在过艺术生活，受革命的教育。不过一个在台上，一个在台下罢了。"

这堂课让姚爱兰热血沸腾，她报名参加了"晓庄剧社"。

她演过田汉的剧作，也演过陶行知创作的《香姑的烦恼》《死要赌》等独幕剧。姚爱兰随"晓庄剧社"下乡演出，外出苏南及上海、杭州等城市巡回演出，她演的悲剧催人泪下。

姚爱兰不仅会演戏，还会唱歌，她天生有一副好嗓子，把校歌《锄头舞歌》唱出了别人唱不出的韵味，她带着歌曲到田间地头去唱，到中心花园去唱……她那甜美的歌声在阡陌与山谷间回荡。她被农友们赞誉为"晓庄学校的金嗓子"。

姚爱兰活跃在"晓庄剧社"里，不久，被晓庄团支部秘密发展为共青团员。入团后，姚爱兰做了一件大事，由于这件事太大，以致捅破了"天"。

1930年3月，晓庄中心小学的学生要去栖霞山踏青。从晓庄到栖霞山有火车可乘，小学生们一听，满校园欢乐声，他们中的大多数人从未坐过火车。一打听，去栖霞山的票价要2角钱，来去就要4角钱。许多同学出不起路费。有人就提议不打票去栖霞山旅行，兼采集标本。提议一出，得到小学生们的一致同意，他们说："我们都是穷人的孩子，我们的父母出力流汗，筑成铁路，造出火车，却连四等的火车都坐不起，太不公平了。"地下党员石俊当时是晓庄中心小学的校长，看到自己的学生有了革命思想，非常兴奋，全力支持孩子们的行动。他与另一名地下党员、教师叶刚一道，指导姚爱兰、袁咨桐等人以晓庄共青团支部的名义拟就一份《小朋友坐车不打票宣言》。

随后，晓庄中心小学师生200余人带着师范部给他们准备的馒头，整队到了和平门火车站，准备从这儿上车前往栖霞山。姚爱兰与袁咨桐等领队先与站长交涉，说同学们都是小学生，要到栖霞山去采集标本，用于教学，很多同学都是贫困生，无力购买车票，请站长高抬贵手，准予放行。站长听了他们的话不为所动，坚持要同学们先买票再上车。双方正在争执时，恰好一声鸣笛，一列慢车缓缓地开进车站。列车刚一停下，只听一声哨响，200多名小学生每人手持一份《宣言》当作车票，按分好的小队，一哄而起迅速登上火车。站长见阻拦不住，急得大喊："快别上车了，车上要查票，车上要查票，没票要罚款的。"可是小朋友们在几个领队的指挥下，全部快速地登上了火车。上了火车的同学们叽叽喳喳，快乐得像刚出笼的鸟儿，别提有多开心了。列车开动后，列车员果然来查票了。姚爱兰交给列车员一张传单，列车员一看，标题赫然是《晓庄学校小朋友为争取旅行上学坐火车不打票宣言》，内容写道："火车，是我们人民的火车！火车，是我们小朋友的火车！父老们，小朋友们！火车是我们人民的血汗创造成功的。我们应当享有火车上一切的权利，因为我们是火车的主人。现在火车被少数人强占去了，有钱的坐头等，没钱的连四等都坐不着，被拒绝到火车的门外，这是何等不公平，不合理的事！父老们，小朋友们！我们要起来，一致地起来：实行旅行上学坐火车不打票！打倒火车上的阶级——头等、二等、三等、四等！铁路收归人民所有！"宣言的署名为"南京晓庄学校小朋友"。

学生们一边在车厢里向旅客散发《宣言》，一边还同旅客口头宣传："每一段铁轨，第一块枕木都是劳动人民铺设的，但火车被特权阶层所把持，有钱人可以坐头等仓，而我们劳动人民却坐不起火车，被拒绝在车门外，这与孙中山先生提出的'天下为公'是何等地相悖。""我们小学生要旅行上学，却因为买不起车票而被拒，是何等的不公平，不合理。"这200余名学生是个庞大的团体，三五成群地在每个车厢里诉说，许多旅客点头称是。一个工人模样的人说："是啊，是啊，我们工人辛辛苦苦地造成铁路，却连四等票都买不起，那些老爷们却在头等座上逍遥自在，你们是哪个学校的学生啊？说得不错，说得很好。"

到了栖霞站后，袁咨桐与姚爱兰领着小朋友下车，冲出车站。青春飞扬的小朋友们一路飞跑，欢呼他们的胜利。

此时正值三月，春回大地，万物复苏，有的花儿已盛开，有的花儿正含苞待放，已吐出芽儿的树枝在春风中摇动，小鸟儿叽叽喳喳地在枝条上飞来飞去。小朋友们也像这些鸟儿在嫩绿地草地上奔跑，他们在栖霞山上一边游玩，一边采集植物标本，不知不觉，已是傍晚时分。姚爱兰等领队集合大家，他们要在天黑之前赶回学校。

小学生们赶到火车站时，巧得很，正好一列火车进站，这200来人又一起涌上火车，回到和平门车站。下车后，被站长拦了下来，让他们补票。姚爱兰与袁咨桐挤到队伍前面，对站长说："我们已向铁道部申请，现在身边没钱，你们随时来我们晓庄学校算账好了。"站长看着这一大片孩子，无可奈何地摇摇头，让他们出了车站。

孩子们出了车站，以为大获全胜。但麻烦才刚刚开始。

站长立即把这件事向上级作了汇报。上级将学生逃票、发传单及宣讲等全部过程汇报给了铁道部。时任铁道部部长的孙科是陶行知哥伦比亚大学的同学，他拉不下脸来指责陶行知和他的学生，而是语气婉转地给陶行知写了一封信，我们来看看信的内容：

知行吾兄：

今有自沪来客谈及某校一队学生，在和平门不买票乘火车，并在车上用贵校名义散发传单，十分唐突。今附传单一纸，烦吾兄查察，如属贵校部分学生所为，希加管束，不应再发生此种荒谬行动。如非贵校学生所为，定将按章依法追究，希协助为荷。

孙哲生 4 月 1 日

从信中内容看，孙科还是给陶行知面子的，不说和平门火车站报告此事，而说"自沪来客谈及"此事；不说是晓庄学生，而说"在车上用贵校名义"，这完全是给陶校长留下推托的余地。

陶行知确实不知道此事，接信后，立即向知情人了解情况，姚爱兰与袁咨桐等同学承认有这事，是学生的集体行为。这事既然已经发生，陶行知就利用这件事情让同学们自己讨论，这事做得对还是不对？好还是不好？最终处理，由学生自己决定。

大家开始你一言我一语地讨论开了，有的说对，有的说不对，有的说好，有的说不好，大多数人还是说，"主人"乘火车不打票没什么不对，也没什么不好。

陶行知尊重同学们的意见，对他们的行为表示理解与支持，事先虽然没征得他的同意，但事情既然发生了，同学们也有自己的主张，那就与学生站在一起。他还在晓庄的大壁报上写了首小诗：

生来不自由，
生来要自由，
谁是革命者，
首推小朋友。

陶行知随即给孙科回了一封信，坦承地说了事情的全部经过，是本校学生所为，并承认事先未向铁路部门陈请批准"实在不妥"。陶行知将孙科随信寄来的《宣言》又附在回信中寄了回去，并"请钧部拟定《小学生免费旅行条例》，通告全国小学生试行"。在孙科及一些国民党看来，这份《宣言》是何等的离经叛道，《宣言》中的口气与内容很像共产党人所为。这在随后4月12日首都卫戍司令谷正伦对记者的谈话中可以看出："迭据报告，谓三四天前开会，发表'为坐的火车不打票的宣言'，经陶劝导，该校学生反怒语相辱，陶遂潜退，嗣该校学生往栖霞山游览，实行强迫不打车票，并发现其宣言内多与三民主义违反……"所谓报告，当为谷正伦在晓庄的内线，所谓学生不听陶行知的劝导，反怒语相辱，应当是报告者添油加醋，怕此事牵连到陶行知。其实，陶行知将《宣言》寄回给孙科，是把《宣言》作为一个议案，请铁道部以此拟定《小学生免费旅行条例》在全国小学中推行。陶行知只是个教育家，并非中共党员，但在此次的事件中，作为校长的他不但不教训学生，反而帮着学生。在当局的眼里，他就是共产党，至少是同情共产党的。因此，陶行知被当局锁定为怀疑对象。

如果说"逃票风波"是后来国民政府查封晓庄师范的一个因素，那么接下来晓庄学生声援和记洋行罢工就是主要原因了。

事件发生在南京和记洋行。

南京和记洋行位于下关宝塔桥，是南京开埠后外国资本家在下关开办的第一家工厂，是当时南京乃至全国最大的食品加工厂。这是一处具有殖民买办性质的企业。1930年4月初，中共地下党南京市委决定，以和记蛋厂支部为中坚，发动工人罢工。斗争开展起来后，遭到英国资本家和黄色工会的破坏，特务打手殴打工人中的骨干积极分子，造成"四三惨案"。

第二天下午，党组织在下关宝塔桥宝兴茶馆开会，决定成立"和记四三惨案后援会"，要求各代表回学校动员师生声援和记工人。

4月5日，中央大学、晓庄师范、安徽公学等学校的600余名学生在中央大学操场集会后举行示威游行。游行队伍以一个学校为一个方队，每个方队一面校旗。晓庄师范走在队伍的最前面，那面晓庄师范的旗帜闪亮耀眼，这支队伍里的学生统一穿着草鞋，由刘季平和石俊担任正副指挥。随后游行队伍与军警发生了冲突。事后《中央日报》说，和记工潮是和记工人械斗互殴，说学生声援是有政治目的，是扰乱治安。学生示威游行的行动报告到蒋介石那里。4月7日，蒋介石在国民政府举行纪念孙中山的会上说："前天和记洋行发生工潮，随后有学生游行，此事教育界同政府要负责任的，现在反动派造谣，竟说英人打死和记工友四人，这是完全没有的事。要知道在革命政府之下，我们的国民是不会无故给外国人打死的。市政府、教育部应告知各学校校长，如果学生轻听谣言，为反动派来做工具，有越轨举动，政府要当他反革命一样来处置的。……如果哪一个学校或是哪一个团体，不听政府命令，无故掀起风潮，政府必须严加制裁的。"蒋介石向学校、团体发出了"制裁"的警告。

果然，当天下午，他就下达了暂时关闭晓庄师范的密令，同时命令教育部派员前往晓庄接收。

这次游行示威有数所学校，为何单单要关闭晓庄师范呢？

蒋介石对晓庄学校是非常熟悉的。1928年11月4日那天，他携夫人宋美龄在冯玉祥等人的陪同下去过晓庄，蒋介石夫妇也不嫌学校简陋，兴致勃勃地参观，路过每一间屋子都要进去看看，问是做什么用的。看到"书呆子莫来馆"时，蒋介石更是好奇；参观到山坡上联村自卫团团部的土堡垒时，蒋打开铁锁看看。陶行知向他介绍，晓庄学校成立联村自卫团，是学校与当地村民联合起来防匪患，效果很好，还真的有效遏止住了匪祸。蒋很好奇，问陶行知是否有枪。一旁的冯玉祥说，联村自卫团的几支旧枪与少量弹药是他送给学校的。据说，蒋听后不置可否。陶行知又向蒋介绍冯玉祥资助晓庄建了三个馆；晓庄的"冯村"是冯玉祥建造的"别墅"。蒋介石方知，冯玉祥与陶行知的关系了。蒋介石离开晓庄后，冯玉祥留在晓庄的冯村休息。

"四三惨案"前两天的4月1日，也就是晓庄小学生逃票事件的第二天，即孙科给陶行知写信让他"查察"的那天，冯玉祥通电反蒋。所以，蒋介石以为晓庄师生参与游行是陶行知响应冯玉祥的反蒋活动。因此，当时国民党声称下关的示威是"抄袭共产党的捣乱方法，无形中与共产党相应和"。

这次声援的示威游行确实是中共南京市委领导的。

晓庄学校的代表刘世厚到北平时，在接受《京报》记者采访时，被问及晓庄学校为何被查封时，他说："说起来倒很简单，可分为远因，冯焕章先生去岁在南京时，曾自动为晓庄捐三千元，建了三幢茅草屋。蒋反冯，故疑心晓庄与冯关系密切；还有近因，援助和记工厂工人失业，并反对日本舰队自由驶入长江事，向英日帝国主义示威游行。因均由晓庄学校发动，故触怒于蒋。"当然，还有200余名学生逃票事情。

1930年4月7日这天，首都卫戍司令部司令谷正伦奉命勒令晓庄学校暂行停办。第二天，教育部派赵廼传等5人为晓庄学校保管委员，负责接管晓庄学校。

陶行知写下《护校宣言》，矛头直指国民党及其政府，没有报纸和电台敢发敢播，只能自行印发。由共产党员与共青团员等学生到处散发。护校委员会又派出学生代表前往教育部请愿,责问教育当局封闭学校的理由。陶行知也知道这不是教育部的命令,但他认为教育部作为主管部门可以以此向权力机关质询,但他想得多了,教育部次长朱经农对学生代表说:"我们以为知行原是很纯洁的,谁知也一丘之貉。"

就在晓庄学生代表赴教育部的当天,当局决定对晓庄学校的处理由"暂行停办"升级为"勒令解散",同时通缉陶行知。

1930年4月12日清晨,首都卫戍司令部司令谷正伦下令,派兵500余人,便衣侦探40余人,带着铁丝网,分乘10多辆汽车开往晓庄。与此同时,首都卫戍司令部解散晓庄学校的布告及国民政府对陶行知的通缉令也一并发出,布告上云:

> 晓庄师范学校违背三民主义,散发反动传单,勾引反动军阀,企图破坏京沪交通。本部为维护首都治安计,曾饬令暂时停办,以待整理,并商同教育部查照办理在案。此乃爱护学校之至意,原冀该校员生等悔悟前非,静候教育部办理。乃迭据报告,该校师生等执迷不悟,于教育部接收整理之际,竟敢非法组织委员会,发布宣言,四出诱惑,希图扩大反动风潮,实行破坏京沪交通,扰乱社会秩序,似此目无法纪,充满反革命思想与行为,实属不可救药。兹奉明令,将该校勒令解散,并查拿首要反动分子,以肃法纪而遏乱萌。除饬军警遵照执行外,合行布告周知。

同日,国民政府对晓庄学校校长陶行知下达了通缉令:

为晓庄师范学校校长陶知行勾结叛逆，阴谋不轨，查有密布党羽，冀图暴动情事，仰京内外各军警、各机关，一律严缉，务获究办。此令！

此时，陶行知已经避走上海英租界。几十名师生上了黑名单，姚爱兰与郭凤韶也在黑名单中。

中共南京市委指示，晓庄党支部党员返乡"埋伏"，等候通知；积极分子可于学校附近投靠亲友，伺机复课。

叶刚回到晓庄后，在晓庄中心小学教书，姚爱兰见小学缺教师，她要求留下来教课，叶刚看着妹妹一样的姚爱兰，担心她有危险，就劝她回去。可姚爱兰坚持要留下来。

晓庄师范被查封后，姚爱兰的家人从报纸上看到这个消息，非常担心她的安全，姚父几次从六合赶到晓庄来接女儿回家，但姚爱兰不肯离开晓庄，父亲无奈，独自回去。后来，爷爷又来到晓庄，在叶刚的劝说下，姚爱兰方随爷爷离开了晓庄，回到家乡六合。

姚爱兰回到家乡后，心神不宁，一直挂念着同学，到处打听晓庄的消息。她常给叶刚与郭凤韶写信，了解南京的革命形势与晓庄同学的情况。信来的多了，叶刚不放心，在回信中告诉她，南京的形势不好，当局正在搜捕晓庄的一些师生，暂时不要再通信了。年轻的姚爱兰接信后，更加不放心了，一定要赶到晓庄了解情况。但家里人劝她不要去，把她看得很紧，不让她离开家。于是，姚爱兰写了一封信给同学沈云楼，了解晓庄情况。

就是这封信，致使姚爱兰走向了雨花台。

沈云楼是姚爱兰的同班同学，比姚爱兰小一岁，中共党员。在一次执行任务时被捕了，国民党特务从他的身上搜到了姚爱兰的这封信。特务立即按信上的地址来到了六合县东王乡陈家集姚爱兰的家。

这天是1930年8月4日。

姚爱兰正在桥头河边洗衣服，忽然有两个陌生女人来找她，其中一个女人悄悄地对她说："我们是南京来的，这里说话不方便，跟我们到那边去说。"姚爱兰一边放下手中的衣服一边疑疑惑惑地跟着她俩走进了陈家集上的一家饭店。刚坐下，那个女人就说："现在情况紧迫，我们迫切要找到郭凤韶、谢纬棨他们几个人，你一定知道他们的地址吧，希望你告诉我们。"

姚爱兰虽然只有18岁，但她很聪明，平静地问："你们从哪里来的？我不认识你们啊。"那女人说："自己人，要不怎么会找到你呢。快告诉我们吧，要尽快找到郭凤韶他们，不然他们很危险。"

姚爱兰看着这个女人着急的样子，感觉出哪儿不对劲，也有些紧张，就站了起来，说："我也不知道他们的地址，你们自己去找吧。"一边说一边往外走。走到饭店门口，被两个男人拦住了去路，其中一个说："跟我们走一趟吧。"说着，拿出手铐，把姚爱兰的双手拷了起来，几个人推着她上了河边的一条小火轮。姚爱兰一边挣扎一边喊叫："你们是什么人啊，为什么要抓我？我犯了什么法？"乡亲们听到喊声都跑了出来，有人认识姚爱兰，急忙跑到陈家集告诉姚家人。姚爱兰的父母、爷爷跟着乡亲跑到河边时，小火轮已经不见了。父亲沿着河边一边跑一边喊着女儿的名字，爷爷老泪纵横，向着远方喊着："小兰，小兰啊！"

关于姚爱兰的被捕还有一个说法：那天下午，姚爱兰在家里洗衣服，村里来了四个陌生人，一个男人问一个农民：姚爱兰家住在哪里？那个农民手指着前面，告诉他们，就住在那边，并且热情地带着他们去姚爱兰的家，走到姚家门口附近，一个男人问："姚爱兰长得什么样子？"那个农民说："那个洗衣服的女娃就是。"这4个陌生人径直过去了。姚爱兰一看到他们就知道发生什么事了，她把手洗洗，对父亲说："我可能一去就不会回来了。"说完就进房收拾东西，出来就跟着他们走了。那个农民知道情况后，后悔了一辈子。

80多年后，有人去采访姚爱兰的侄子，这位老人说："长辈口传，当天傍晚，姑姑正在家里吃晚饭，突然有人来报信，六合县有人要来抓姑姑。于是姑姑立即出门避走，一直走到马集镇小街时，被尾随的国民党当局人员发现逮捕，自此没有归家。"这又是一种说法。

不管哪一种说法，但下面的这个说法是有根据的。

姚爱兰被几个人推上船，船向着南京驶去。多年后，一个见证人说，当时他在码头接人，听说一个晓庄学校的学生被抓，就跑去看，让他永远不能忘记的是，这个女学生的脸转向岸边，向岸上望了一眼，使他看清了这个女学生的形象：圆圆的脸，头发剪得很短，穿着紫红色的短布衫，侧着身坐在窗口，窗子很大，人可以从里面跳出来，他看到这个女学生很平静，丝毫不慌张。她的身旁站着两个便衣，穿着黑衣服，戴着礼帽，两只枪对准她。

船驶到黄天荡附近时，姚爱兰说要解手，女特务打开手铐，正要领着她去后舱，姚爱兰不管不顾地从窗口跳入江中，拼命地向岸边游去。特务们一看慌了，一个特务顺手拿起带钩子的毛竹船篙，向着姚爱兰钩去，等把她钩上船时，满身是血的姚爱兰已经昏了过去。

等姚爱兰醒过来后,发现自己被拷在了船上。小火轮到达南京燕子矶,靠了岸,特务把她押上了岸。

第二天,南京《中央日报》刊载题为《女共匪①投江自尽》新闻:

> 首都卫戍司令部侦缉队,在天(长)六(合)交界之陈家集,捕获女共产党姚爱兰一名,于四日乘京六班小轮解京,闻该轮行至黄天荡附近,姚忽乘人不备,投江自尽云。

图 2-2 姚爱兰被捕报道

---

① "共匪"为国民党对共产党的污称,其他称法还有"赤匪""共党"等。

姚爱兰被押解到首都卫戍司令部看守所。

一个多月后的1930年9月17日,姚爱兰与袁庆吾等人被押到了雨花台刑场。

姚爱兰是1912年出生的,此时正好18岁。

姚爱兰家人闻讯悲痛欲绝,据说,她的父亲与弟弟赶到雨花台,遗骸已被人葬于雨花台北边的半腰间。父子俩重新收敛了姚爱兰的遗体,装入一口薄棺中,拖回了六合。路过晓庄中心花园时,附近的农民和小学生围了上来,大家都低着头,有的人哭了起来。

姚爱兰的侄子说:"姑姑被抓后,对一家人打击很大。我父亲,就是姚爱兰烈士的弟弟,当年才几岁,对他姐姐的死刺激很深,致使后来脾气十分暴躁。父亲和祖父对姑姑的死一直唠叨至死。"

爷爷最疼爱的就是孙女姚爱兰了,他多么后悔啊,是他亲自撑着小船送孙女过江去晓庄师范的。本来想让孙女学些知识,成为一个有文化有知识的女娃,没想到政府竟然对一个女学生下毒手,早知这样,就不让她去上学了。爷爷的泪已经流干,每天只是对天长叹:"老天不公啊!"

1930年9月18日《中央日报》刊载标题为《卫戍司令部昨日枪毙共匪四名——袁庆吾王育仁何文涛姚爱兰等》简讯:

首都卫戍司令部于昨日签提共匪袁庆吾,王育仁,何文涛及女共匪姚爱兰等四名,绑赴刑场,执行枪毙。并宣布罪状如下:为宣布罪状事,案准首都警察厅,函解共党袁庆吾,王育仁二名,及本部查获之姚爱兰,何文涛二名。迭经讯据,均称加入共匪,担任工作不讳。应即一并处以死刑,除签提该犯等,验明正身,绑赴刑场,执行枪毙外,合亟布告,俾众周知,此布。计闻:袁庆吾,一名袁咨桐,年十八岁,贵州赤水人。王育仁,一名王大酋,年十九岁,辽宁人。何文涛,一名寒莺,二十三岁,江苏武进人。姚爱兰,一名姚蔼兰,女性,十八岁,江苏六合人。

上海《申报》与南京《民生报》皆作了报道。

姚爱兰牺牲9天后,郭凤韶也走上了雨花台刑场。

郭凤韶：且向百花头上开

都说女烈士自小就有凡夫俗子不能理解之事，也有说她们有过人之处，如郭凤韶的同乡、"鉴湖女侠"秋瑾，自取别号"竞雄"，酒与剑是她的钟爱。据说，一次能饮5斤酒，那次在周恩来姑父王子余家与朋友聚会，豪饮兴起，一跃坐到桌上，滔滔不绝，惊艳了在场的所有男人；在日本留学时上台演讲，尚未开口，先从靴筒里拔出倭刀往讲台上一拍，开口道："如有人投

图 2-3 郭凤韶

降满虏，卖友求荣，欺压汉人，吃我一刀。"再来看看女侠就义前作的绝命词："痛同胞之醉梦犹昏，悲祖国之陆沉谁挽。日暮途穷，徒下新亭之泪；残山剩水，谁招志士之魂？不须三尺孤坟，中国已无干净土，好持一杯鲁酒，他年共唱摆仑歌。虽死犹生，牺牲尽我责任，即此永别，风潮取彼头颅。壮志犹虚，雄心未渝，中原回首肠堪断。"郭凤韶每读鉴湖女侠的这首词，皆惊心动魄，她那

青春的血液就会沸腾起来。让我们来看看郭凤韶的少女时代都有哪些过人之处。

郭凤韶家的大院里住着一位林姓的盐商，非常有钱，遗憾的是，这位盐商年过50岁仍无子嗣，对于一个家庭来说，在当时是一件大事。林家想出一个办法，用当地的话来说就是"点水面"，所谓点水面就是"租妻"。通过别人的介绍，林家租来一个叫阿香的农村妇女。阿香的丈夫是个无赖，需要钱就把阿香租给了盐商。阿香刚进林家时，林家对她还算不错，盼着她早点给林家生个儿子，哪知，等来等去，等了一年，阿香的肚子始终没有动静。林家人失去了耐心，就对阿香开口就骂伸手就打，日夜做家务还不给饭吃。小姑娘郭凤韶看在眼里，对阿香十分同情，于是，她就鼓励阿香反抗，自己又跑去对林老板说："现在是民国了，没有皇帝了，不提倡蓄婢纳妾，更不准虐待妇女。"林老板看着这个邻家小姑娘也无奈，可盐商婆娘不干了，在院子里冷言冷语，还跑到郭家找郭凤韶的妈妈吵闹。郭母李咏青是位大家闺秀，看到邻居吵上门，知道长女郭凤韶有仁爱之心，看不得别人受欺负，好打抱不平，也没责怪女儿，就劝女儿道："说话讲究方式，不要搞得邻里不和。"郭凤韶认为自己是对的，就在院子里冲着林家大声警告："不要再虐待阿香了，如果再打阿香，我就带着阿香去"改良会"讨个说法，不行就告到法院去。"林盐商也是个有头有脸的人，怕难堪；更怕告到法院，被人敲诈勒索。他知道郭凤韶参加了"风俗改良会"。"改良会"反对封建旧俗，反对信神信鬼，反对包办婚姻，劝女子不缠足，争取女权，"改良会"里都是敢作敢为的年轻人。于是，林盐商劝婆娘不要再闹了，也不要再虐待阿香了。在郭凤韶的指点下，阿香离开了林家。让郭凤韶没有想到的是，没过几天，阿香又跑回来找郭凤韶了,说农村没饭吃,她男人又打骂她。郭凤韶说服了母亲,让阿香住在她家。后经郭凤韶多方找人,帮阿香在望天台医院找到了一份清洁工的活。从此,阿香自食其力了。

再说一件趣事:1926年上半年,北伐军东路军将要从福建进浙江,福建军阀周荫人部在溃败中路过浙江临海,一路烧杀抢掠。郭凤韶是家中长女,带着弟妹们去了西乡姑妈家避难。当地几个无赖趁机装神弄鬼,诈骗钱财,其中一人称他能把关公请来附体显灵,能为人"关魂",一批逃难的乡亲围在一起"关魂"。郭凤韶好奇,也挤进人群中,见一男人把自己的脸涨得通红,瞪起两眼,口吐白沫,念念有词,突然大叫:"吾乃山西关云长是也,尔等芸芸众生,有何疾苦,速速禀来。"一些人跪在地上,磕头如捣蒜,说出各式各样的难事,求"关爷"指点,"关公"一一回答。回答一个人,"关公"就收一些钱,不一会儿,"关公"就收了不少钱。最后,"关公"大叫一声:"我去也。"此人两眼一翻,躺在地上如昏厥过去,过了一会儿,抹一下脸,爬起来,装作不知刚才发生的事。郭凤韶看完,笑了起来,跟"关公"说:"你这山西关云长,怎么说的是临海话?"一语点醒梦中人。无赖们个个惊愕不已,仔细一看,是个小姑娘,主持人恼羞成怒,吓唬她:"此是圣洁之地,不准亵渎神灵,这是哪家的丫头?"一边说一边赶郭凤韶。可乡亲们已经看出了这是骗术,纷纷说,这个关公是假的,和山西关公不是一回事。此后去听"关魂"的人就越来越少了。无赖们看着生意惨淡,决定去他乡行骗,临走时,他们恶毒地对乡亲们说:"你们这里有女鬼,关公不来了,今晚定有鬼来把她捉走。"大家看着郭凤韶,只见这丫头毫不惧色,她跟无赖说:"如果关云长要来,就请他来吧,我等着。"有几个上了年纪的老太太很为这姑娘担心,但郭凤韶像平常一样,带着弟妹该做什么还是做什么。在封闭的乡下人看来,郭家的这个姑娘真是不一般。几年以后,郭凤韶以这件事为素材编写了一出破除迷信的讽刺剧。

郭凤韶妹妹们回忆,她们的一个远房小姑,被家人逼着缠足,疼得大哭大叫,满头大汗。人前,郭凤韶不说什么,长辈一离开,她立即帮这个小姑把裹足布松开,一边松裹足布一边告诉小姑:"外面已经不兴缠足了,大人缠你的足,你就大胆地把裹足布松开,不用害怕。"这还了得,小姑的家长跑到郭凤韶家找郭母告状,正好让郭凤韶听到,郭凤韶就向这位亲戚陈述缠足对女孩的害处。说得这位亲戚很羞愧。

一百年前的小姑娘能有如此胆识,大家一定好奇,郭凤韶出生在什么样的家庭呢?

1911年9月,郭凤韶出生于浙江临海县,父亲郭松斋早年追随孙中山参加辛亥革命,母亲李咏青是清末书画家李藻之女,临海女子师范学堂毕业,能诗善画。郭凤韶是家中长女,在这样一个家庭中成长,也会诗善画,尤其善国画。在妹妹们的记忆中,郭凤韶"热爱劳动,干事利索,走路如一阵风,无论做什么事,总比常人快得多"。封建社会女子所尊从的是行不露足,踱不过寸,笑不露齿。从郭凤韶妹妹的回忆中,我们知道,郭家家风民主,是反封建的。

1926年,郭凤韶考入临海女子师范学堂后,与徐明清等人一起加入了一个叫"乙丑读书社"的进步青年组织。这个读书社以"努力读书,改造社会"为宗旨,宣传马克思主义。郭凤韶加入读书社后,就接触到《唯物史观》《共产党宣言》《创造月刊》等进步书刊。这年的冬天,郭凤韶加入了共青团。加入共青团后,她的接触面就广了许多，她的朋友中有许多都是中共党员，蒋婉仙就是其中之一。

四一二反革命政变后，临海国民党右派下令查封"乙丑读书社"，派出特务到处搜捕共产党人和读书社成员。一天下午，"乙丑读书社"中有个同志得到消息，当天晚上特务要逮捕蒋婉仙，蒋婉仙必须要在黄昏前离开县城。郭凤韶知道蒋大姐在危难中，决定营救蒋大姐。将近黄昏时，县城下起了雨，小雨淅淅沥沥地下着，郭凤韶夹着书包，打着雨伞出门了。她来到蒋大姐家附近，确定周边无人时，跑进蒋家，拉着大姐就走，仗着路熟，左转右拐，穿过几条小巷，把大姐带入一间堆杂物的小屋里。她自己又出去察看，确定没人跟踪，进屋拉着蒋大姐又走，终于把大姐安全地送出城。就在这天晚上，一批特务冲进蒋家，晚了，蒋婉仙已经出城了。

晚年的蒋婉仙追忆当年郭凤韶掩护她的情景，仍然记忆犹新，她说："凤韶冒着风雨隐进后门，一把拉了我就走。天黑路滑，凤韶左转右拐，十分机灵。过了几条小巷，把我藏到一间堆满破旧杂物的小屋，一个人出去探路，然后掩护我出城。"

要知道，当时捉拿到共产党员蒋婉仙的赏金是300块大洋。如果她们被抓到，不仅蒋婉仙会牺牲，郭凤韶也将没命。这不仅仅是义气与勇气，而是一种信念，一位16岁姑娘的革命信念。

"乙丑读书社"还办了平民夜校与时事讲座，不仅学生参加，泥木工人、雇员、店员也加入了进来，入社的人日益增多，引起了当局的恐慌，当局一再查抄读书社的活动地点，屡次围攻读书社的成员。

同志们很气愤，但也无奈，个个感叹："哪里能安放我们的书桌？"郭凤韶站了起来对大家说："到我家去吧，离这儿不远，渚天堂巷5号,我跟母亲商量过了,她答应在东楼下放条小梯子,让我们在东楼直接上楼,不必绕过中堂。我家东楼凉快,是读书的好地方。"同志们惊喜,对郭凤韶和她的母亲表示感谢。

每日夜色降临,街灯昏暗,一曲悠扬的《梅花三弄》就会在东楼的窗外响起,在这支乐曲的掩护下,七八个青年在郭家东楼研读从上海带回的《马克思学说与中国无产阶级》《中国社会各阶级的分析》等书刊。

就在郭家的东楼,郭凤韶画了两幅画,贴在读书室的墙壁上,一幅题为"且向百花头上开"的红梅图;另一幅是"钟馗捉鬼图"。从这两幅图中看,年少的郭凤韶想要做报春的红梅,想要做捉鬼的钟馗。百年前作的这两幅画,如今陈展在雨花台烈士纪念馆。

在读书社中,郭凤韶的年龄最小,可谓初生牛犊不怕虎,郭凤韶参加读书社、散发传单、传送消息、给工人讲课。同志们钦佩郭凤韶泼辣大胆的作风,但也有同志善意地提醒她不要太锋芒毕露,让她适当注意一些方式。此时敌人已经开始注意到她了。

郭家东楼紧挨着三叔家的菜园,三叔与三婶经常看到两个人鬼鬼祟祟地窃听东楼的动静。一天深夜,楼上传出低沉的《国际歌》,三婶听见伏在竹林里的"黑影"说:"真货,真货!""黑影"一离开,她赶紧把这情况传了过来。郭凤韶并不害怕,照常行动。一天,她在屋后晒场迎面撞到外号叫长脚老狐的国民党特务朱贵堂,开口道:"老狐叔,这一阵子忙呀,听说你常在我家周边转悠,找我有事?请到我家坐坐。"老狐支支吾吾地走了,从此再没见到老狐来过。

风声越来越紧,有的人声明退社退团了;有的人投靠敌营了,而郭凤韶依然如故,鼓励大家要坚持到底,不要被吓倒。形势险恶时,郭凤韶与读书社的成员就转到山上、江渚、乡间活动。临海密探很多,他们的活动受到了限制,郭凤韶想出一个办法,夜幕降临后,她与同志们驾着小船来到江中小洲上开会,讨论应对策略。

1928年的秋天,郭凤韶应表姐孙儒珍之邀,来到朱家尖大古塘小学任教。朱家尖岛是舟山普陀县的一个小岛,四面环海,在这之前,朱家尖没有办过小学,读书人也不多,特别是女孩,父母不希望她们上学。郭凤韶上岛后,四处调查,哪家女孩子没有上学,她就去哪家劝说,在她的努力下,竟然有10多名女孩子进入小学,使本来20多名学生一下子增加到了40多名。郭凤韶教学生们音乐、体育、图画。女生中有缠足的,郭凤韶向这些学生及家长说明缠足的坏处,让这些缠足的女孩子全部去掉又长又臭的裹脚布。小小年纪的郭凤韶是当地妇女解放的先驱了,她与张应春一样,注重学生的体育锻炼,上体育课时,她会带着学生到离学校不远的乌石塘,海滩上铺满黑色的鹅卵石,她带着学生在乌石塘拔河、跑步、做游戏。郭凤韶认为在石子上跑步可以练脚底练腿劲。

在朱家尖岛教学的这段时间里,郭凤韶还给学生讲授革命道理,在渔民中宣传科学与民主,给这个渔村带来一缕光亮。她自己也受到了锻炼,郭凤韶不比学生大多少,因此,她既是学生的先生也是学生的朋友。放学回家的学生要放羊放牛,她也跟着去,与他们一道劳动。一次,一个学生跌倒了,腿受伤了,她把学生背了回家,学生母亲见此情景,非常感动。她与进步老师一起常常利用课余时间下到乡间访贫问苦,与他们交流,一边交流一边帮主妇们补衣做鞋。因此,郭凤韶与当地群众关系很好。

1929年的暑假,郭凤韶的闺中好友徐一冰从南京回到临海度假,两人已经一年没见面了,见了面有说不完的话。多年后,徐一冰回忆:"我碰到了幼年时代的好友郭凤韶,她剪着短发,显得十分好看。"

徐一冰就是徐明清,她告诉郭凤韶,1928年在党组织的帮助和安排下,她考入了晓庄师范,此次是回乡度假。郭凤韶也告诉徐明清自己的情况,因为她在朱家尖大古塘小学宣传革命道理,小学校长已明确表示下学期不再续聘郭凤韶,以防学生被她"赤化"。徐明清遂向郭凤韶介绍了晓庄师范的情况,她对郭凤韶说:"你可以去南京晓庄师范继续读书,师范毕业后继续教学。"郭凤韶动心了,于是,暑假后,她跟随徐明清离开了家乡,来到晓庄师范,成了晓庄师范的第五届学生。

郭凤韶比姚爱兰仅年长一岁,但她有着一年的教学体验,进了晓庄校园,清新的氛围立刻让郭凤韶感觉特别亲切,以前在家乡教书时,她也参加学生劳动,晓庄的教学理念让她有一种归属感,她对徐明清说:"这儿太好了,我感到非常愉快,这儿的老师待人亲切,同学团结,我很喜欢这所学校。"

1928年夏天,中共南京地下党组织决定成立中共晓庄支部和共青团支部,学生刘季平为党支部书记;徐明清为团支部书记。犁宫后面的小松林,是他们聚会的地方,在那里,他们讨论发展党员和反对晓庄的国家主义派,与国民党斗争。郭凤韶等一批年轻的共青团员到来,给晓庄学校注入了新鲜血液。本来充满朝气的党团支部更加蓬勃有活力。

郭凤韶一进入晓庄师范,就参加了"晓庄剧社"的演出。在家乡时,郭凤韶参加的那个"风俗改良会"里,编演过文明戏,郭凤韶演过一台叫《女人国》的文明戏。这个剧,塑造的是妇女英雄群体,歌颂了妇女的才干,讽刺压制妇女的顽固保守分子,郭凤韶把主角演得活灵活现。当时，给农村妇女极大的鼓舞，她们说："我们女人也能这么生活！小凤韶就像《女人国》里的妇女那么好。"到了晓庄学校后，郭凤韶没有想到学校有剧社，就报名参加了"晓庄剧社"。因为她会演戏，立即就成了"晓庄剧社"的主要演员，用现在的话来说，是"晓庄剧社"的女一号。剧社排演话剧《卖花女》，编剧是英国著名的剧作家萧伯纳，剧中揭露社会对一个贫穷的卖花姑娘的凌辱和迫害。郭凤韶主演卖花姑娘，演着演着，她就觉得这个可怜的卖花姑娘多么像阿香，她把卖花姑娘演得惟妙惟肖。《卖花女》先在学校里演出，受到教师的赞扬、同学们的追捧。后来，"晓庄剧社"带着这部话剧到农村，演给农友们看；又带到兵营，演给国民党驻军看。郭凤韶越演越娴熟，往舞台上一站，立即进入角色，陶行知"客串"卖花姑娘的贫穷父亲时，他没有想到郭凤韶演活了一个女儿，她的表演能让观众笑也能让观众哭。

郭凤韶与姚爱兰随"晓庄剧社"先在燕子矶一带演出，后来走出南京，到镇江、无锡、苏州、常熟、嘉定、宝山、上海、杭州、萧山等地巡回演出。最受欢迎的是《香姑的烦恼》和《卖花女》。当地报纸有评论："晓庄剧社赚了许多观众的眼泪。"观众在眼泪中接受了革命的教育，正如陶行知所说："我们深信戏剧有唤醒人民的作用。从心头滴下来的眼泪是能感动人的，它可以转化为巨大的力量。"他们一演就是一个多月。一场又一场的巡回演出，让郭凤韶与姚爱兰这两位姑娘迅速成熟起来。

郭凤韶的表演吸引了她的同乡、同是"晓庄剧社"演员的叶刚。

叶刚原名叶道生，浙江象山人，1908年出生，比郭凤韶大3

岁，叶刚是 1928 年 3 月考进晓庄师范的。他一进学校就表现得非常活跃，唱歌、演戏、讲故事，特别爱好儿童文学，他创作的童话《红叶》《字样和白纸》《自由的蒲公英》《青鸟》《奇遇》等童话故事，大多是歌颂人民大众，讽刺统治阶级的专制，很受学生的欢迎。校长陶行知看到叶刚的《红叶》后非常欣赏，也写了一首《红叶》来赞赏叶刚，只是校长的红叶是诗，诗云：

飞，飞，飞，
满天的飞。
哪儿来这些蝴蝶？
原来是红叶。

叶刚牺牲后，为了纪念他，陶行知收集整理了叶刚的 9 篇遗作，编成一本《红叶童话集》，亲自作序，交由上海亚东图书馆出版，署名叶刚曾用过的笔名"一叶"。这是后话。

叶刚一边在晓庄师范读书一边在晓庄中心小学实习教书，他把自己创作的童话故事讲给小朋友听，童话里常有对现实不满的人物，还启发学生团结起来改造这个社会。中共晓庄党支部书记石俊也是晓庄师范的学生，与叶刚一样到晓庄中心小学给同学们讲课。这天他坐在课堂上听叶刚讲课，听着听着，石俊听出了味道，心里嘀咕：叶刚像自己的同志。于是，他把他的发现告诉了刘季平，两人立即密切关注叶刚，拉着他交谈、试探，终于知道叶刚是自己的同志。叶刚早在 1926 年的大革命时期就入了党，1927 年四一二反革命政变后，他遭到迫害，在一次偶然的情况下得知南京郊区有一所全新的乡村师范学校，以发展乡村教育，改造乡村生活，谋求农民解放为宗旨，于是，他把自己的名字改为"叶刚"，取道上海来到晓庄师范，避开了当地反动势力的追捕。他出来求学，还有一个目的是寻找同志，发展组织，重新进行革命，打开新局面。石俊与刘季平知道叶刚是自己的同志后惊喜不已，立即汇报给中共南京地下党组织，经组织同意，他们将叶刚纳入了晓庄党支部，担任支部委员。叶刚来晓庄的目的已达到，兴奋不已。叶刚参加"晓庄剧社"后，登台演出，编写剧本，创作一些诗歌来宣传革命。他在"晓庄剧社"不仅仅是为了演出，主要是团结进步青年。经过观察，他感觉他的老乡郭凤韶是个爱憎分明、追求进步的女生，于是，靠近她，找她交谈。他俩同是剧社演员，经常一起下乡给农友演出，演出空隙，他俩到乡村帮农友们扫盲，在群众中做些宣传工作，开启民智。渐渐地，叶刚知道他的这个女老乡也是自己的同志，1926年就加入了共青团。于是，在1930年的春天，由叶刚介绍，郭凤韶由共青团转为中共党员。

此时，叶刚在中共南京市委宣传部工作，他们把机关设在一个小旅馆里，他把郭凤韶推荐到南京市委做交通联络工作。当时党的交通员是一项非常危险的工作，郭凤韶经常往来于南京城与晓庄之间，传递党的文件。她一会儿把自己打扮成农妇，一会儿把自己打扮成小贩，一会儿又装成一个可怜的女仆，有时也把自己打扮成名门闺秀，巧妙地避过敌人，出色地完成一个又一个任务。叶刚经常与她一起去"书呆子莫来馆"看书，一起去"食力厅"吃饭。

这是一对充满活力，花季的年轻人，他们既有崇高的理想，也有纯净、浪漫的人生追求。随着时间的推移，两个志同道合的年轻人越走越近，从友情上升到爱情。

1930年初春的那次大规模示威游行让叶刚更加佩服郭凤韶的

机智。

那次示威游行是在人流量密集的夫子庙，郭凤韶穿插在人群中贴标语，散传单。一会儿，夫子庙附近道署街（今瞻园路）首都卫戍司令部就派出一队全副武装的军警马队，从各个巷口冲出来，游行队伍被冲散，在人群中，军警一眼就盯上了郭凤韶，几乎同时，郭凤韶也知道她被军警盯上了。她一边往人群里钻，一边找逃脱的机会，恰巧这时，附近的首都电影院要开映，郭凤韶混进入场的人群里跑进了电影院。等电影院内的灯熄灭，开始放映时，郭凤韶爬到楼上，把怀里的传单拿出来，往楼下看电影的人群里散去。顿时，电影院里一片混乱，郭凤韶趁混乱之机换了衣服，迅速下楼混进混乱的人群中离开了夫子庙。

晓庄师范党支部的工作得到了中共江苏省委和南京市委的充分肯定，1930年3月13日，陈云写信给中共江苏省委常委，汇报视察南京的情况，对晓庄师范党支部的工作十分满意。他在信中写道："南京争自由斗争的七个学校有了群众，其中以晓庄为最好……"

不久，刘季平离开了晓庄学校，去中共南京市委担任市委宣传部长，晓庄地下党支部的支部书记由石俊接任，叶刚是石俊的主要助手。

这年的4月5日上午，郭凤韶、姚爱兰随着石俊、叶刚等晓庄的100余名师生，赶往城里的中央大学。随后，600余名学生举行反帝示威游行，声援和记洋行工人的斗争，沿途的市民纷纷加入游行队伍。当局知道游行队伍向下关进发时，便通知警察关闭通往下关的挹江门。当游行队伍到达挹江门时，城门已关闭，晓庄师范的学生年纪小，他们初生牛犊不怕虎，走在人流的前面，而郭凤韶与姚爱兰两位女生比男孩子还勇敢，带领几个同学前去与警察说理，让警察开城门，警察没理她们，就吵了起来，最后双方竟动起了手，男生们看女生被欺负，冲上去与警察发生了互殴，一些同学趁着这个机会打开了城门。此时游行人员越来越多，队伍越来越庞大，行到煤炭港码头时游行队伍已达数万人。人们看到十多艘英日军舰正停泊在长江口岸，郭凤韶、姚爱兰随石俊、叶刚等党支部成员迅速组织好同学，在人群中高呼："帝国主义滚出去！""坚决支持和记工人的合理要求！""团结起来，争取罢工的胜利！"游行队伍涌到和记工厂厂区时，厂门已关闭。石俊找到郭凤韶，跟她说："按原定计划，冲进去。"郭凤韶点了点头，带着姚爱兰跑到了队伍最前面，指挥着游行学生把厂门砸开。游行队伍终于与罢工工人汇合在一起了，整个厂区变成了沸腾的海洋，口号声声达数里。

在这支游行队伍中，让人印象深刻的是晓庄师范学生的鞋子，他们统一穿着草鞋。当时，人们一看到穿草鞋的队伍就会想到"红军"。脚穿草鞋的晓庄学生冲在队伍前头，郭凤韶与姚爱兰冲在最前头，全不把警察放在眼里。

下午3时，南京市政府社会局局长来到煤炭港与学生、工人谈判，没有达成协议，于是，军警用武力驱散了游行队伍。

几天后，晓庄师范被迫关闭。

晓庄师范被查封后，中共南京市委决定让党团员们分散隐蔽。叶刚当夜化装进城躲避在玄武湖畔的一位同学家里，第二天凌晨，他与郭凤韶一起离开南京，直奔下关火车站，两人辗转回到浙江临海郭凤韶的家里。

女儿回来了，还带来了"同学"，父母又惊又喜，他们看叶刚一表人才，对叶刚很客气，女儿能把男同学带回来，他们也就知道两人的关系。郭父建议叶刚先在家乡找份工作，从长计议，但叶刚的心还在南京，所以，他谢绝了郭父的建议。在郭凤韶家的这几天，叶刚度日如年，整天想着学校的命运和同学们的安危，遗憾的是没有任何消息来源。

几天后，叶刚决定返回南京，郭凤韶一定要与叶刚一起回南京，一是她不放心叶刚一个人回去，二是她也牵挂着其他同志的安危。但叶刚坚决不同意，他对郭凤韶说："现在南京那边的情况还不清楚，两人不能冒同样的风险，等我稳定下来后就给你来信，到时你再回去也不迟。"再说，郭凤韶的父母也不同意她再去南京。就这样，郭凤韶留了下来。

分别的时候到了，两位年轻人恋恋不舍，在家乡的小河边，郭凤韶不停地说着话，千叮万嘱，让叶刚小心谨慎，不行赶紧回来。叶刚静静地听着。叶刚知道，在国民党政府追捕他们的特殊时期，两人一分别就不知道能不能再见面。说到最后，叶刚又一次地给郭凤韶朗诵裴多菲的那首诗：生命诚可贵，爱情价更高；若为自由故，二者皆可抛。郭凤韶跟着叶刚默默地念着：若为自由故，二者皆可抛。仿佛诗里有着无穷的力量，郭凤韶强忍着眼中的泪水，用笑容送走了亲爱的人。

叶刚离开临海后，郭凤韶的心也随着叶刚去了。

叶刚悄悄地回到南京，找到学校党支部书记石俊。石俊安排叶刚回晓庄，他说："你先回到晓庄，把中心小学恢复起来，他们封的是师范，没说要封小学。小学恢复后，以小学为依托，把晓庄的革命力量再聚集起来。驻扎在晓庄的是一个连，士兵中有不少人出身贫寒，你可以在晓庄驻军中做策反工作，能策反他们更好，不能策反的话就分化瓦解他们。"

按石俊建议，叶刚回到了晓庄中心小学，此时，他的名字叫"李建新"。几天后，晓庄中心小学的校园里又响起了琅琅的读书声。

国民党驻军连长见小学上起了课，便派士兵到学校来监视，探听情况。这一连的士兵，正如石俊说的那样，都是穷苦人家的后生，叶刚成了他们的朋友，为他们读家信，写家信。士兵们称叶刚为"李先生"。后来，叶刚在试探连长时让对方产生了怀疑。

一天傍晚，晓庄中心小学的师生们在饭厅会餐，叶刚与几个教师、农友坐在一桌，吃得正高兴时，有一个士兵走进来，跑到叶刚的身边说："李先生，我们连长请你去一下。"叶刚抬头向门外看了一下，发现有几个陌生人在门外晃悠，感觉有些不对劲，他咽下口中的菜，向同桌的教师、农友点了点头，站了起来，跟着那个士兵向门外走去。出门没走几步，一声哨响，冲上来10多个全副武装的士兵，把叶刚捆绑了起来。

饭厅里的师生闻声跑出去围了过来，小学生们哭喊着："为什么抓李先生？不许抓我们的李先生。"教师与农友也上前责问："李先生犯了什么罪？你们为什么随便抓人？"

一个便衣说："闪开！闪开！我们抓的是'共党'分子，与你们无关。谁要是妨碍公务，严惩不贷。"

叶刚被押走了。

可晓庄的黑名单中没有叫"李建新"的人，同学余仲篪说，李建新就是叶刚。

自叶刚离开后，郭凤韶度日如年地等着他的来信，没等来叶刚的信，倒是等来了姚爱兰的信。郭凤韶慌急慌忙地拆开信，她太想知道叶刚与同志们的情况了，信的内容大意是："一叶"已经回到晓庄，中心小学也复课了。姚爱兰去过学校，可她的家人又把她喊了回去，"一叶"也让她回去，姚爱兰和郭凤韶都上了国民党的黑名单，暂时不要出来的好。有了叶刚的消息，郭凤韶稍稍平静了下来。于是，她拿起笔，给叶刚写了一封信，告诉叶刚，她要回晓庄，要去中心小学做指导员。没等来叶刚的回信，又等来姚爱兰的信了。信中告诉郭凤韶："一叶"出事了，被抓走了。郭凤韶天天担心叶刚会出事，真的出事了，她反而不担心了，只是一个劲地哭，她唯一的愿望就是立即去南京打探消息。

父母担心女儿危险，不让她离开家。

但有一天，母亲看到一些陌生人在家门外走来走去，东张西望，她意识到女儿在家里也不安全了，遂同意女儿离开家乡。在码头上，郭凤韶嘱咐妹妹好好读书，将来献身社会。上船前，她对妹妹说："我很快就回来。"

但她这一去，就再也没有回来。

徐明清（又名徐一冰）在上海，郭凤韶也去了上海，想从闺密同志那打听叶刚与其他人的消息。等她到了上海，徐明清已经去了无锡。郭凤韶也去了无锡，找到了徐明清。徐明清告诉郭凤韶，如果迟一天到，她就去南京了，船票已经买好，她要去一趟晓庄，把两人存放在小王庄农友家的衣物取回来。天气渐冷，两人穿的还是单衣薄衫。郭凤韶急着要去打听叶刚的消息，于是，她对徐明清说："一冰大姐，让我去拿吧，我还要打听叶刚的消息呢。"徐明清后来回忆说："这件事我现在想起来，真后悔自己当时没有再坚持一下，就让她去南京了。"

此时，已是9月，暑气已尽，秋意渐浓，一路上，郭凤韶感觉到了寒意。她一到南京，出了码头就看见同学余仲篪。郭凤韶哪里知道，这余仲篪与她虽同在晓庄学校读书，但他已被中统特务收买，现正在协助特务追捕学生。余仲篪见到郭凤韶一阵惊喜，但他没有立即抓捕她，很"关心"地对郭凤韶说："现在南京很危险，你怎么回来了，赶快去告诉徐一冰他们立即转移到上海去。"在与余仲篪的对话中，聪明的郭凤韶感觉出什么地方不对劲，慎重起见，她想摆脱余仲篪，但摆脱几次都没有成功。此时，郭凤韶已经确定余仲篪是敌人，于是，她立即前往上海，她没回无锡怕将徐明清暴露。到了上海后，郭凤韶又见到了余仲篪。余仲篪一直跟踪着郭凤韶，一连几天的跟踪落空之后，不再有耐心，就逮捕了郭凤韶。

余仲篪靠出卖同学，官做得越来越大，到了抗战时期，已升到中统甘肃省调查处长，专司反共。抗战胜利后，余仲篪调任西康任中统局少将调查处长。1949年11月，余仲篪逃往西昌，企图乘飞机去台湾，雅安地下党发现了他的行踪，将消息通知荥经有关方面。川康人民军第三大队追至凰仪堡，将余仲篪和他的两个女儿抓捕。解放后，余仲篪被判处死刑，绑赴磁器口刑场执行枪决。这是题外话。

郭凤韶被捕后，立即被押解到南京，关押在首都卫戍司令部看守所。在看守所，郭凤韶向难友打听叶刚的消息，一无所获。她被认定为中共地下党的交通员，敌人用尽酷刑，让她交待南京市委的其他人员与接头地址，遭到郭凤韶的拒绝。

在姚爱兰牺牲9天后的1930年9月26日，郭凤韶也被押到了雨花台刑场，倒在了姚爱兰牺牲的地方。

郭凤韶父亲郭松斋在家乡惊闻女儿被枪杀于雨花台后，口吐鲜血，两年后病逝。母亲李咏青悲痛欲绝，写下《哭凤韶女》：

噩耗飞来痛断肠,
掩门不敢动悲伤。
凄凉鬼魅欺凌甚,
革命牺牲姓氏香。

李咏青老师屈云姗女士,闻讯亦赋诗一首:

世事如棋费所思,
英雄何必辨雄雌。
掌珠已失休悲戚,
千古留名亦未知。

好一个"英雄何必辨雄雌"!从秋瑾到郭凤韶,再到孙晓梅,她们家乡的英雄故事令人一声浩叹,收泪感佩。

人们都说燕赵多慷慨悲歌之士,吴楚多放诞纤丽之文。其实,吴山越水之间亦多出慷慨奇女子。

第三章 姐妹同行赴南京

1930年7月的一天中午,一列从上海来的火车徐徐地进入了南京下关火车站。从后面的车厢里走下来两位年轻的姑娘,穿着中长袖旗袍,拎着柳条箱,边说边往外走。看她俩的妆束像是来南京旅游的。走到车站外,两人坐上了一辆停在路边的黄包车,一个姑娘用外地口音跟车夫说:"我们去民生旅馆。"

旅馆中已经有两位先生在等着她们了。稍晚,四人分成两对前后走出旅馆。坐在柜台边的旅馆老板笑呵呵地问:"你们是两对小两口吧?"两个姑娘大方地点头称是。

其实,他们两对不是夫妻,两个姑娘一个叫冯菊芬,一个叫吕国英。她俩从上海来到南京,是执行江苏省委的命令,到南京住机关,与傅天柱与胡悦丰两人假扮夫妻,临时组成两个家庭,为的是掩护南京市委军委机关,准备参加南京武装暴动。

冯菊芬：东海菊香自芬芳

在读过私塾、小学及女子师范后，冯菊芬又回到东海读书。此时已是1928年，冯菊芬18岁。这年的春天，冯菊芬与她的二姐冯洁冰同时加入了共产党。此后不久，她的弟弟冯永仁也加入了共产党。

也是在这年的春天，东海还发生了一件事，江苏省立第十一中学与第八师范合并为中央大学区立东海中学。这所中学成为东海、赣榆、沭阳、灌云一带唯一的最高学

图3-1 冯菊芬

府，也是共产党海属基层组织建立和发展的中心。东海中学实行男女同校，开创了海州地区中等教育史的先河。第一年招生时就招收了六名女学生，因学校还没有女生宿舍，这六名女学生都住在其中一名女学生冯若愚的家中。后来，冯菊芬与吕继英也住进了冯若愚家，由冯若愚的母亲为她们做饭。这年的八九月间，东海中学党支部建立，冯若愚的家也就成了党组织经常活动的地方。冯

菊芬与冯若愚、吕继英三位女学生陆续参加了革命，成为东海中学的骄傲。

多年以后，冯菊芬与与吕继英、冯若愚并称"海中三女杰"。此文只叙述冯菊芬。

冯菊芬的家族与大多数女烈士的家族有所不同。她于1910年出生在江苏省东海县白塔埠镇白塔村的一个地主家庭，父亲冯之缮是一位开明地主，在冯菊芬十来岁时，冯之缮已经为这个家购置了100余亩土地，建有20间房屋。冯菊芬在姊妹中排行老五，人称冯五姐。

在进入东海中学之前，15岁的冯菊芬就与表兄张鉴堂结婚了。张鉴堂在当地也算个风云人物，后来虽然叛变了，但最初对冯菊芬的政治追求还是有着重要的影响。

张鉴堂原名张学智，与冯菊芬同乡，是白塔埠镇埠后乡张井庄人。小学毕业投考东海县中学未被录取，前往南京考入南京私立正谊中学。初中毕业后因家庭经济困难回乡种田。与冯菊芬结婚后就住在冯菊芬的家里。他们结婚的第二年，张鉴堂加入了国民党，在白塔埠国民党区党部任宣传委员。1959年2月2日，张鉴堂曾写过一段文字："我与冯结婚是在1925年，革命时，吃住都在冯菊芬家，冯菊芬不怎么去张家，我和冯菊芬感情很好，1927年她加入共产党的组织，和我一道做革命工作。"张鉴堂的记忆有错，冯菊芬加入共产党是1928年。张鉴堂在白塔埠的公开身份是国民党第三区党部常务委员，兼第五区公安团团长。这个公安团属民众武装，暗地里进行革命活动。1927的夏天，因军阀孙传芳部反攻，张鉴堂等人逃往南京，住在金陵大学校内。到了秋天，因生活没有接济就考入了南京市巡官教练所。这年的冬天，张鉴堂由教官宋元培与同学范玉贤介绍秘密地加入了共产党组织。当时，国民政府已定都南京，"清共"比较厉害，在这样的环境下，张鉴堂能够加入共产党，也算革命的了。

随后，张鉴堂与顾浚泉、陈秀夫成立了东海县最早的党支部，张鉴堂任支部宣传委员。12月，白塔埠遭红枪会的袭击，党支部及时通知贫苦农民转移，因此，支部的成员受到老百姓的拥护。

冯菊芬入党后，担任中共白塔支部女子组的组长，投入当地党组织领导的反对土豪劣绅和封建压迫的斗争中。她利用白塔逢集的机会，组织学生和青年妇女上街宣传男女平等、婚姻自由。她带头剪发和放足，在她的影响下，她的大家庭有十多个姐妹剪掉自己的长发，放开又长又臭的裹足布。有的青年男女开始抵抗父母之命，追求自由恋爱。

冯菊芬的行动在当地引起了轩然大波，封建势力的代表人物对她们强烈反对与攻击，地主王长浩的反对尤其激烈，骂冯菊芬："简直是发疯了，弄得农村青年男不像男，女不像女的，不成体统。"王长浩听说本家侄女也参加了剪发，放足，气极了，来到侄女家对侄女的父亲说："限你10天时间把她嫁出去，免得丢人现眼，败坏了王家的名声。"几天后，王家真的把这位姑娘匆匆忙忙地嫁了出去。王姑娘不是正常嫁给小伙子，而是被补房到离村10里的营庄村去了。冯菊芬她们的行动，虽在当地有一定的影响，但几千年的封建礼教还是非常顽固的，一时半会儿是撼动不了的。王姑娘被强行嫁出去的事情让当地不少人家胆战心惊，许多年轻人也不敢跟着冯菊芬跑了。冯菊芬看在眼里，心里有了个计划。她召集了自卫队的一些成员和几个青年妇女，坐下来讨论怎么惩治王长浩。大家你一言我一语，如此这般这般，遂定下了行动计划。

一天，他们抓捕了王长浩，用小棍子把他的长辫子支了起来，游街示众。白塔埠营庄共产党员杨国永等人暗中配合冯菊芬她们的行动，当街"起哄"，嘲笑戏弄王长浩，围观的群众越来越多，平日不可一世的王长浩威风扫地，难堪之极。后来还有人为他作了一首顺口溜：

> 冯菊芬脚一跳，
> 逮住了恶霸王长浩，
> 嘴里含稻草，
> 头上戴高帽，
> 游街示众好热闹，
> 众人看了拍手笑。

有人又云：

> 王长浩，真可笑，
> 说硬话，被挨吊，
> 游满街，惹人笑。

那天正值集市，街上人来人往，他们的行动，除了惩治王长浩，还在集市上公开举行了宣传推翻封建族权、神权、夫权的游行活动。冯菊芬与她的二姐冯洁冰及一些进步女学生走上街，号召妇女解放。她们宣称，实行天足，打破数千年的封建统治压迫，束缚在妇女身上的恶劣风俗。她们大声唱着：

姐妹们快醒悟，

　　放开小脚有好处，

　　下地能干活，

　　办事能跑路，

　　千年陋习要打倒，

　　封建制度要根除。

　　这天晚上，冯菊芬一夜无眠，她奋笔疾书，连夜写宣传材料。第二天，跑到区党部机关和学校，提议 30 岁以内的妇女和识字班学生，皆放脚实行天足。在冯菊芬的影响下，她的堂兄冯溥仁带话给未婚妻，不放小脚就退婚，白塔埠完全小学校长徐士芳号召校内全体女生一律不准缠足。她们的行动也影响了周围数十里内的农村少妇与幼女，她们也要求天足。妇女解放运动在白塔埠地区一点一点地开展了起来。

　　冯菊芬等地下党员的活动引起了国民党的注意。

　　1929 年 5 月底，国民党江苏省民政厅长缪斌带领军警对东海县地下党实行了大逮捕。党组织提前得到消息，一些党员干部及时转移撤退。冯菊芬也接到了转移的通知，但在转移前，冯菊芬参加了中共白塔区委领导的农民武装斗争。这次的斗争波及白塔埠周围几十个村庄，引起了敌对派的仇视。此时，刚好发生一件事，6 月 1 日，孙中山先生的灵柩要从北京移往南京安葬，国民党以"共党分子"要破坏为名，下令各地捕杀共产党员及嫌疑分子。这天，从清晨起，东海城四门紧闭，全城戒严，几百名警察荷枪实弹，按照他们的黑名单，在城区进行大搜捕，还派出一部分警察奔赴西乡白塔埠抓捕黑名单上的人。6 月 2 日，东方刚露出一线白光时，冯菊芬的家就被包围了，还未来得及转移的冯菊芬听见敲门声匆忙出来察看，军警一见开门的是冯菊芬，立即逮捕了她。冯菊芬反抗，问他们为什么乱抓人。警察说："你是共产党，所以才抓你。"父亲冯之缮闻声也起床出来对警察说："她还是个学生，不是什么共产党，你们抓她干什么？"警察说："你不知道，你女儿是'共党'要犯，你窝藏'共党'，也要抓起来。"说罢，强行把冯菊芬与冯之缮带走。与冯菊芬父女先后被捕的还有冯菊芬的弟媳李韵华、陈秀夫等几位地下党员。他们一起被关押在国民党东海县公安局后面的尼姑庵里。

第一个被审的是冯菊芬。冯菊芬坚决否认自己是共产党员，警察逼着冯菊芬承认自己是共产党员，并逼她交出共产党员的丈夫和弟弟。6月24日，中共东海县委的报告《关于东海、灌云两县被破坏的情形》中说："目前被逮捕的人，反动当局认为稍有色彩者，均用极残酷刑罚拷打，遥闻有一个同志自首，有一二同志已乱供，有这样原因，机关建设，本是数月来未解决的问题，目前更加困难。"冯菊芬当然也受到"残酷刑罚"。后来冯若愚回忆说："我亲眼看到敌人用香熏她（冯菊芬）的鼻子，但冯菊芬始终没有承认，一再回答不知道。敌人给她上了脚镣。"敌人也没有放过冯之缮，用酷刑逼他承认女儿冯菊芬是共产党员，被冯之缮严辞拒绝。

由于党的骨干大部分已转移，所以国民党当局抓捕了80多人，大多不是黑名单上的重要人物，而是一般人员或他们的家属，名单上有70多人没有抓到。当时，冯菊芬的丈夫张鉴堂既是中共东海县委委员，又任东海县白塔埠国民党第三区党部常务委员。

冯菊芬与父亲被捕后，她的母亲立即找到地方上有影响的民主人士徐士芳和县农协常委周建章，在县党部南房杨家五间空房内密议营救措施，大家你一言我一语，最后也没讨论出什么营救措施，母亲痛哭而去。

7月，机会终于来了。国民党江苏省党部办党务工作人员训练班，周建章打报告要求去省里学习，他想借这个机会营救冯菊芬等人。临行前，由冯溥仁写了一封信给周建章带给省党部的国民党左派顾子扬，请他设法营救被捕人员。到镇江后，周建章把密信交给顾子扬。顾子扬同意营救，跟周建章说："我马上打电报到清江法院，把全部坐狱人员先提到法院，首先保证生命无险，再设法营救。"

与此同时，中共江苏省委委员、通海特区委员会委员刘瑞龙也在密切关注，进行营救。在各方面的共同努力下，冯菊芬等人被押解到清江。听说冯菊芬父女已到清江法院，母亲稍微宽了些心。大约关押半年左右，因证据不足，在学生会主席惠美琬等代表的辩护下，被捕人员先后被释放。冯菊芬的身份一直未暴露，判决书云："查冯菊芬确有窝共之事实，惜法律上却无惩治窝共之条例，免刑。"冯菊芬被宣布"无罪释放"；"冯之缮有窝共之嫌，无窝共法条之可引，先予不起诉之处分，释放"。

冯菊芬离开清江监狱后，虽然轻松下来了，但半年多的牢狱生活，还是显得有些憔悴。她与刘瑞龙、冯若愚等人在公园里合影留念。刘瑞龙通知冯菊芬到上海参加中共江苏省委训练班。讲完了正事后，他又对冯菊芬说："训练班结束后，江苏省委可能会派你到南京住机关做掩护工作，你要做好心理准备。"冯菊芬说："我一切听党组织的安排。"

不久，冯菊芬的弟弟冯永仁接到党组织通知，与冯菊芬丈夫张鉴堂、李秀芹等人先行转移上海。到了上海，他们住在法租界上海艺术大学文学系学生宿舍，与党组织取得联系后，冯永仁被安排进入上海私立浦江中学，编入浦江中学团支部。经中共党组织介绍，李秀芹到香烟厂做工，学包香烟，党内工作是与张鉴堂假扮夫妻，以掩护张鉴堂开展地下工作。没过多久，两人假戏真做，成了真夫妻。当然，冯菊芬还不知情。

再来说说冯菊芬。出狱后的冯菊芬回到东海白塔埠的家中，稍作休整后，于月底也抵达上海。党组织将冯菊芬到上海一事告诉了张鉴堂，并让他去找冯菊芬。此时，他已与李秀芹住在了一起，不能不告诉冯菊芬了。1959年2月2日，张鉴堂在交待材料中说："我见到她，仍如平常一样，谈到和李秀芹问题，我说，李秀芹因我怀有身孕四五个月了……冯菊芬在上海只住两个多月，那时共产党组织派她到南京工作……"从张鉴堂的交待材料中，我们看不出当时冯菊芬有什么反应，什么心情。但可以想见，冯菊芬与张鉴堂是表兄妹，感情一向很好，又都从事着党的地下活动，既是夫妻又是同志，不可能无动于衷。但冯菊芬已不是乡村的家庭妇女，被丈夫休了就哭天喊地，寻死觅活。她有文化更有事业，在家乡，她曾领导过妇女解放运动，宣传提倡男女在政治和经济上平等。特别是那个豪门小姐杨庆华，因不满意父母包办的婚姻，自己无力反抗，求助于妇女协会，还是冯菊芬与吕继英等人鼓励她对抗家庭，又聘请她任妇女协会文书，让杨庆华住进妇女协会，先脱离封建家庭的禁锢，再以妇女协会的名义与杨庆华的家长交涉，最后成功地解除了杨庆华的婚约，使杨庆华获得婚姻自主的权利。这些工作经验使得冯菊芬更加独立。

冯菊芬到上海不久，党组织就通知她到上海杨树浦江苏省委训练班学习了。那时，中央及部分省委会以办短期训练班的方式培训干部，缓解由于大革命失败所造成的干部严重短缺的困难。短期训练班都学习些啥呢？我们来看看冯菊芬在笔记本上的记录：

一、共产主义。1. 共产主义是什么？不是抢产主义，不是均贫富，而是要消灭资本主义，大家过太平日子。2. 为什么发生共产主义？资本主义、帝国主义、面包问题。先觉者登高一呼，引起普遍的不平之鸣。3. 共产主义的归宿。各尽所能，各取所需，不做工的不准吃饭。天下为公，世界大同。

二、共产主义者应当怎样？1. 日常起居。思想系统化。行动集体化。言论革命化。工作艺术化。生活科学化。2. 工作大纲。为团体努力。作群众导师。到群众中去。到反动荆棘中去。不畏难，不怕死，不爱钱，为主义而牺牲。3. 阶级斗争。4. 秘密工作。5. 支书工作。团体耳目。群众导师。同志的先驱者。同志的教师。支部是群众核心，支书又是支部核心。6. 民主集中。铁的团体，钢的纪律，命令绝对服从，全体大会为最高机关。7. 组织系统。超国界的，族界的。8. 开会纳费。开会是求学，纳费是不忘团体。9. 技术工作。不是要好看，是要得到"事半功倍"的效果。

以上文字是冯菊芬上课的记录，记得简单扼要，虽不是很规范，但可以看出当时党组织对一个普通党员的要求。

冯菊芬在上海期间，经常与刘瑞龙来往。当时，刘瑞龙不叫刘瑞龙，而叫"李也萍"，与冯菊芬同龄，也是1910年出生。刘瑞龙是江苏南通县陆洪闸村人，早年就读于通州师范学校，1927年加入中国共产党。曾任中共南通县委书记、中共江苏省委委员，曾与李超时等人创建了中国工农红军第十四军。红十四军失败后，刘瑞龙来到上海。为了他在上海的安全，李超时与吕继英夫妇把冯菊芬介绍给了刘瑞龙，两人本来就相识，互相又有好感，经他们一说媒，两人遂结为革命伴侣。

在冯菊芬与刘瑞龙短暂的夫妻生活中，夫妻二人合作做了一件大事：那天，中共地下党的一位负责人在杨树浦的一家小旅馆楼上写材料，冯菊芬女扮男装在楼下洗碗洗盘子放哨，她洗着碗盘眼睛却盯着门口，听着外面的动静。突然，院外传来一阵急促的脚步声，冯菊芬还没来得及通知楼上的人，两个男人持着枪就跑到她的面前，其中一个男人问：

你是哪里人？
我是南京人。
来上海做什么的？
来这里帮人干活挣钱为父亲看病。
你父亲在哪？

冯菊芬朝着楼上大声回答："他在楼上。"

两个男人似乎听出了什么，不再问话，径直向楼上冲去。冯菊芬急中生智，将手中的瓷碗向走在后面的那个男人头上砸去。这只碗不偏不倚，正中那男人的后脑，男人摔倒在楼梯上。冲在前面的那个男子被后面男子倒地的声响吓了一下，在他回头之际，被从楼上冲下来的刘瑞龙紧紧掐住脖子，两人一起滚下了楼梯时，刘瑞龙的手没有松开，越掐越紧，直到对方没了气息。刘瑞龙的这一举动把冯菊芬惊呆了，站在那不知所措，刘瑞龙赶紧招呼她，他俩把这两个男子拖进一楼的一间空房子内，锁上门，通知"老板"夜间去处理。

当天晚上，刘瑞龙和冯菊芬就转移了。

江苏省委训练班学习结束后，冯菊芬与弟弟冯永仁参加了中共在上海小世界饭店召开的一个会议。那天，组织上包了一个楼层，参加会议的人员有的打扮成商人，有的打扮成官员，每人手提礼物，来到小世界饭店参加"婚礼"。这是李立三主持的一个秘密会议，布置13个中心城市的暴动计划。来自南京的曹瑛有些顾虑，他在汇报时说："南京党的力量虽然有了一些发展，但武装暴动推翻国民党政权的条件还不够成熟，目前应当积蓄发展力量。"话音刚落，就遭到李立三的严厉批评："你根本不懂得客观形势与主观力量的关系，向困难低头，实际就是右倾机会主义的表现。"曹瑛是本书的另一个主人公苏订娥的丈夫，时任中共南京地下党市委副书记。

接着，李立三又向大家说："每个同志每天要发展一个党员，一个星期内发展六七百党员，每个党员发展一个工人先锋队员。"大家觉得李立三的话有些极端，但刚刚一顶"右倾机会主义"的帽子戴在了曹瑛的头上，大家没再反对。李立三又派中央总行委委员徐锡根到南京亲自指挥暴动。冯菊芬与吕国英被派往南京，与傅天柱、胡悦丰临时假扮夫妻，以便掩护南京军委机关，做兵运等秘密工作。吕国英也是这本书的一个主人公，后文将写到。

分别的时候到了。冯菊英与刘瑞龙虽然在一起的时间很短，但他们是夫妻又是同志，因此，冯菊芬对刘瑞龙依依不舍，将自己的名字改为冯爱萍，此时刘瑞龙的名字是李也萍。

此前的6月11日，中共中央政治局布置在武汉、南京等中心城市举行武装暴动，刘瑞龙联系国民党印刷所内的中共秘密党员李木配合南京暴动，印制了大批印刷品。7月15日，李立三亲自兼任江苏省总行动委员会书记，并任命李济平为南京市行动委员会（以下简称：南京市行委）书记。随后，南京市行委执行省行委的指示，全市举行了数百人的飞行集会，专门成立了发动士兵暴动的"兵变"组织，印发了红军成立宣言，要求在一个月内发展"赤色先锋队"队员4000人。

就是在这样的背景下，冯菊芬与吕国英奉上级党组织的指示来到南京。一下火车，按党组织要求，她俩即奔往民生旅馆。她们的任务是与傅天柱与胡悦丰组成两个临时家庭，扮演两对夫妻，以方便掩护南京军委机关，做兵运等工作。

南京市行委决定于8月1日举行暴动，以学兵营的枪声为信号。计划暴动队伍分三路，一路攻打国民政府；一路攻打银行；一路攻打军事仓库。冯菊芬参加了挖地道，他们在国民政府附近的房屋内开挖地道，计划以炸药爆破国民政府。到时冯菊芬的任务是送传单，当时印了十多包传单，准备送往国民党的军官学校等单位。一切都在紧张的准备中，赤色先锋队、工人纠察队准备就绪，眼看8月1日将要来临。然而，就在7月29日这天出事了。南京市行委设在下关美华理发店楼上的一处指挥暴动的机关被敌人发现，正在楼上开会的南京市行委书记李济平等6人被捕。敌人从阁楼上搜出了赤色先锋队组织计划一份，各种传单、标语、印刷宣传品一大包。

逮捕是秘密进行的，许多人不知道，8月1日这天还在紧张地等待着学兵营的枪声。然而，没有听到枪声。大家知道情况有变。根据行委的指示，冯菊芬与傅天柱两人找到温济泽，傅天柱在不远处望风，冯菊芬对温济泽说："印刷器材不能再放在城里，居安里26号机关已经处在危险中。天黑时，将有一个黑脸高个子、身穿白夏布长衫、操着湖南口音的人来找你，到时你把油印机交给他。"冯菊芬说的这个黑脸高个子就是张叔昆。

天渐渐地黑了下来，冯菊芬与张叔昆出现了。冯菊芬很默契地走在张叔昆的后面，站在不远处望风，张叔昆与温济泽交接，接过油印机，张叔昆告诉温济泽，这个机关明天要撤销，赶紧离开。说完，张叔昆拎着油印机消失在夜色中，冯菊芬看一切正常也离开了。

暴动失败后，市委多处机关被搜查，党的地下组织也被暴露。8月7日，市委交通员鲁达卿被捕叛变，随后，出卖了大批同志，也供出了冯爱萍（即冯菊芬），他告诉敌人，冯爱萍与何月芬（即吕国英）是上海中共组织派来与傅天柱、胡悦丰临时假扮夫妻，进行破坏活动的，并供出冯菊芬的住所。于是，冯菊芬被捕了。

这次破坏，南京地下党组织遭到很大的打击，全市15个党支部全部被破坏，被捕党员达100余人。

李立三等人制订出以武汉为中心的全国总暴动和集中全国红军进攻中心城市的疯狂计划，使积蓄起来的革命力量蒙受了重大损失。李立三在后来的检讨时说，这个决议表现了十足的主观、武断、狂热、空想的精神。

南京国民政府内政部《内政公报》1930年第9期登出冯菊芬等人被捕的情况，我们可以从这份公报中获悉90年前的这次行动细节：

内政部呈

为呈报事案：

　　据首都警察厅厅长吴思豫呈称，厅长于上月侦得共产党有在首都密谋暴动情事。即经密饬设法拘拿防范，本月七日及十二日，遂据第一警察局先后呈报，在鸡鹅巷虹庙等处查获共党嫌疑犯李林泮（即黎一梅）、王育仁、袁庆吾、鲁达卿、何月芬等五名口，并据称鲁达卿年幼受愚，颇有悔过之意，连同可疑书籍，送请讯办等情到厅。据经饬科先将鲁达卿提讯，据供被迫入党，此次长沙之变，我之伯父为共党杀害，家中亦烧抢一空。我与共党有不共戴天之仇，情愿捕拿共党立功自赎，即将共党南京市纠委胡悦丰、傅天柱、杨励甫等三人，及一陈某，东南北及下关区区委张叔昆等之踪迹，逐一供出。遂由厅职特务员带作眼线，按址缉拿。计捕获张叔昆、罗仲青（即王沁梅，又即梅卿）、刘列（即陈大伟，又即陈景星）、石璞（即石蒲）、李英（即张悟，又即张觉非）、冯爱萍等六名口。复经发科研讯，据张叔昆供：我系共党担任东区军士工作，如学兵营、教导第一师、中山林园警察等处，我均前往运动，现因学兵营运动失败，一时未敢发动，并亲笔书有字据。李林泮供，系本年六月加入CY，由陈大伟（即刘列）介绍担任东区电灯厂中大秘密工作。罗仲青供，与刘列担任东区电报局兵工厂暴动事宜。石璞供，本年四月间由陈大伟介绍加入CY，担任运动北区青年各等语。刘列虽狡不供认，有运动南区暴动情事。但经鲁达卿、李林泮、罗仲青、石璞等四人当庭指证，亲笔签名，自应认为确实。袁庆吾供，系受人愚弄入党，未及一月，即被同党鸡奸，愤恨已极。王育仁对于CY并未加入。李英系张叔昆之妻,其与伊夫入共党事宜,一概诿为不知。冯爱萍、何月芬二人均系上海共党总部派作傅天柱、胡悦丰临时假妻,以便进行秘密工作。查鲁达卿指获共党多人,其立功自赎之决心,显而易见,暂留充眼线,藉以缉拿余孽。至袁庆吾,为人利诱,复辱及其身,观其愤恨之心,尚非甘心从逆。姑予押候切实侦查。与鲁达卿另再拟办。张叔昆、李林泮、罗仲青、刘列、石璞等五名,甘心附共,图乱首都,实属法无可恕,已连同女犯李英、冯爱萍、何月芬等三口,并证物转解首都卫戍司令部,依法惩治。其在逃之胡悦丰、傅天柱、杨励甫等,于侦讯得其沪寓地址,已电请淞沪警备司令及上海市公安局,就近拘拿至讯,非CY之王育仁,拟交妥保,免累无辜。除分呈处理,合抄录各该犯供词备文呈报鉴核转呈等情,计附呈抄供一册,据此,除指令处理合据情转呈

钧院鉴核谨呈
行政院
　　计附呈抄供十一份共清册一本(从略)
　　　　　　　　　　　　　　中华民国十九年九月四日

冯菊芬被捕后,少不了重刑逼供。她知道上海党组织的情况,她也知道刘瑞龙等人的情况,更知道中共南京市军委的情况。从这份《内政部呈》中我们知道,冯菊芬什么都没说,与男人们一起被转押到首都卫戍司令部。当时也被关押在首都卫戍司令部的惠浴宇后来回忆:"在监狱里见到她(冯菊芬)时,这位在我们家乡一带以才貌双全著称的女子,已经被折磨得瘦骨嶙峋,只剩一口

气了。"

1930年9月4日清晨，冯菊芬与吕国英等"共党要犯"被提出国民党首都卫戍司令部，经过"验明正身"等一套程序后，被五花大绑地推上汽车，汽车向着城南的雨花台驶去……

冯菊芬于1910年出生、1930年牺牲，20岁的姑娘正值生命之花怒放的时候却以这种方式离开了这个世界。90年后仍然令人扼腕长叹。

与冯菊芬同时牺牲在雨花台的还有张叔昆、师集贤、李林泮、罗仲卿、陈景星、石璞、吕国英等7人。吕国英是我们下一篇文章的传主。

冯菊芬牺牲后，张鉴堂与冯永仁看到上海的一些报纸报道，方才知道此事，很是悲痛。冯永仁找到张鉴堂商量给姐姐收尸事情。他们在上海先凑了五六十元，冯永仁又打电报向家里要了些钱。第二天，冯永仁前往南京，来到雨花台，准备为姐姐收尸，但看到冯菊芬已被埋葬在雨花台。打听之后，知道是雨花台旁滕保长经手买的棺林，墓旁立有碑。冯永仁回到上海。

冯菊芬牺牲3年后，张鉴堂奉冯菊芬母亲之命来到南京，为冯菊芬移柩。当时，冯菊芬兄冯溥仁在镇江国民党江苏省党部工作，张鉴堂去电话告知后，冯溥仁立即来南京，与张鉴堂一起来到雨花台。当年的雨花台，不仅是刑场，也是坟场，他俩满雨花台跑，终于找到"冯爱萍之墓"。移好柩，他们将冯菊芬棺材运至南京下关。冯溥仁回镇江，张鉴堂独自护送棺材过江至浦口上火车运回到东海。冯菊芬生前没有去张家，死后被运到张鉴堂家乡，停棺开吊后，葬于张井村南墓旁，立有墓碑。

此时的张鉴堂已叛变，被国民党江苏省党部委任为海赣沭灌4

县肃反专员,大肆破坏中共地下党组织,成为破坏海属地区地下党组织的主要人物之一,致使当地党组织遭到很大损失。1959年,张鉴堂被捕入狱,被判处15年徒刑。1975年12月经江苏省公安厅批示决定"转业安置,摘掉反革命帽子"。

冯菊芬牺牲后,消息传到江苏省军委书记李石心那里,李石心又把这个噩耗告诉了刘瑞龙,等待着冯菊芬归来的刘瑞龙悲痛不已。李石心告诉刘瑞龙:"冯菊芬被捕后表现很好,很坚强。"刘瑞龙再也控制不住自己的感情,泪奔如涌。

1942年,刘瑞龙在新四军四师工作时,与同在部队机关工作的江彤于淮北张塘村结婚。

1952年12月,时任中共华东局农委书记的刘瑞龙携妻子江彤来到雨花台烈士陵园凭吊冯菊芬。刘瑞龙回忆说:"我与菊芬同志于1930年夏由超时同志夫妇介绍相识,她去南京前改名为爱萍。借志永念,临行以努力工作互勉,竟成永别。"遂成一诗《忆菊芬》:

浦滨握别未六旬,恶耗惊传石头城。
互勉忠荩非虚约,临危不忘自许名。
慷慨就义全大节,贤贞不屈励丹心。
大地春回酬宿愿,九州解放慰平生。

刘瑞龙
一九五二年十二月

吕国英：隐籍埋名为母妹

1930年9月4日凌晨，关押吕国英与冯菊芬等人的牢房被打开了，熟睡中的吕国英被惊醒，她知道此时开牢门一定是有人要去雨花台了。她从床铺上坐了起来，还没等她穿好衣服，狱警就喊道："冯——爱——萍——出来。"吕国英一听喊的是冯菊芬，立即知道下一个就是她了。果然，狱警又喊道："何——月——芬——出来。"吕国英从惊吓中镇静了下来。她知道这一天终归会到来，但没想到这么快就来了。她与冯菊芬穿好衣服，跟难友挥手告别，走出牢房。他们被验明正身，五花大绑后，狱警将他们推上了汽车。

汽车沿着中华路向着城南驶去。此时的吕国英刚满18岁，青春的眉目带着坚定，因为她在革命的这条道路上已经走了多年。

汽车驶进雨花台时，天已经大亮了。吕国英与她的7位同志被押下汽车，军警将他们带到雨花台一处荒僻之地（现在的北殉难处），最后问他们有无口供，遭到8人的拒绝后，一阵枪声响起，8名共产党员倒在了雨花台的荒岗上。

随后，《时报》《时事新报》《新闻报》《民生日报》皆报道了此消息。5日，南京的《民生报》报道云：

首都卫戍司令部于昨日上午9时,用汽车押解伪团长丁汤铭及共党张叔昆等八名赴中华门外雨花台执行枪毙,由副官袁阳生监行。兹录其罪状如下:

(一)略。

(二)为宣布罪状事案准首都警察厅函解共犯张叔昆等七名及本部查获之师集贤一名,迭经讯据,均称加入共党担任工作不讳,应即一并处以死刑。除签提该犯等验明正身,绑赴刑场,执行枪决外,合函宣布,俾众周知。计开:

张叔昆:年24岁,湖南宁湘人。

师集贤:年31,陕西合阳人。

李林泮:化名黎一梅,年21岁,吉林双城人。

罗仲卿:王沁梅一名梅卿,年21岁,江苏川沙人。

刘列:陈大伟一名陈景生(星),又名钊列,年21岁,河北唐山人。

石璞:一名石蒲,年19岁,辽宁人。

冯爱萍:女,年20岁,江苏海州人。

何月芬:吕励之,一名谷音,女,山东滕县人,年19岁。

何月芬即吕国英,字励之。 她不是山东滕县人,在首都卫戍司令部被审问时,吕国英硬说自己是山东滕县人,为的是江苏沛县母亲与两个妹妹的安全。

先说说吕国英革命前十年的经历。

吕国英是江苏徐州沛县人,汉高祖刘邦的家乡。 吕国英出生于一个家道中落的小地主家庭,自小听多了汉高祖"拔剑斩大蛇""起兵反暴秦"的故事,虽是小女子,也有汉高祖百折不挠、越挫越勇之精神。

吕国英虽幼年丧父,家道败落,但家里还是有条件供她上学的。6岁入本村私塾改良的学堂念书,后入沛县女子高等小学。吕国英读小学期间,正值五四运动爆发,运动影响到了全国,江苏也不例外,沛县的学生爱国运动也如火如荼地开展起来,包括小学生。沛县第一高等小学、沛县女子高等小学、青墩寺小学等学校联合成立了沛县学生联合会。联合会开展了抵制日货、查封日货的活动。当时也就八九岁的吕国英跟着同学们一起,走在游行队伍里,她与另一个同学高举着"同胞们,切勿买日货"的横幅走在队伍前列,一边走一边振臂高呼革命口号。学生游行队伍浩浩荡荡,逶迤前行涌到县府大门口和各商号门前,大些的学生向群众发表演讲,散发传单,揭露帝国主义列强侵略中国和军阀政府卖国的种种罪行,要求各个商号老板用实际行动爱国,自动实报日货数量,登记入册,予以封存,配合学联检查,不再贩卖日货。大多数商店老板看到如潮的学生涌来,还是很配合学生的,但"兴和城"商店老板"八斤半"却没把学生运动当回事儿,与官府、洋人勾结,继续贩卖日货,还出口辱骂前去检查日货的女学生。"八斤半"的行为激起了学生们的愤怒。在学生联合会的带领下,全县高小学生拥到"兴和城"商店门前,向奸商兴师问罪。"八斤半"一看商店门前整条街上都挤满了学生,他哪经历过这个场面,立即向县衙求救,县衙派人将学生驱于城外,并关上城门。吕国英跟着学生队伍日夜围坐在城门外,决心不斗倒"八斤半"这个奸商,誓不罢休。学生们在学联几个领头的带领下,有的爬上城墙,有的找来那种四轮木制的太平车,冲撞城门。犹如两兵对垒,一方冲撞城门,一方坚决不开门。不同的是,冲撞城门的是学生,守城门的兵不能放箭。经过三昼夜的坚守与奋战,学生们终于冲开城门,跑进城去,直捣"八斤半"的"兴和城"商店。愤怒的学生们把"八斤半"商店的窗玻璃、柜台砸得稀巴烂,店内日货也被搜缴一空,"八斤半"不见踪影。第二日,学生们在簧学广场隆重召开焚烧日货大会,在场的贫苦群众看着熊熊大火拍手叫好。学生们的这场斗争取得了胜利,有人还写了一首民谣纪念这一次斗争的胜利:

> 民国八年半,
> 烽火耀沛县。
> 爱国号角吹动起,
> 唤起人民成千万。
> 学生打先锋,
> 人民作后援。
> 冲破封堡垒,
> 大车撞门关。
> 进城似虎狼,
> 民众欢连天。
> 不砸"保怡和",
> 先砸"八斤半"。
> 凯旋唱起胜利歌,
> 庆祝五四亿万年。

这次学生运动给八九岁的吕国英上了一节精彩的大课,全程参加斗"八斤半"的经历让她深受教育。如果这次运动算革命的话,那吕国英的革命生涯就此开始。这也是她后来真正投身革命的原因之一。

高小毕业后,吕国英考入徐州江苏省立第三女子师范学校(以下简称:三女师)。多年后,同学回忆起吕国英在三女师读书时,说她"沉默寡言,性敦厚,遇不平事争论不休"。她被同学们推选为三女师学生会文书干事。

三女师教员兼三班级主任吴亚鲁老师是个共产党员,他会抓住一切机会给学生们灌输共产主义思想,在他的影响下,吕国英开始阅读吴亚鲁老师推荐的《中国青年》《响导》等进步书刊和马克思主义方面的书籍,听取了吴老师作的《青年革命运动》《国民革命》等报告,加上亲眼看到军阀混战,盗匪蜂起,民生涂炭,吕国英树立了救国救民于水火的革命思想。

1924年6月,徐州社会主义青年团建立,吴亚鲁被选为执行委员会主任,已经受到共产主义思想影响的吕国英经吴亚鲁的介绍,加入了社会主义青年团。此后,她参加了团组织的一切革命活动。1925年的秋季,根据党组织的指示,吕国英又加入了国民党。如果材料无误的话,那吕国英在12岁时加入青年团,13岁时加入国民党组织。

这年,吴亚鲁看到徐州各中等学校内,有一些顽固派与吕国英他们这些激进学生作对,阻挡这些学生进步与革命活动,遂组织发动青年团员和国民党员驱赶这帮顽固派。吴亚鲁与吕国英这些学生认为,三女师的校长钱韵荷就是顽固派,准备来一次"驱钱运动"。他们历数钱韵荷的专横苛虐,破坏师范教育事业的种种卑劣行为,特别是女学生曹自谦,由于钱韵荷漠视女生健康与生命,以致曹自谦患病死亡。他们的斗争得到了全体学生中的国民党员和铜山县国民党党部的支持,并在当地的教育界、新闻界造成了强烈舆论谴责，最终迫使钱韵荷辞职。这次"驱钱运动"，吕国英自始至终都参与其中，"驱钱"成功，给吕国英今后的革命增强了信心。在这段时期内，吕国英还参加了平民教育活动，在教授文化外，她还给平民讲解革命形势，以及参加一些工农运动、妇女运动等。

五卅惨案后，吴亚鲁按照团中央的指示，迅速组织徐州工人、学生开展了轰轰烈烈的反帝爱国运动。1925年6月7日，三女师的操场上聚集了各中小学校学生5000余人，举行了环城示威游行。经过斗争"八斤半"与"驱钱运动"后，吕国英更成熟了，这次运动，她走在队伍前列，带领中小学生不断高呼"援助上海同胞！""打倒帝国主义！""废除不平等条约！"等口号，沿途散发徐州学联的传单。

1926年，吕国英从三女师毕业，去了新浦普爱小学任教。此时，大革命正轰轰烈烈地展开，国民革命军一路向北，所向披靡。吕国英与团组织其他成员忙着反对军阀，迎接革命军的宣传工作。由于任务繁重，她辞去小学教职，返回徐州小学。在地方党组织的统一安排下，专门从事迎接北伐军的宣传工作，并任宣传组组长。徐州及各县处在革命的高潮，到处喊着"打倒列强，除军阀"的口号。

1927年的初夏，吕国英受党组织派遣，和其他同志一起去了赣榆县，开展妇女工作，担任国民党赣榆县党部妇女部部长。15岁的吕国英工作热情泼辣，不怕打击迫害，经常深入街头巷尾和百姓家中，宣传妇女解放运动，帮助需要帮助的妇女走出困境。当时，妇女解放运动不是每个老百姓都能接受的，特别是封建势力顽固的地区。有一次，吕国英到一户百姓家中去做宣传，刚一进门，还没说话，一盆污水将她从头浇到脚，她一下子就蒙了，全身上下水淋淋的，只好打道回府。回去之后，她洗了澡，换了身衣服，继续敲开另一户人家的门。面对来自社会各方面的打击和压力，吕国英坦然处之，仍然有说有笑。她的工作态度使赣榆老百姓很受感动，工作逐渐地开展起来了。

8月间，直鲁军阀重新占领赣榆，吕国英被迫离开。第二年的春天，吕国英被派往家乡沛县，任国民党沛县党务指导委员会训练部长。1929年1月，又担任国民党沛县执监委员会执行委员。此时，已经历了1927年的四一二反革命政变，国共两党已分道扬镳，国民党右派基本上控制了国民党沛县县党部。吕国英是共青团员，与国民党右派格格不入，当然不被国民党右派所欢迎，因而被沛县国民党右派势力视为"思想激变，行动渐入恶化"的危险人物。由于恶劣形势所迫，吕国英于这年的5月辞职离开了家乡，来到南京，在中央大学（今南京大学）当旁听生。

几个月以后，大约是秋季，吕国英离开了南京，来到上海，考入了上海中华艺术大学，也就是今天的复旦大学。当时上海中华艺术大学云集着一批左联艺术家和社会科学家，师生中有不少人是共产党员，校园里充溢着浓厚热烈的政治气氛。吕国英特别兴奋，感觉自己来对了地方，重新焕发了革命斗争激情，与一些志同道合的人秘密从事着革命活动。入校不久，17岁的年轻女大学生吕国英就秘密加入了中国共产党。此时，当局正疯狂地追捕共产党人，有的共产党员因害怕退党了，也有人被捕后经不起生死考验与荣华富贵的诱惑叛变了。吕国英却冒着被杀头的危险发誓："从此跟定共产党，断头挖心不回头！"入党后，她在中华艺术大学党支部内担任支部宣传委员，与她并肩战斗的有后来成为总政文化部副部长、上海警备区副政委、著名编剧沈西蒙等人。

1930年的春天,吕国英受党组织委派,进入上海杨树浦江苏省委训练班学习,在这里,她与冯菊芬相识,共同的理想与追求让她俩成了生死战友。她与冯菊芬等人一起学习革命理论和射击爆破等军事技术,为的是即将参加南京的暴动活动。7月,训练班结束,江苏省委派吕国英与冯菊芬赴南京负责掩护南京市委军委机关的工作。

这是一次非常危险非常重要的任务。吕国英虽然只有18岁,但也经历过几次运动、3次被捕,她知道南京比上海更危险,但她还是临危受命,做了准备与冯菊芬等人一起前往南京参加暴动。

这次暴动是一次左倾错误。

1930年7月13日,李立三在中央临时政治局会议上作了《关于南京问题与全国工作布置的报告》,在报告中说:"南京问题,有决定全国胜负的意义的问题,中央必须有决心来动员全国,布置全国的工作。""南京来一兵暴,确可发动全国反军阀战争的革命高潮,可以直接掀起全国反军阀战争的伟大战争。"李立三要求南京兵暴以"占领南京为目的""建立苏维埃政权为中心""必须占领电话局、兵工厂、飞机场、电报局、无线电台……"要求"全江苏工作配合……组织南京兵暴必须与组织上海总同盟罢工同时并进""与争取武汉首先胜利相配合"。还宣布,谁反对这个布置谁就是右倾逃跑主义,必须予以党纪制裁。随后,省行委确定以南京暴动为中心,到处布置暴动,命令通、如、泰首先攻下南通,再向南京发展。"把全省划成九个军区,没有一杆枪也要派师长。"中央还派军委干部到各地指挥暴动,刘伯承到武汉,聂荣臻到镇江,曾中生到南京。曾中生到了南京后,经过调查了解,认为立即发动暴动的条件不具备，于是，向省委报告。省行委代表批评他的思想右倾，命令他坚决执行暴动计划，立即发动学兵营举行兵变。

南京市行委决定8月1日举行暴动，以学兵营枪声为信号，暴动队伍兵分三路：一路攻打国民政府；一路攻打银行；一路攻打军事仓库。驻扎在南京城内三十四标的教导一师通讯营是市委打算发动兵变的重点。这里都是年初从湖南、湖北、江西招来的中小学生，所以叫学兵营。打入这个部队的有十多名中共党员，三个连都有党支部，还建立了士兵运动委员会和兵运小组。市委下达学兵营党组织的任务是："高举义旗，直捣国民政府，震撼全国。"

由于传单、标语满天飞，国民党特务顺着传单、标语的踪迹到处侦察盯梢，中共南京市委多处机关被搜查，兵暴未成，党的地下组织反而暴露。7月下旬兵变之前，国民党警察到士兵宿舍搜查，把地板底下隐藏的武器和宣传品抄了出来。在一片混乱中，一部分党员逃离南京，一些士兵党团员被捕。

7月23日，市委又发出了第三号通告，要求建立并迅速扩大工农武装队伍，一个月内要发展到4000人。市委派员检查，原统计已有数百名工人武装，实际上只有浦口几十名赤色先锋队员。市委在下关召集几十名工人纠察队员开会，只到了几个黄包车夫，计划未能实现。市行委29日在下关美华理发店楼上开会，研究暴动计划，又被侦缉队发现，市行委书记李济平等6人被首都卫戍司令部稽查处逮捕，在阁楼上的赤色先锋队计划和大量传单、标语等被搜出。

就是在这种背景下，吕国英和冯菊芬等10名共产党员被党组织派到南京参加江苏省军委机关工作。出发前，吕国英与冯菊芬在上海一番乔装打扮后，结伴上了上海到南京的火车。她们的任务是和胡悦丰与傅天柱组成两个临时家庭,扮演两对夫妻,以方便掩护南京军委机关,做兵运等工作。

她俩不知道此时南京的混乱情况,一到南京,她们的行踪就被当局获悉,有便衣尾随跟踪。特务虽跟踪她们,但并没有掌握到她们的具体情况,因此,也不急着逮捕她们,欲擒故纵,准备放长线钓大鱼。

8月1日的暴动失败。党的地下组织被暴露,市委多处机关被搜查。8月7日,随着市委交通员鲁达卿的被捕叛变,吕国英与冯菊芬的真实身份也暴露了。

她俩被捕了。

8月下旬,共产国际给中共中央发出了停止南京、武汉暴动的指示电,并派瞿秋白、周恩来回国,纠正李立三的错误。经瞿周两人的批评帮助,李立三承认了错误,离开了中央领导岗位。

对吕国英和冯菊芬她们来说,李立三承认错误太晚了,由于他的错误,吕国英等人付出了生命代价。

她俩被关押在南京国民党宪兵司令部看守所。狱警看吕国英是个年幼的小姑娘,以为她年幼无知、软弱可欺,取来纸笔要她写下上海与南京的同党情况,遭到吕国英拒绝后,又许以高官厚禄,也被吕国英拒绝。

在吕国英的革命词典中,没有"自首""叛变"这些词。

吕国英与冯菊芬与这本书的其他女烈士不一样,她们大多数被判有期徒刑送其他监狱服刑,而她俩直接被判处死刑,立即执行。

1930年9月4日上午,国民党军警用卡车将吕国英(何月芬)、冯菊芬(冯爱萍)等8名共产党员五花大绑,后背插上"亡命旗",一路上吹着洋号,押往雨花台刑场。

吕国英在南京牺牲半个月后,她的家人接到吕国英难友陈建转来吕国英亲手写的绝笔信。此时,她的家人才知道吕国英在外做的事,才知道吕国英已不在人世。信是吕国英临刑前写下的,家人害怕此信连累亲属,看过后便一把火烧掉了。后来,吕国英小妹吕国芳追忆了信的内容,大意是:亲爱的母亲,我是一个不孝的女儿,请您原谅我。要好好照顾妹妹读书,将来使她成为一个有用的人。亲爱的芳妹,你年纪最小、最聪明,我不能教你读书、做人。你要好好念书,要自力更生,做一个独立有用的人。不要忘记我们的敌人,长大了要为我报仇!……

第四章 她们从安源出发

98年前的1923年,江西安源路矿工人俱乐部成员与工人子弟教职员留下了一张合影照。照片上有三四十人,有的站着,有的坐着。第一排坐者右一为陈潭秋;第二排坐者右四为徐全直、坐者右三是何宝珍;第三排立者右二为刘少奇。

图4-1 安源路矿工人子弟学校教职员的合影。二排坐者右三为何宝珍,三排立者右二为刘少奇

这是一张非常珍贵的照片。

刘少奇从苏联学习回国后,被党组织派往安源路矿,协助李立三领导安源路矿工人罢工。罢工后,他来到清水塘与毛泽东交流,在清水塘邂逅了何宝珍。几天后,何宝珍随刘少奇前往安源路矿俱乐部;1923年初,京汉铁路工人大罢工失败后,罢工组织者之一的陈潭秋受到军阀通缉,党组织派陈潭秋与徐全直转移到安源路矿工人俱乐部。

他们四人在安源路矿相聚,留下了这张合影。不久,他们四人从安源出发,分别奔向党组织需要他们去的地方。

1934年初春,徐全直走上雨花台;同年深秋,何宝珍也走上雨花台。

徐全直:"此女太刚烈"

1921年春节后,湖北省立女子师范学校(以下简称:省立女师)迎来了新的一学期,同时迎来了一批年轻的男教师。有两位男教师很特别,一位叫陈潭秋,二十五六岁,教英文;一位叫刘子通,教国文。他们的到来让沉闷的省立女师一下子变得活跃起来;也让徐全直成为省立女师的"名人"。

图4-2 徐全直

1

省立女师是前清举人李文藻于1906年创办的,地址在武昌。刚创办时叫"湖北女子师范学堂",后来湖北总督张之洞将私立的湖北女子师范学堂改为官办湖北省立女子师范学校。受新文化运动的影响,此时湖北的文化教育界呈现出勃兴的局面。半年前的1920年夏天,湖北的董必武收到来自上海的一封信,信中李汉俊告知他，上海已经成立了共产主义小组，希望武汉也建立这样的"小组"。董必武看罢信，拿着信找到陈潭秋商议，陈潭秋当即赞成。于是，这年10月的一天，陈潭秋等人齐聚武昌抚院街董必武的寓所，成立了武汉共产主义小组。小组成立之初，就把学习马克思主义作为一项重要活动，组建了马克思主义研究会，作为公开活动的团体，小组成员在武汉中学、武昌高师、省立一师、省立女师等学校组织进步学生参加研究会，宣传马克思主义。

2

陈潭秋的到来，给省立女师注入了一股新鲜血液，他在教英语的同时，鼓励学生反对学校封建式的管教，主张女生剪去长发、阅读新书。几个月后，在陈潭秋和刘子通等人的组织下，以省立女师学生为基础，在武昌黄土坡27号（今首义路）成立了"武汉妇女读书会"。

这个读书会是湖北第一个由中国共产党领导的妇女革命团体。读书会成员有徐全直、杨子烈、夏之栩、庄有义、陈碧兰、陈慕兰、李学惠等20多位同学。此时还是女学生的她们，以后大多数都成长为中国革命妇女运动的负责人。

读书会从利群书社借来了许多新书，陈潭秋、董必武、李汉俊、黄负生等人常来读书会作报告，讲解《共产党宣言》《国家与革命》《雇佣劳动与资本》等书，辅导大家学习，引导与启发她们接受马克思主义。当她们懂得了马克思主义时，陈潭秋与刘子通又带领这些女学生前往武昌街头18号的利群书社和黄土坡上李汉俊的家里看革命书刊，《共产党》《武汉星期评论》《新青年》等刊物应有尽有，除了读书，他们还与她们研讨当时的各种思潮。之后，陈潭秋等人又创办了《妇女旬刊》。在这些新思想的冲击下，这群女生的思想发生了巨大的变化。几个月后，她们将在省立女师掀起了一场震撼湖北的学潮，陈潭秋与徐全直也由相识到相知。

陈潭秋知道徐全直的姐姐也在这个学校，经过观察，他发现姐妹俩的个性完全不一样，陈潭秋感到好奇，有意无意中问到了徐全直的家庭情况。徐全直对这位老师有着说不出来的感觉，就是非常亲切，什么事都想说给他听，毫无保留。徐全直告诉陈潭秋，她是湖北汉川杨林沟镇胡家台村人，出生于1903年，6岁时随父迁居武昌。父亲徐世安是同盟会会员，暗中参加推翻清政府的活动。民国初年，徐世安被任命为湖北陆军测量局审查员，兼任新民实业学校的校长。袁世凯篡权后，军阀吴佩孚掌控了湖北，徐世安因反对袁世凯称帝被指控为"乱党分子"，于1915年被捕关进了武昌陆军军法处的狱中。父亲入狱后，家里断了经济来源。母亲傅克左回到老家将家中的两亩薄田卖掉，再依靠帮人洗衣服辛苦赚来的小钱维持着全家的生计。母亲以为父亲很快就会出狱，谁知当局判了他8年徒刑。眼看家里断粮，母亲于1916年带着3个女儿和一个儿子回到老家汉川。当时，姐姐徐全德在省立女师读书，因学校住宿费全免，才得以继续留下。

母亲带着儿女回到汉川杨林沟胡家台，因没有土地，几个小叔也先后外出，无法落脚安身。于是，母亲就带着儿女又投奔毗邻杨林沟的西江亭傅家台的娘家。此时，徐全直的外公外婆舅父已离世，只能投奔舅母。舅母家田地较多，平日也雇用外人种田，徐家母子5人的来到，如长工一样，在舅母家下田干活。不久，舅母的二女儿，也就是徐全直的二表姐生病死了，二表姐的未婚夫胡阴楼是邻乡一个地主的儿子，在举行二表姐的葬礼时胡阴楼也来了。徐全直看他老是不怀好意地盯着自己看，就有意避开。徐全直与母亲都知道，二表姐的这个未婚夫吃喝嫖赌抽样样全，吸鸦片成了瘾，因此面如黄纸，骨瘦如柴。徐全直对他没有一点好印象。谁知，葬礼过后不久，胡阴楼的家人提着厚礼来舅母家提亲，指名要娶徐全直为妻，态度强硬。徐全直对母亲说，她绝不会嫁给这种人。就在傅家人与左邻右舍以为徐全直命好，被有钱人看中，今后过着荣华富贵的生活时，徐全直在母亲的帮助下，趁着夜色一个人悄悄地离开了舅母家，直奔武昌。出走前，徐全直给舅母留下一封信，感谢舅母收留了她们一家人，为了开脱母亲，她在信中说着"您和我妈要我嫁人，可我年纪还小，不想这么早嫁人""我走了，生死难卜"等语。

离开了舅母家，按母亲指的方向，徐全直一直向北走，到了脉旺嘴，乘船去了汉口，再到省立女师找到姐姐徐全德。在姐姐的帮

图4-3 1918年，徐全直考入湖北省立女子师范学校。这是她和同学的合影，左立一为徐全直，左立四为夏之栩

助下,徐全直考上了省立女师。

听到这里,陈潭秋的眼中充满了怜惜,他说:"我们两家有些相同,你的父亲是同盟会会员,我的五哥陈树三也是同盟会会员,与你父亲一样也参加过辛亥革命。我从小就受五哥影响,五哥曾对我说过这样一句话:'你知不知道,你为什么叫陈澄?澄,就是澄清,如今世道太浑浊了,你长大成人之后,要努力去浊扬清。'"

图4-4 徐全直与陈潭秋的革命情缘

陈潭秋,原名陈澄,1896年出生于湖北黄冈一户书香人家。祖父中过举人,是当地名流,到了父辈家道中落了。陈潭秋兄妹10人,他排行第七。1911年,陈潭秋考入湖北省立第一中学。5年后,又考入武昌高等师范学院(武汉大学前身)英语部。毕业时,有人建议他投笔从戎,陈潭秋不以为然:"以有用之身,应留待有用之时。此时投笔从戎,成不过许褚张辽之徒,败则为蝼蚁耳。"陈潭秋没有考虑谋职。1919年的夏天,陈潭秋来到上海,经友人介绍与董必武相识了。董必武是湖北黄安人,与陈潭秋是老乡,这一对相差10岁的同乡在上海畅谈国内外形势。陈潭秋知道,董必武参加过武昌首义的战斗,从一个晚清秀才成为坚定的反帝反封建的民主主义者。在俄国十月革命影响下,董必武与李汉俊等人讨论俄国革命和布尔什维克主义,得出中国革命"必须走列宁的道路"的结论。五四运动爆发后,董必武在上海参加了这场反帝爱国运动。此时两人的相识,孕育着后来的武汉共产主义小组的诞生。

徐全直与陈潭秋这一次的交流拉近了两人的距离。

3

1921年7月,董必武与陈潭秋代表武汉赴上海出席了中国共产党第一次全国代表大会。开会期间,曾有可疑之人闯进会场。后来李达回忆:可疑之人闯进会场后,中共一大代表鱼贯而出,大家回博文女校,陈潭秋呢,他不跟我们一起,他朝另一个方向走了。从李达的回忆中我们看出,陈潭秋是一个有思想有策略、与众不同的人。8月,他与董必武返回武汉,建立了中共武汉地方委员会,从此,武汉有了党的正式组织。

第二年,董必武也被聘请到省立女师任教。中共一大的两个代表都在省立女师任教,女师空前活跃,要求进步的女生如雨后春笋,打破了以往的校规。

女学生常常外出,带回来的是一股新鲜的文化思潮。课余时间她们传阅革命的新书报,谈论着国家大事。这一切遭到了学校一些守旧派人士的非难,以校长王式玉为首,称徐全直她们是"害群之马"。王式玉在全校大会上,严厉地宣布,不准学生自由通信,不准学生阅读革命书刊。顽固势力并没能阻挡进步教师与徐全直等学生的读书研讨活动。

1922年4月,在林育南和刘昌群等人的介绍下,徐全直与袁溥之、袁震之、夏之栩、杨子烈、庄有义等8人同时加入了社会主义青年团。夏之栩在武昌贡院附近西川湖五号的家成了教师与团支部活动的据点。入团后,这些女团员们更加激进,她们不再默守学校的陈规旧俗,更加频繁地跑到校外参加一些活动,她们出墙报,传阅进步书刊,要求王式玉校长撤换思想顽固的女校监,有的同学回到家里向父母提出解除父母包办的婚姻。接下来让守旧派更加不能接受的是,她们突破校规,走出校门参加男校的活动,徐全直与杨子烈等人还剪掉自己的长发,撕碎束缚在她们胸上的束胸布。

在王式玉等人看来,徐全直她们的行为简直是无法无天的叛逆行为。王式玉勒令徐全直她们把剪掉的头发再接上,否则将禁止她们参加考试并开除学籍。徐全直的姐姐徐全德胆子小,害怕妹妹被学校开除,劝妹妹不要再胡闹了。徐全直安慰姐姐:"不要怕,我们要求的是自由,头发是我的,处理当自由,没有破坏校规能奈我何。"

徐全直她们的行为得到了陈潭秋、董必武等进步教师的支持,学校暂时也没有采取行动,剪发风波也就不了了之了。

接下来省立女师掀起的学潮,就让王式玉校长招架不住了。这是一场震撼湖北的大学潮。

4

国文教师刘子通撰写的《改良湖北教育意见书》在《武汉星期

评论》上刊载了，文章笔锋犀利，先揭露了封建教育制度的弊端，后提出改革封建教育制度势在必行。这篇文章在学界教育界引起了极大的反响，进步人士热烈欢迎，守旧派人士极其反感，甚至仇视，极力主张整顿学风。徐全直和同学们也在宿舍里悄悄传阅刘子通教师的这篇文章，阅后叫好。有的学校规定：凡是学生私藏《改良湖北教育意见书》的，一经查出，立即开除。

不久，刘子通又在课堂上给徐全直她们大讲妇女被压迫的命运、妇女应该自我解放等话题。有些女生回到家后跟父母讲旧式妇女被压迫，婚姻不能自己做主，命运如何悲惨，并要求父母解除自己的包办婚约。家长们听后对学校很有意见，便写信给校长，质问校方为什么请刘子通这样的老师来教学生，竟然向学生灌输"婚姻自主"等大逆不道的观点。两件事放在一起，于是，校方拟议解聘刘子通。

消息一出，学生们不同意，公推徐全直、夏之栩等同学为代表，与学校当局交涉。一天上午，代表们冲进校长室，质问校长，为何解聘刘先生？要求校方收回解聘刘子通的决定，否则她们就以罢课方式进行抗议。

省立女师校长王式玉认为，学生闹事，学校不安稳，都是由于陈潭秋与刘子通等教师的支持，因此，谋划了一次全校教职工的联席会议。会前，安排好几个人在会上围攻陈潭秋与刘子通等人。会上，王式玉等人肆意攻击陈潭秋与刘子通等人破坏校方秩序，煽动学生闹事。刘子通针锋相对地说："学生的合理要求，学校应当考虑，如果置之不理，或采取高压手段，势必会酿成学潮。"刘子通的话刚说完，徐全直与夏之栩等学生冲进会场，大喊："刘先生说得有道理。"会场内外一片掌声。王式玉看此情况，宣布散会。

散会后,王式玉越想越气,认为是刘子通的撑腰,徐全直她们才敢如此大胆放肆。决定就从刘子通下手,然后再处理学生。于是,1922年2月,学校刚开学,王式玉以"宣传赤化、贻害学生"为名,正式解聘刘子通。

决定一公布,立即激起一部分师生的义愤。陈潭秋找到徐全直等学生,对她们说:"这是一场复杂的斗争,要团结同学们跟王式玉斗争。"学生们还是公推徐全直、夏之栩等同学为代表,与学校当局交涉,要求撤销解聘刘子通的决定,否则她们就以罢课方式进行抗议。

王式玉立即找军阀政府当局求助,得到当局的支持,由湖北督军省长公署发出密令:"女师教员刘子通荒谬女师教育,由省教育厅迅即查明,驱逐出境。"并告知省城内外公私男女各校不得聘请刘子通任教。

徐全直等学生听到消息后,立即召开紧急会议,决定发动和组织学生择日罢课。

这边的王式玉也得到了学生准备罢课的消息,她想出一个办法:对学生采取分化手段。于是提出,凡是愿意罢课的学生签下自己的名字。结果全校学生只有徐全直、杨子烈、夏之栩等12人签名罢课,罢课失败。接着,学校对这12名学生一律按"自动转学"论处。

此时,陈潭秋已经离开省立女师,在中共武汉区委任职,他通过社会主义青年团的负责人转告徐全直:"斗争要有策略,有计划,行动还要有步骤。要能争取大多数同学同情而自愿参加罢课,斗争才能取得胜利,失败不要气馁,从失败中找出教训。"

徐全直在陈潭秋的启发下,与学校几个团员一道商量对策,她们把学生中的积极分子分派到各个班去,向同学们揭露所谓12个签名同学"自动转学"的真相,经她们这么一说,有很多同学愿意加入她们的斗争行列中。

校长王式玉见状,决定开除徐全直、夏之栩等7人的学籍,在党组织的支持下,徐全直与夏之栩等人决定组织学生第二次罢课。

在一个星期一的早上全校做朝会时,徐全直与夏之栩把校长王式玉堵在办公室内,当面质问她:"为什么要开除我们?"同时当众揭露王式玉排除异己,任用私人,把持学校,迫害学生的种种恶劣行径。王式玉被学生堵在办公室,一时出不去,就说解聘刘子通和开除学生是"政府的命令",她无能为力。此时,其他学生包围了校长室,占领了电话室与传达室,切断了校内外的交通。徐全直拿出纸和笔,放在校长王式玉面前,让她写辞呈。王式玉气极,拿起笔在纸上画了一个"辞"字,扔下笔就走了。学生们一看校长写下"辞"字,高呼:"打倒王式玉!""打倒教育界的蟊贼!"又把开除学生的牌子摔在地上踩烂。

教育部得知这一情况后,又挂出了开除这7名学生的牌子。徐全直与夏之栩等人当即带领学生前往省教育厅请愿。要求收回开除学生的成命并罢免王式玉校长的职务。

教育厅唱了一出"空城计"。学生又摘下开除学生的牌子砸烂。

王式玉派几个老师出面做学生工作,劝她们不要再闹事。做徐全直工作的是徐全直班上的一位未婚女教师刘懿,刘老师平日对徐全直很好,常赠送纸笔与衣物给徐全直,王式玉特派她去做徐全直的工作。刘老师把徐全直请到家里,动之以情晓之以理地劝道:"你要好好读书,不要再闹事,这样下去你的前途堪危。"徐全直跟刘老师说："我不是为自己，起因是校方开除刘子通老师，我是为了伸张正义。"刘懿老师是一位豁达开放，有正义感的老师，也同情徐全直。

徐全直与杨子烈等人跑到街上游行、散发传单、发表演讲，向来往的群众诉说她们的遭遇，列举省立女师校方迫害进步学生的情况。

王式玉一看，事情闹得不可收拾，又采取了策略，减少打击范围，结合剪发事件重新做出开除学生的人数，将原来的7人减少为5人。5人中有徐全直与夏之栩。

同时，王式玉又以高薪聘请陈潭秋继续留校任教，以此分化瓦解他与学生的关系。陈潭秋看出王式玉的用心，回道："解聘刘子通老师，就是否定学生的正义要求，就是助力黑暗的、封建的旧礼教的统治，我不会被收买……"

这年的10月，徐全直与社会主义青年团团员、妇女读书会成员，在党组织的领导下，动员了省立女师的同学与部分教师准备第三次罢课，他们分了几个小组：请愿组、宣传组、护救组等，各司其职。武汉地区学生联合会得知情况后，号召武汉三镇中学以上的学校全体罢课，声援湖北女师和外国语学校。消息传来，徐全直与夏之栩她们受到极大鼓舞，立即整队出发，她们手持小旗，打出横幅，一路散发传单，直达省教育厅。学生们在教育厅门前，搭台演讲，诉说事件的原委，说完，口号声此起彼伏。

酝酿几次的罢课，这次终于开始了。

这边的陈潭秋动员学生及家长、市民送水送饭，捐款捐物，支持学生；通知其他学校的党团组织动员本校同学声援女师；联系有关报刊社对学潮进行报道，揭示学生罢课真相。一时学潮风起云涌，社会各界人士对学生的罢课给予理解与支持。在各方面的支持下，徐全直带领同学们在教育厅门口坚持了3天3夜的静坐抗议，坚决要求罢免女师校长王式玉，撤销开除5名学生的决定。

省教育厅在各方强大的压力下，终于派员谈判，最后，教育厅决定：免去王式玉省立女师校长职务；把被开除的5位学生转入武昌高等师范学校（以下简称：武昌高师）学习。徐全直不同意教育厅的方案，她说："学生转校无非是教育厅和学校不承认开除学生是一个错误的决定，武昌高师从不招收女生，不可能为我们破例开启'女禁'之门，即使武昌高师招收女生，我们想进武昌高师也要通过考试。我们不接受这个方案。"

这边的董必武、陈潭秋出面请武昌高师教育长李廉方、中华大学校长陈时、教授李汉俊、《大公报》负责人袁达三、武汉中学校长刘觉民等社会名流出面调解，教育厅重新下令：免除王式玉女师校长职务；废除若干过分限制学生自由的规章；徐全直、夏之栩等5名学生提前领取毕业证书，离开女师。

这次学潮是湖北妇女解放运动史上的一次壮举，给徐全直极大的鼓舞。

徐全直等人离校后，住到家在武昌的夏之栩家。夏之栩母亲夏娘娘是一位进步女性，此时与此后，她都为革命做了许多不为人知的事情。

她们5人虽然拿到了毕业证书，但无人敢录用她们，说她们是乱党。为了不荒废学业，中华大学校长陈时把徐全直等人请到自己家中开办实习班，请董必武、陈潭秋、李汉俊、黄少谷等13位老师给她们上课，直到这学年寒假。在此期间，她们组织了读书会，吸收了许多校内的同学学习革命理论，在这一次学潮中涌现出的一大批女性，如徐全直、夏之栩、丰俊英、陈慕兰、马玉香、周月华、钱瑛、戚元德、李文宜、袁溥之、袁震之等，后来都走上了革命的道路。

5

1923年2月4日，京汉铁路工人举行了大罢工，陈潭秋是组织者之一。

在筹备的过程中，中共武汉区委成立了有学生参加的讲演团，向广大工人和各界群众宣传罢工的目的和意义，争取社会的同情与支持。徐全直也投入这次罢工的准备工作中，为了声援罢工斗争，徐全直奔波武汉三镇，深入女工较多的武汉第四纱厂、南阳卷烟厂等厂区和宿舍，与女工交谈，做罢工前的动员工作，同时，串联传递信息，发送宣传单。

2月4日罢工开始后，徐全直率领一支女工队伍，参加在刘家庙召开的武汉人民声援京汉铁路罢工慰问大会，会后又参加了游行。7日晚，罢工领导人之一的施洋被军警逮捕，15日凌晨被押赴刑场枪决。20日，徐全直冒着被逮捕的危险参加了施洋的追悼会。震惊全国的二七惨案发生后，军阀当局公开悬赏缉拿陈潭秋、林育南等罢工领导人，陈潭秋的革命活动转入了地下。

经过省立女师学潮、京汉铁路工人大罢工斗争，徐全直得到了锻炼，经历了考验，真正成熟起来。1923年的严寒过去，春天到来的时候，由陈潭秋做介绍人，徐全直加入了中国共产党。

二七大罢工失败后，武汉三镇处于军阀统治下，为了陈潭秋的安全，党组织将陈潭秋转移到安源路矿工人俱乐部工作，与李立三、刘少奇一同从事安源工人运动和建党工作。党组织派徐全直随同陈潭秋一同前往。

此时，徐全直的父亲徐世安8年刑期已满出狱，身患多种疾病，徐全直的母亲和弟妹已从乡下来到武昌照顾徐父。一家人虽然遭遇磨难，但还是在武汉团聚了。此时，徐全直又要离开武汉前往江西安源路矿，心中有些不舍，出发前，在夏之栩等人的陪同下，徐全直回到家中看望了病榻上的父亲。次日，徐全直含泪向父母告别，与陈潭秋等人一起踏上了去安源的征途。

安源路矿，是萍乡煤矿和株萍铁路的合称。矿区于湘赣两省交界处的江西萍乡县的安源镇。萍乡煤矿是当时中国较大的矿业。1921年12月，中国劳动组合书记部派毛泽东、李立三等人从长沙到安源考察。考察后，李立三留下，在安源创办了工人补习学校，建立了社会主义青年团支部，李立三任书记。1922年的五一，安源路矿工人俱乐部又成立，成员达300多人，到了9月，成员就发展到700多人。1922年前后的安源路矿拥有工人13 000余人，此外，还有4000余失业人员聚居在这里。

一路上，陈潭秋给徐全直介绍安源路矿的情况。介绍完了，徐全直又问起了安源路矿的罢工情况。陈潭秋说："这是一次成功的罢工。一年前，李立三等人经过周密计划与充分准备之后，俱乐部于9月14日零时向全体工人发出罢工命令，同时向社会各界发表《罢工宣言》。长沙的《大公报》《通俗日报》，上海的《申报》《民国日报》，北京的《晨报》《时报》等陆续报道了安源罢工的消息。4天后的17日下午，路矿两局代表与俱乐部代表李立三谈判，经过激烈争辩谈判，于18日签订协定。罢工取得胜利。"

听了陈潭秋的介绍，徐全直渴望立即参加安源的工作。

到了安源，陈潭秋参加中共安源地委工作，分管宣传教育及青工团工作；徐全直担任路矿俱乐部教育股所属的职工子弟学校和工人补习学校的教员工作，同时也参与工运和青运的工作。

中国工人运动，自二七大罢工失败后，一直处在沉寂的阶段，但安源路矿是个例外，路矿工会打破一切障碍，发展很好，有"小莫斯科"之称。各种大的会议及示威运动，仍能继续公开地举行，如，纪念"五一"、纪念罢工胜利、纪念"二七"、纪念列宁、纪念十月革命等活动皆能公开举行。这一切都与李立三、陈潭秋、徐全直、刘少奇、何宝珍等人的努力有关。

此时，刘少奇与何宝珍夫妇也在安源路矿工作。我们的下一篇文章的主人公就是何宝珍，此处按下不表，且待后文详叙。

6

1924年，中共党组织将陈潭秋从安源调往武汉，任中共武昌地委书记，徐全直也随陈潭秋一起调回武昌，在陈潭秋的领导下从事妇女运动和工人运动。

从省立女师罢课到二七罢工，再到安源路矿，一路走来，徐全直与陈潭秋既是上下级的革命同志，也有着同志以外的感情。两人相差6岁，都是湖北人，一个是黄冈人，一个是汉川人，标准的老乡。对于徐全直来说，陈潭秋是老师，是革命领路人，是同志，特别是两人一起到安源工作的这段时间，徐全直对陈潭秋已从崇敬到爱慕；对于陈潭秋来说，徐全直正直、漂亮、进步、勇敢，几年的相处，有种超越同志的感情。回到武昌后，两人的这种微妙情感被董必武察觉，于是，董必武就做了两人的媒人，促成两人秦晋之好。

经党组织同意，1925年初，陈潭秋与徐全直在武昌举行了简朴的婚礼。他们的婚房设在高师附小的一间屋子里，在几件简单的家具中，有一件"家具"很特殊，就是一只存放衣服的大藤篮子。这只大篮子，即是家具又是工具，徐全直外出执行任务时就把衣服腾出来，有时在篮子里放入几件衣服，有时放一些蔬菜，衣服和蔬菜下面藏的是文件和宣传纸张。

图4-5 1925年,徐全直与陈潭秋在武昌高师附小从事革命活动时,结为革命伴侣,图为他们的居所

这是陈潭秋的第二段婚姻。陈潭秋在弱冠时，由母亲作主，与同乡林氏女子结婚，这位女子是黄州市回龙山林家大湾人，也是中共早期领导人林育南的堂妹。虽是父母包办，但伉俪甚笃。婚后，陈潭秋仍在武汉求学，林氏支持陈潭秋在外求学，陈潭秋每次回家总要带一些妻子喜欢的东西。不幸的是，第二年的冬天，林氏患肺结核，求医无效，于1917年冬病逝。陈潭秋悲痛之极。据一大代表、陈潭秋的同乡包惠僧回忆，陈潭秋为悼念亡妻写了不少文章，并带着文章在亡妻的坟茔上"哭读"。

多年来，陈潭秋一直未娶，直到遇到徐全直才有了再婚的念头。陈潭秋把为亡妻所写的文章给徐全直看，徐全直从丈夫的文字中看出，陈潭秋对亡妻的赞美和怀念之情，文字中也向亡妻倾诉他参加革命，愿意为革命献身的想法。徐全直读后，深为感动，感动于陈潭秋的情义。

婚后，徐全直更加忙碌了，一方面协助陈潭秋做好中共武昌地委的工作，另一方面从事妇女运动，她以教师的身份为掩护，深入武昌贫民区、工人宿舍访贫问苦，与女工交朋友，帮助她们组织工会、争取妇女权利。

五卅运动后，中共中央在向警予的建议下，号召各地建立"妇女解放协会"。徐全直立即响应，她集结了一批省立女师的老同学，由袁溥之、李文宜、兰淑文等人出面，很快就建立了武汉妇女协会。这个协会主要以工农劳动妇女为主体，团结各阶层妇女。武汉妇女协会成立后，又创办了《武汉妇女》旬刊，徐全直担任编辑并负责对外联络工作。紧接着，徐全直根据国民党湖北省第一次全省代表大会决议案，在武昌又成立了湖北省妇女协会。她用笔名"宛明"撰写了《妇女运动的派别和正确方针》刊登在《武汉妇女》第 6 期上。 文章中，她批评了社会上存在的名目繁多的妇女团体，这些团体不同程度地干扰阻碍了妇女运动的健康发展，为无产阶级的妇女运动指明了方向。

图 4-6 徐全直(左二)和家人的合影

在这忙忙碌碌中，徐全直怀孕了。 由于她整天奔波，妊娠反应厉害，身体虚弱，导致他们的第一个孩子早产，陈潭秋给这个早产的女儿取名慈君。 7 个月早产的女儿身体也很虚弱，徐全直无精力无时间顾及，将生病的女儿交给 9 岁的妹妹照顾。

7

1926 年 8 月，北伐军进驻长沙时，湖北党组织在陈潭秋的领导下，举办了北伐宣传训练班，发动各界人士支援北伐，策应北伐军攻取武昌；徐全直配合陈潭秋，起草、刻印宣传品，散发传单，张贴布告，组织一群妇女在袁穆家里制作青天白日旗。10月10日，北伐军攻占武昌城后，徐全直与妇女们制作的旗帜第一时间飘扬在武昌城楼上。徐全直还组织全市小学教师员工，去医院慰问和护理受伤的北伐将士，成立学生宣传队，深入工厂、农村、街头巷尾向广大民众宣传革命思想。

1927年1月，在国民党湖北省第四次代表大会上，徐全直被选为省党部监察委员。同年3月8日，湖北省妇女协会第一次全省妇女代表大会在武昌开幕，徐全直被选为大会主席团成员，并代表省妇协交际部向大会作了工作报告。会上，她当选为省妇协执行委员，兼交际部副主任。

正当徐全直带领妇女们投入国民革命运动，组织慰问和看护伤员时，国民党右派在上海制造了四一二反革命政变。妇女协会的工作重点立即转为声讨蒋介石及国民党右派的叛变革命上来。除了看护伤员和声讨蒋介石外，在陈潭秋的支持下，徐全直等人还举办了各类妇女训练班和补习学校，号召妇女剪发放足，反对封建包办婚姻，争取男女同工同酬。据1927年7月3日的汉口《民国日报》报道："湖北全省有六十一个县建立了妇女协会，参加妇协的妇女，共达三万四千八百多人。"

透过这些枯燥的数字，我们看到了徐全直与妇女协会其他人员的忙碌身影与工作热情。

但好景不长。

7月14日，武汉国民党中央政治委员会主席团召开秘密会议，接受了汪精卫提出的"分共"主张。7月15日，汪精卫正式召开"分共"会议，攻击共产国际和共产党有"破坏国民党的阴谋"。会议中，以汪精卫为首的武汉国民政府公然宣布与共产党决裂，随后,"分共"政策变成了公开实行的武力清党,并提出"宁可枉杀千人,不使一人漏网"的口号。几日后,又下达了一份通缉名单。陈潭秋在武汉待不下去了,中共党组织指示他立即离开湖北。于是,徐全直随陈潭秋离开了湖北,开启了他们全国各地秘密工作的征程。

他们的第一站是江西南昌。

8

几天后的7月21日,陈潭秋出任刚刚成立的中共江西省委书记,徐全直担任中共江西省委妇女部部长兼省委秘书、江西省团委委员。当时,省委设在一个小酱园坊徐姓夫妇家里,徐家儿子儿媳都是中共党员。陈潭秋化名徐国栋,扮成徐家的家属,秘密从事党的地下工作。八七会议后,党中央要求各地党组织尽快将会议决议翻印传达到基层党员中,并组织基层党员讨论。徐全直与同住省委机关的同志们忙开了,他们买来许多线装书,用笔蘸米汤将会议决议的内容写在每页背面的空行里,然后由通讯员送往赣东北、赣西南特委、井冈山前委及各县县委。

1928年的春天,当迎春花开满江南时,徐全直随陈潭秋由江西省来到江苏省工作。当时江苏省委设在上海,陈潭秋任江苏省委组织部部长,徐全直在省委妇女部工作。

不久,他们又奉命调到中共中央组织部工作,还是在上海,当时,他们住在上海北四川路,组织部机关设在张文秋的家里,陈潭秋到"组织部"上班,都要经过一番化装才出门前往张文秋的家里工作。

这年的6月，陈潭秋接到党中央的通知，作为中央巡视员，出巡顺直省。当时的顺直包括北平和河北，为了掩护丈夫工作，徐全直准备带着孩子与陈潭秋一同前往顺直省委。

这月的28日，陈潭秋徐全直夫妇带着孩子上了停泊在上海黄浦江上的一艘海轮，第二天到达天津后，在租界找了一家旅馆。徐全直与孩子在旅馆等候，陈潭秋按事先确定好的联络方式和暗号去接头点接头。当时，国民党特务在津京一带对共产党严密控制，一旦被怀疑是共产党，即遭逮捕。所以，陈潭秋特别谨慎，在天津街头巷尾转悠了几天，确保无人跟踪，才在7月7日这天，与顺直省委接上了关系。两天后，陈潭秋参加了顺直省委的常委会议，听取了顺直省委的党务工作报告，传达了中央指示。11月，陈潭秋向中共中央写了巡视顺直的第一个报告《关于顺直党现状的报告》，陈潭秋写好后，担任秘书工作的徐全直连夜抄写，使党中央及时了解了顺直的情况。

在陈潭秋与徐全直到达顺直的3个多月前，也就是1928年的初春，刘少奇与何宝珍先行到达了天津，刘少奇是作为中央委员来顺直指导省委工作的。自安源路矿后，两对夫妇又在天津见面并共同工作了。

徐全直随陈潭秋在顺直一待就是一年多。

1929年秋天，陈潭秋与徐全直又被党中央调回上海。徐全直在中共中央机关做交通联络工作。交通联络工作是一项非常危险的工作，所以，徐全直经常化装成各种身份的女人出没在党组织的各个秘密联络点，传递党的重要文件和指示，有时也运送钱物等。不久，徐全直又被调到中央组织部工作，此时，组织部部长是周恩来，陈潭秋任秘书。

第二年，中共满洲省委遭到系统性的破坏。8月，陈潭秋被派往东北，任满洲省委书记，任务是改组与重建满洲省委。徐全直照旧与丈夫一起前往东北，她带着2岁多的儿子车马劳顿，一路来到东北，任省委秘书。

在书记陈潭秋与秘书徐全直等人的日夜奋斗下，只用了两个多月时间，就使遭到严重破坏的奉天市委、北满特委和延吉、盘石、柳河、清原县委及抚顺、大连、台安、长春特支等10多个地方的党组织恢复起来了。不仅如此，还新建了40多个地方党组织，党团员由原来的几十人增加到2000多人，并有15 000余名工农群众参加了中共领导的各种革命团体。

成绩与危险并存。

1930年底，陈潭秋在北满的一个公寓开会时被前来巡查的警察逮捕，关押在哈尔滨市警察厅，后转移到中东路护路司令部道外监狱。与陈潭秋同时被捕的还有其他6位同志。

这边的徐全直为丈夫的安危忧心忡忡，食不甘味，夜不能寐，带着孩子等待着党组织的营救。

因为是偶然巡查，只是被警察发现少量的文件，所以，陈潭秋断定敌人一定不知道他们是中共党组织在开特委会。陈潭秋他们编造了统一口供，敌人怎么审讯拷打，他们一口咬定大家是在集会。最后，敌人以非法集会，判处陈潭秋4年徒刑。

多年以后，当时不满3岁的陈鹄回忆："天色已晚，在一个大大的空旷的房子，像是一个废弃的仓库里，屋角有一张方桌和几只方凳，母亲点燃一支蜡烛，用煤油炉做饭，蒸了一碗蛋羹，摆在桌上。我在凳子上，手里拿着勺，在蛋羹上'画格子'，不小心打翻了蛋粪,扣在手背上,烫起两个大泡,疼得号啕大哭。现在想来,母亲当时的心情充满焦虑、痛苦、无助,我还要添乱,真是太残酷了!"

党组织一边在营救陈潭秋等人出狱,一边调徐全直回上海。

9

1931年的春天,徐全直回到了上海,任中共江苏省委机关交通员,住在江子鳞的家里。

徐全直回到上海不久,顾顺章叛变了,中共中央机关受到了严重威胁。周恩来找到徐全直,对她说:"党组织要交给你一项重要任务,派你和戚元德两人,到一位已被捕的同志原住处,取回中央组织部的一份机密文件。"周恩来还特别强调:"文件放在一张办公桌抽屉的夹缝里,是一份很重要的文件,此文件如果落到敌人手上,好多同志的生命将要受到威胁,希望你和元德同志配合好一起完成这个任务。"

周恩来说的这个地方原住着一对夫妻,他们以经商为掩护从事党的地下工作。一天,丈夫与一伙批发商谈生意,在回家的路上被当成经济犯抓走。傍晚,妻子回到家,没见丈夫按规定的时间回来,感觉可能出事了,在家焦急地又等了几个小时,仍不见丈夫回家,就在窗户上挂出了危险的信号。慌乱紧张中,妻子忘记处理藏在办公桌抽屉里的文件,也没有与房东打招呼就逃离了。两口子突然失踪,房东不知道发生了什么事,就报了警。警察正在抓"共党",于是,派便衣蹲守监视。

在这样的情况下,徐全直与戚元德怎么才能取得那份机密文件呢？这是一个传奇故事。

戚元德是徐全直的省立女师校友，是陈潭秋与徐全直把她带进了革命阵营，后来与党内秘密交通创建人吴德峰结为革命伴侣，此刻也在上海从事党的地下工作。

徐全直和戚元德按周恩来的指示立即行动。

她俩先在被捕人住房附近转悠了两天，观察清楚了周边的环境，以及住房与房东的情况。这是一幢两层小洋房，楼上是出租的，机密文件就藏在二楼的出租房里。此刻，这间出租房里已经住进两名国民党特务，他们正守株待兔，等着上门接头的"共党"。房东家有一个女佣，女佣每天清晨会去菜场买菜，两名特务就在女佣买菜回来后出门吃早饭，时间一般是半个小时左右。

情况摸准后，两人回到住处商量对策。你一言我一语，如此这般这般，一个晚上，她俩就定下了行动方案。

第二天清晨，女佣照旧挎着竹篮子前往菜场买菜，半路上遇"阔太太"戚元德，戚元德上来跟女佣搭讪："请问这位大姐，你们这儿有房子租吗？我是外地人，刚来上海，想在这附近租几间房子。"女佣一听戚元德的口音，立即站住了，热情地回道："听你的口音，你是湖北人吧，我们是老乡哎，我也刚来这里不久，是帮人家的。你要租房子啊，我东家家里倒是有房子租的，你要什么条件？"戚元德高兴地说："哎呀，他乡遇故乡人，真是亲切。我也没什么条件，我与姐姐两人一人一间，最好是楼上。"女佣说："真是太巧了，我东家刚刚空出二楼的几间房子，你们可以租的。原租的夫妻俩开溜了，房子倒是空着，只是现在不方便，有两个便衣住在里面。估计过两天就会走吧。"戚元德说："哎呀，大姐，谢谢你告诉我这个情况，我能不能先看看这几间房子，如果看中，我就不再去别的地方了。"女佣说："现在不能看的，里面一直有人。"戚元德从包里掏出一张钞票，一边往女佣手上塞一边说："老乡姐姐，你帮我想想办法嘛，我就看一眼，如果可以，我先住两天旅馆，回头再来租的。"女佣捏着钞票满脸堆笑地说："这样也好哎，但今天不行，明天，这个时候你再来，趁那两个赤佬去吃早饭时，我带你去看一眼。"戚元德一个劲儿地说着："谢谢大姐，谢谢大姐！""明天这个时候我还在这里等你哦，等我们做了邻居，还得麻烦你多照顾哦。"

一宿无话。

第二天清早，徐全直与戚元德两个"阔太太"坐着人力车来到这处房子附近。下车后，徐全直走到这所房子的附近去观察，戚元德去了昨天那个地方等女佣。等了一会儿，女佣挎着竹篮子远远走来了。走近了，她跟戚元德说："你等一下，我去买了菜就回来带你去看房子。"

女佣买回了菜，说先上楼看看再来喊她。一切就像安排好的，女佣一回去，两位便衣就下楼了，徐全直看见两人拐进了一个小巷子，立即向戚元德走去。

女佣带着她俩从后门上了楼，她俩先进了那间有办公桌的房间，左看右看，然后，徐全直拖着女佣到另一间去看，徐全直拉着女佣的手，热情地说："在这大上海竟然能遇到家乡人，我妹妹说你人特别好，你看，我们真的有缘，这房子很好，太合我们的意了，等我们住进来一定不会亏待你的。"这边一个劲儿地说，那边戚元德直奔办公桌的夹层缝隙，手到功成。

这边女佣对徐全直说："合适就好，等两个赤佬一走你们就过来。这会儿不能久谈，一会儿赤佬就回来了。"女佣的话音刚落，戚元德就过来了，拉着徐全直的手说："姐姐，我很满意这两间房，等人一走，我们就搬过来。"

那边的周恩来正替她俩捏一把汗时，这份机密文件就送到了他的手上，周恩来如释重负。

戚元德去中央苏区前，送走了孩子回到江子麟家，遇徐全直。徐全直从东北回到上海带着女儿徐慈君、儿子陈鹄住在江子麟家。

两人见面，拉着对方的手激动不已。同生死共患难的两姐妹就要分开，心中不舍。几天后，戚元德化装成女工离开上海前往苏区，徐全直带着儿子陈鹄送她，走在街上，看见一家照相馆，两人都想拍个照留个纪念，遂走进去，留下了两人与陈鹄的合影。这张89年前的黑白照现陈展在雨花台烈士纪念馆。徐全直身穿中袖旗

图4-7 徐全直(中)在上海与地下党戚元德和长子陈鹄(右)的合影

袍，站着一手牵着儿子，一手搂着坐着的戚元德。这是她俩最后一次见面，这张照片也成了绝照。

10

1932年的初夏，日军占领了满洲大部分，奉系军阀一片混乱，也无心思顾及监狱中的"犯人"。满洲省委趁机营救陈潭秋他们，不久，陈潭秋等被捕人员全部出狱。7月，陈潭秋从东北回到上海。夫妻劫后重逢，除了感慨就是感谢党组织的营救，彼此叙说分别后的情况。党中央让陈潭秋休息一段时间调养一下身体，但陈潭秋一再请求组织给他安排工作。中央遂派他到中共江苏省委，任省委秘书长。此时，徐全直任中共江苏省委机关交通员。当时，江苏省委机关驻地在上海大连湾的一栋房子里。陈潭秋调来后，夫妻二人带着两个孩子住在楼上。

1933年初，中共临时中央从上海迁往江西苏区。按中央的部署，陈潭秋与徐全直夫妇也随中央一起前往江西苏区。两人接到通知后，按捺不住激动心情。他们在国统区整日小心翼翼、提心吊胆地工作，加上陈潭秋又经历了一次牢狱之灾，对苏区就更加心向往之，现在终于要去苏区了，这夫妻二人怎么能不激动。但是，徐全直此时正处于临产期，身边还有女儿徐慈君、儿子陈鹄。此去路途遥远，爬山涉水，徐全直挺着大肚子多有不便，如果途中临产，更有生命危险。夫妻二人遂商量，将两个孩子送往外婆家，陈潭秋先行去中央苏区，待徐全直生完孩子后再去苏区与陈潭秋会合。至于新生儿，陈潭秋认为，徐全直抱着新生儿翻山越岭去苏区是不现实的,他有个建议,就是把婴儿托付给自己的两个哥哥。徐全直认为丈夫说得有道理就同意了。离开上海之前,陈潭秋给两个哥哥写了一封信。如今,我们仍能看到这封信的内容,让我们来看看陈潭秋写于1933年2月22日这封信的内容:

三哥、六哥:

　　流落了七八年的我,今天还能和你们通信,总算是万幸了。诸兄的情况我间接的知道一点,可是知道有什么用呢!老母去世的消息,我也早已听得,也不怎样哀伤,反可怜老人去世迟了几年,如果早几年免受许多苦难呵!

　　我始终是萍踪浪迹、行止不定的人,几年来为生活南北奔驰,今天不知明天在哪里。这样的生活,小孩子终成大累,所以决心将两个孩子送托外家抚养去了。两孩都活泼可爱,直妹本不舍离开他们,但又没有办法。直妹连年孕产、乳哺,也受累够了,十九年曾小产了一男孩,二十年又产一男孩,养到八个月又夭折了。现在又快要生产了。这次生产以后,我们也决定不养,准备送托人,不知六嫂添过孩子没有?如没有的话,是不是能接回去养?

　　再者我们希望诸兄及侄辈如有机会到武汉的话,可以不时去看望两个可怜的孩子,虽然外家对他们痛爱无以复加,可是童年就远离父母终究是不幸啊!外家人口也重,经济也不充裕,又以两孩相累,我们殊感不安,所以希望两兄能不时的帮助一点布匹给两孩做单夹衣服。我们这种无情的请求望两兄能允许。

　　家中情形请写信告我。八娘子及孩子们生活情况怎样? 诸兄嫂侄辈情形如何? 明格听说已搬回乡了,生活当然也很困苦的,但现在生活困苦,决不是一人一家的问题,已经成为最大多数人类的问题(除极少数人以外)了。(我的状况可问徐家三妹。)

弟澄上
二月二十二日

从这封信中我们可以看出陈潭秋与徐全直生活的窘迫与困苦。

安排好了一切,陈潭秋心里稍稍宽慰了些,起码几个孩子有了安顿。1933年初夏的一个雨夜,陈潭秋和谢觉哉装扮成商人,来到黄浦江码头,他们将从这里乘船,取道广东汕头,前往中央苏区。上船前,徐全直与陈潭秋船头惜别,妻子千叮万嘱丈夫,一路多加小心;陈潭秋也是千叮万嘱徐全直,临近生娃,一要注意身体二要小心特务。徐全直让丈夫放心,生完孩子即前往苏区,与丈夫团圆。陈潭秋要上船了,最后对妻子说:"我在苏区等着你的到来。"

陈潭秋没能等到妻子。

陈潭秋的离别,徐全直万般思念与担心。在那个特殊年代,徐全直知道,夫妻一旦分别就意味着分离,但徐全直正在待产,只能在心中祝福丈夫一路平安。

陈潭秋离开上海不久,徐全直在医院产下了他们的第三个孩子。儿子生下后,徐全直没有回到原居住地,而是带着婴儿住到了同乡潘恰如的家里。由于思夫心切,孩子刚一满月,她就将儿子托付给潘家照看,同时写信通知她的三妹到上海来接孩子,把孩子交给在黄冈农村的哥嫂抚养。后来,他们的这个小儿子由陈潭秋的六哥六嫂抚养长大,退休前是南开大学历史学院的教授。他在入学时给自己取了个名"陈志远"。

多年后,陈志远在接受记者采访时说:"年轻时,我很少提及父亲母亲,感情上受不了。那时只要电台里播革命烈士回忆录,我就哭。一边听,一边抹泪。后来,年龄越来越大,感情慢慢平静下来,可以面对父母的英年早逝……"说着,陈志远泣不成声。"母亲如果不是因为怀了我,就会与父亲奔赴苏区,也不会留在上海被捕……而父亲,也未曾来得及照料临产的妻子、看一眼即将出生的孩子,就匆匆上路……父亲曾在给伯伯们的信中写道:'我始终是萍踪浪迹、行止不定的人,几年来为生活南北奔驰,今天不知明天在哪里……'他背负着这个国家、民族自由的希望。"

11

1933年6月的一天上午,徐全直心情非常好,她就要去苏区与丈夫会合,又能继续为党工作了。按约定,徐全直来到厦门路56号党的秘密联络点办理去苏区的手续。徐全直哪里知道,因叛徒告密,这处联络点已经暴露,就在前一天晚上被敌人破坏,几个便衣特务正蹲守在这座房子的周围,等待着其他党的地下人员前来。当徐全直走近这座楼的门口时,发觉几个男人在门口转悠,徐全直非常警觉,心里一声"坏了!"转身向右边走去,但已经晚了,埋伏在那里的国民党特务一拥而上。

徐全直被捕了。

便衣特务将徐全直交给了警察,警察带着她到一个空地和其他被捕人员一个一个地拍了照。拍完照,警察带着徐全直来到候审室,也是一个一个地过堂审讯,轮到徐全直时,已是深夜。审讯人员照例一条一条地审问:

　　审讯员:姓名?
　　徐全直:黄世英。
　　审讯员:年龄?
　　徐全直:30岁。
　　审讯员:籍贯?
　　徐全直:湖北。
　　审讯员:湖北为什么到上海来?做什么事情的?
　　徐全直:丈夫病故,生活无着,就从汉口到上海来,本来想谋个小学教员,没成,就做了姨娘。

　　审讯人员例行公事,搜查徐全直的全身及手提包,结果在她的包里搜到了一张前往苏区的船票。
　　这下审讯员的态度变了,变得很恶劣,举着船票走到徐全直的面前,恶狠狠地问徐全直:"这是什么意思?"
　　徐全直回答:"刚才在路上捡的,准备送到警察局的,还没来得及,就被你们抓来了。"
　　审讯员说:"你的话有人相信吗?送你到南京,你就说实话了。"
　　作为重要嫌疑犯,徐全直同一批政治犯被带上了去首都南京的火车。
　　一下火车,徐全直等人即被押解到宪兵司令部看守所。

宪兵司令部地处城南夫子庙附近，离雨花台也不远。原来的看守所仅能容纳数十人，后来抓的人越来越多，原有的老监房不够用了，在徐全直被捕的前一年刚刚扩建。新的看守所分别设立甲乙丙三所，可容纳200人左右。甲所是双人间，关押的是身份比较高的人，还有共产党的叛徒和自首人员也关在这里；待遇要比乙丙所好，每人每月伙食费是12元，还可以接见家属，看书阅报，每天可以放风上下午两次，每次30分钟。乙与丙两所关押的是一般犯人，待遇较差，每月每人囚粮费只有甲所的三分之一多点。对于尚未判决的轻微犯人，可以帮清洁夫打扫所内卫生，洗涤在押人员被褥衣物、送茶送饭等，比较自由些。能享受这种待遇的一般都是那些思想不坚定、有叛变行为的人。有人曾描写过当时看守所的情形：一进门就是一个不大的天井，两排牢房前后排着，其中女牢占两间，一间在前排，一间在后排。前面的一间和门口靠近，在窗口可以看见离门外几米远站着的宪兵。这间牢房的窗子还和看守所所长办公室的窗口对着，办公室的窗总有窗帘遮着。因为看守所里还关押着一些刑事犯，每天都有送犯人、提犯人过堂的事，更有国民党中央党部的人和叛徒在这里进进出出，这些人多半是为劝男女政治犯自首而来的。小小的天井，人来人往每日不断。在看守所办公室的人如果说话声音大了，在这个牢房也能听见。看守所的人员不多，只有一个所长、一个文书和几个看守，其中女看守二名。

徐全直被关进了丙所的一间普通牢房。这间牢房关押着十几名女犯人。徐全直被带进丙所，回忆了被捕前后的情况，分析了自己的处境：自己并不是被叛徒出卖的，是偶然被捕的，那就可以断定敌人并不知道自己的真实身份，自己一定要冷静，沉着应战，一口咬定自己是黄世英，小学教员。

吃第一顿牢饭时，一个难友问她："你贵姓，干什么的，犯了什么罪？"徐全直心里想，就从这里开始训练，于是答道：我叫黄世英，是教书的，我也不知道他们为什么抓我来这里。在狱里，徐全直思念丈夫陈潭秋，不知他在苏区怎么样了；想念她的三个孩子，特别是刚刚出生的小儿子，也不知道他在哥哥家怎么样了；记挂着她的父母，两老还好吗，知道女儿被捕了吗，如果知道不知他们有多担心。

徐全直的母亲已经知道女儿被捕，被关在南京的监狱中。父母焦急万分，日夜担心着女儿的安危。一家人都在找关系求人搭救徐全直。一日，母亲突然想起徐全直父亲的革命朋友范汉民，就是范一侠，在南京市政府任职，也与当时浙江省主席张难先是好友。于是，她让儿子徐全俭带着徐全直的一些衣物前往南京，一方面请求范汉民出面营救；另一方面去监狱探望徐全直。范汉民一听老朋友女儿有难，也替老友着急，决定先打听情况再设法营救。经过几天的打听，查明徐全直关押在道署街的宪兵司令部看守所。范汉民托关系想与徐全俭一起去探监。但被告知，徐全直的案情待决，不能接见。他让徐全俭把徐全直的衣物留下，先回武汉，待他找人设法保释。

徐全俭走后，范汉民亲自到上海，在宁沪两地活动，又找张难先，请他出面搭救徐全直，张难先答应帮忙。经张难先的一番活动后，国民党的一位高官答应，先将徐全直判为"共党"嫌疑，由张难先保释到浙江，浙江是张难先的地盘，再由浙江转到湖北反省院，办个手续就可以出来了。当然，也要有条件，就是徐全直要在"反省书"上签字，今后不当"共党"。

监狱人员把这个情况转告徐全直,谁知徐全直一口回绝了。在她的思想中,签字"不当共党",哪怕是权宜之计也意味着背叛党组织。1934年,范汉民回武汉见到徐全直的母亲,他告诉她:"你的女儿在狱里,态度坚决,宁愿杀头,决不反省。谁也救不了她。"

徐全直拒绝反省后,被审讯过几次,审讯就意味着动刑,可她不改她的供词:"我叫黄世英,是一个教书的,你们为什么要抓我?"

法官确实无法弄清她的真实身份,就将徐全直判了8年徒刑,就在南京国民党宪兵司令部监狱服刑。

新中国成立后,徐全直的省立女师同学、时任国家轻工业部副部长的夏之栩回忆:"那年我与徐全直分别以后,没有什么往来,到了1932年我突然在上海的街头碰见徐全直,才知道她也到上海来工作了,但我们没有工作关系,根据地下工作的原则,互相不能打听对方在上海的工作。1933年2月我在上海被捕,解到南京,6月在南京宪兵司令部看守所竟然见到了徐全直,知道徐全直也被捕了。7月我被判决后送老虎桥模范监狱执行,徐全直没有再到老虎桥,后来,我在老虎桥听说,徐全直在宪兵司令部看守所,不知做了什么活动被敌人发现,判了死刑。"

徐全直已经判了徒刑,为什么又改判死刑的呢?她到底做了什么事,让敌人如此丧心病狂?

12

徐全直被判刑后,不像其他女犯被送到老虎桥模范监狱服刑,她就在宪兵司令部监狱服刑。这个牢房条件很差,一个牢房住有20多人,人挤人没法活动,小小的窗口是用来监视她们的。夏天最难受,闷热的天气加上屋里的汗臭味与马桶的粪便味混在一起,让她们难以呼吸。

伙食方面,监狱里规定政治犯每月的伙食费4元5角,比刑事犯多1元5角,可实际上和刑事犯吃的是一样的食物。徐全直见狱中的看守经常无故地毒打难友,还在霉米中掺砂子,十分气愤,便组织难友开展绝食斗争,要求狱方不能随便打人骂人,不要往米里掺砂子,不准克扣伙食费,要改善生活。难友们积极响应徐全直,她们决心以死与敌人斗争到底,不答应她们的要求绝不复食。

绝食开始了。

一天,两天,三天,越来越多的人躺在地上不能动了,四天,五天,有的人开始吐绿水和黄水了。狱长慌了,亲自跑来劝她们进食,看守们把盛好的饭菜放在每人的床前,徐全直用微弱的声音对监狱长说:"狱方不答应我们的要求,我们绝不复食。"

有人已经昏迷了,监狱当局更加恐慌了,找来医生抢救,最终,答应了她们的要求。

她们取得了胜利,生活待遇有所改善,每月10号一碗猪肉汤,20号一碗牛肉汤,30号两个鸡蛋。并允许外面亲友送食物和书刊,放风的时间由过去的15分钟改为30分钟。

监狱当局虽然同意了大家的要求，但心里十分恼火。调查这次绝食斗争是谁的主意？又是谁在后面指挥？查清了，"黄世英"是重要的组织者之一。

监狱当局感觉出，"黄世英"这个犯人不好对付，根本不像一个小学教员，怎么看怎么像"共党"。于是，提审她，一次，两次，甚至严刑拷打，狱方都失败了。只有"共党"才会这样，于是，狱方将她的8年徒刑改为15年徒刑。

8年也是坐，15年也是坐，徐全直"愿把这牢底坐穿"。

但情况又有变化。我们来看看徐全直在监狱做的几件事。

徐全直很有同情心，一天，她看见一个同狱难友缺少换洗衣服，就将自己的衣服送给她穿，后来，她得知这个女人已叛变，向狱方供出党组织的秘密，徐全直很愤怒，向这个女叛徒索回衣服，并和她断绝了一切往来；徐全直经常利用放风、洗衣服、刷马桶的机会，与周边的难友们联系，了解情况，一天，她正在刷马桶，有位难友丢了一张纸条在她的脚边，她马上拾起来塞进鞋里，回到牢房，趁没人时，她将纸条从鞋里拿出，打开一看，是组织传来的消息，告诉她同牢房里的严年年可能已经叛变，提醒她注意。徐全直开始发动狱友孤立严年年，难友们对严年年冷嘲热讽，有时还指桑骂槐。严年年自感没趣，搬出了徐全直她们的牢房，彻底成了敌人的走狗。

徐全直面对敌人的残暴坚强乐观，仍然继续组织难友们学习，传播革命真理，带头高唱革命歌曲。几天后，从北京押来10多个女政治犯，其中有几个意志消沉，徐全直讲烈士故事给她们听，那天晚上，徐全直带领她们唱了一首不知是谁创作的歌曲：

囚徒、囚徒、时代的囚徒，

我们不犯罪，

从那火线上捕来。

铁窗和镣铐，

锁得住我们的身体，

锁不住我们的精神！

囚徒、囚徒、时代的囚徒，

我们不犯罪，

从那火线上捕来。

黄饭和苦菜，

瘦尽了我们的肉，

瘦不尽我们的骨！

对待女政治犯，狱方的政策是朝令夕改。刚刚同意政治犯可以接受监外送东西，不久就改变，又不被允许了。为此，徐全直带领大家又一次绝食了。四天之后，监狱长只好同意外面向牢内送食物的要求。

绝食又一次胜利了。但这一次他们不会再放过徐全直了。监方以"拒绝坦白自新、侮谩公职人员，妨碍他人自新，品性恶劣，不可理喻"等罪名，改判徐全直死刑。

1934年2月1日，虽然临近立春，但南京的严寒还是让人战栗，尤其是夜晚。在这个寒冷的夜晚徐全直被押往雨花台。

荒凉的雨花台，寒风吹过野树林时发出低沉的呜咽声。徐全直跌跌撞撞地走在坑坑洼洼的小路上。我们不知道她此时想着什么,或许想着在苏区的丈夫,或许想着在老家的儿女……

徐全直牺牲后,范汉民和张难先的女儿出面,买了棺材,将她的遗体埋葬在南京水西门外,并立了一碑,墓碑上刻有:"古复徐全直女士之墓。"古复即湖北沔阳。之后,张难先写了一封信给徐全直的母亲,信中称徐全直:"此女太刚烈,无力挽救,殊堪悲痛。"

徐全直本可以不死,不用去反省院反省,也就8年徒刑。可她嫉恶如仇,痛恨国民党的专制、腐败、少数人豪富多数人贫穷,如陈潭秋给六哥的信中言"现在生活困苦,决不是一人一家的问题,已经成为最大多数人类的问题(除极少数人以外)了"。所以,徐全直即使在狱中,也要与暴卒猛斗,宁为玉碎,不为瓦全。

13

再来说说在苏区的陈潭秋。

陈潭秋离开徐全直到达苏区后,先任福建省委书记,后在1934年的1月的中华苏维埃共和国第二次代表大会上,被选为中央执行委员和中央政府粮食委员,用现在的话说就是粮食部长。在当时反"围剿"的艰难岁月里,粮食非常重要,陈潭秋不遗余力地筹备军粮,保证部队供应。

一次,陈潭秋受伤,被安排在江西瑞金中央苏区的一位老乡家里养伤。那天,交通员来了,在汇报完工作后,又给陈潭秋报告了一件事:"您的妻子徐全直在南京雨花台牺牲了。"听了这句话,陈潭秋一下子愣在那里,瞬间泪水从眼中溢出,哽咽地自语道:

"想不到黄浦江边匆匆一别，竟再也见不到了。""直妹，你不是说要来苏区会合的吗？你不是让我在苏区等着你吗？你怎么去了雨花台！不打倒国民党反动派，怎么对得起你……"

说完，这位中共一大代表揩去眼泪，脸上挤出一丝笑容说："好，死得有价值，她是党的好女儿……"

正在这时，有一队挑粮的人走到门前，把粮食放在门口。陈潭秋突然从长凳上站了起来，奔跑出门，没有一句话，挑起一担粮食就走。交通员与其他同志看着还在养伤的陈潭秋挑粮食，上前劝阻。可陈潭秋非要挑着粮食，一边走一边说："我恨敌人，我要多做工作。"

我们知道，此刻陈潭秋的心里是多么的痛，他不能安静，只能拼命工作才能冲淡他心中的苦楚。新中国成立后，全国政协常委、张闻天夫人刘英在回忆陈潭秋的文章中写道："记得他还对我们讲过，他爱人徐全直在南京牺牲了。讲时他心情十分沉痛，但很坚强，把仇恨化作了革命的动力。"

1934年红军长征后，陈潭秋留下来任中央分局委员，后被派往苏联入列宁学院研究班学习，并参加中共驻共产国际代表团的工作。1939年夏天，陈潭秋奉命回国任中共驻新疆代表和八路军驻新疆办事处负责人。在这里，陈潭秋与新疆八路军办事处机要秘书兼译电员王韵雪相识，1942年初，两人结婚。

1942年9月17日，新疆军阀盛世才派特务包围了中共人员的驻地，特务们声称盛督办请陈潭秋、毛泽民等5名主要干部去谈话。当时新疆流传一句话："天不怕，地不怕，就怕盛督办请谈话。""请谈话"是盛世才逮捕人的惯用手法，陈潭秋知道，这一去恐怕再也回不来了。于是，陈潭秋利用上厕所的机会，把一个小记事本交给自己的助手,并交待:"我可能要被捕了,你赶快办两件事,第一,把这个本子立即交给刘平(张子意),告诉他,我走后由他负责开展工作;第二,你马上设法把这里的情况报告给苏联驻迪化总领事馆。"陈潭秋的判断是准确的,他被软禁了。

1943年2月,陈潭秋被盛世才投入了监狱,从仅存的几次"审讯"记录看,敌人的目的有两个:一是逼迫陈潭秋承认中共在新疆要搞"阴谋暴动";二是逼迫陈潭秋诋毁、诬陷苏联,表态反对苏联。敌人对他施以酷刑,陈潭秋的脚底板烂了,浑身上下都是伤,但他始终没有屈服。狱警无奈,报告给盛世才,盛世才让人临时拉了根电话线,亲自打电话劝降陈潭秋,陈潭秋趁机对盛世才晓以大义,指出盛世才走上了完全错误而且十分危险的道路,希望他迷途知返。盛世才冥顽不化,哪里会听陈潭秋的劝告。就在这年的9月27日,陈潭秋、毛泽民、林基路等人被盛世才秘密杀害。

此时,徐全直牺牲已经十年了。

何宝珍：悲情母亲的激情岁月

1

湖南长沙城郊有一处叫清水塘的地方。门牌22号的那处房子是一座灰色外墙的小院儿，院儿内是木板小平房，大大小小房间有七八间。小平房旁边有几间农舍，周边是菜畦、池塘、瓜棚，还有通向外面世界的弯曲小径。菜畦南面有两口清浊分明的水塘，上塘水浊，下塘水清。夏秋时节，瓜果满园，绿荫掩映，外面来人，不知蔓延的瓜果藤中还有神秘人家与神秘人物。

图4-8 何宝珍

这是毛泽东的居住地。

这处房子是1921年10月租下来的，每月房租六块大洋，由易礼容的文化书社出资。第二年的秋天，清水塘的瓜棚下硕果累累，很远就能闻到瓜果的清香。傍晚时分，两位女学生循着清香边走边说，一路走来，走近清水塘22号时，杨开慧听见动静，走出小院儿迎接她俩。两人一个是何宝珍（又名何葆贞、何葆珍等），另一个是朱舜华，特来长沙投奔毛泽东。

何宝珍见到毛泽东，开口就说："毛先生，我见过您，今年的春天，您到衡阳，在湘南学联讲演《马克思生平及其艰苦斗争简史》时，我与朱舜华作为三女师代表前往聆听您的报告。我还清楚地记得，您要求我们深入群众，团结群众，了解群众，帮助群众进步。放下读书人的架子，脱掉长衫，到劳苦群众中去，到农村去，到水口山去。您说，革命不是靠几个人就够了，而是靠培养更多的先进分子参加到我们的队伍中来。"

毛泽东哈哈大笑，用带有浓重的乡音说："你记得很清楚哦，你真是个有心人。"何宝珍说："我还记得您后来在三师作报告时的情形呢。记得那次会场挤满了人，我们个子矮，只得找了条凳子放在后面，我们站在凳子上才能看到您呢。那天从傍晚开始听，一直到天黑才散了。我还记得，您在台上讲了五一、五四和十月革命的伟大意义，号召我们学习马克思、列宁主义、学习苏联。还讲了科学社会主义和政治经济学方面的内容。这是我第一次听到这样的内容，听得我腿脚都站麻木了还不知道。"

毛泽东又一次哈哈大笑。

毛泽东在与易礼容商议后，安排她们住进了清水塘后面的一间小屋，也就是易礼容房间后面的那个小房间。

几个月前的1922年5月，毛泽东和何叔衡在中共湖南支部基础上，建立了中共湘区委员会，毛泽东任书记，委员是何叔衡、易礼容、李立三等人，区委机关就设在清水塘22号。这里除了毛泽东与杨开慧夫妇外，还有杨开慧的母亲向振熙。杨母自杨父杨昌济离世后，一直住在板仓，一年来几趟长沙看望女儿女婿。在清水塘住下后，杨开慧与毛泽东商量后就把母亲接到长沙一起住了。

几天后，毛泽东把何宝珍喊到他的办公室，开门见山地说："听说你在'湘南学联'做了很多事情，表现很好，现在你被学校开除了，也不能没有书读啊，我打算让你们去自修大学读书，学费全免，你看怎么样？"何宝珍看着兄长般的毛泽东，开心地说："这几天我正在想着继续学业呢，那我们什么时候可以去自修大学？"毛泽东看着何宝珍急切切的样子，笑了："明天，明天你和朱舜华跟着开慧一起去，你们可以勤工俭学挣一些零用钱。"这是何宝珍自被湖南省立第三女子师范学校（以下简称：三女师）开除以来最开心的一天，她说："好啊，好啊，我们明天就去。"毛泽东接着说："宝珍，宝珍，这个名字不好，我给你改个名吧。"说着拿起桌上的笔，在纸上写下两个字"葆贞"。写好递给何宝珍，问：你看这两个字怎么样？希望你"永葆革命的贞节"。何宝珍站了起来：这个名字好，"葆贞，葆贞"，音没变，还是"宝珍，宝珍"，但意思全变了。

第二天，何宝珍与朱舜华随着杨开慧来到自修大学。

湖南自修大学创办于1921年8月。由毛泽东与何叔衡等人，在船山学社董事会总理仇鳌和社长贺民范的支持下，利用船山学社社址和经费创办的。贺民范为首任校长，毛泽东任指导主任。

自修大学的学习方法是在学员自学的基础上，学校辅以指导，学校聘请了一些学者来学校做各种专题讲座。有马克思与恩格斯的《共产党宣言》、马克思的《工钱劳动与资本》、邵飘萍的《新俄国之研究》和考茨基的《阶级争斗》等。

何宝珍自是勤奋苦读。

2

那天午后，秋阳正照在清水塘22号的门牌及院墙上，刘少奇从安源来了。他刚刚在安源领导工人罢工，他想就安源工人罢工的情况与中共湘区委员会书记毛泽东交换意见。没想到，在清水塘邂逅了年轻的何宝珍。端庄秀丽、朝气蓬勃的何宝珍让24岁的刘少奇顿生好感。何宝珍也暗暗吃惊，大名鼎鼎的刘少奇居然如此年轻，于是，对刘少奇很热情。观察入微的毛泽东把这一切看在眼里了。

图4-9 在清水塘毛泽东与杨开慧家里，何宝珍初识刘少奇

第二天，杨开慧找何宝珍聊天，两人说起了体己话。说到何宝珍的身世，何宝珍向杨开慧敞开了心扉："我自小由父母做主许配给了蒋家，在三女师读书的费用大都是蒋家支付的。我被学校开除后不愿意回家，就是怕回家后被蒋家看管起来。"

杨开慧听着，非常同情何宝珍的遭遇，她问何宝珍："那你对蒋家的这门亲事有什么想法吗？"何宝珍说："当时说亲时，我还在上小学，因为年纪小，没有在意这个事情，在我们那儿，这种事情很平常。再说，这亲事是蒋校长托媒，他答应供我读书，我父母无力供我读书，我又想读书，于是，父母就答应了这门亲事。但我现在读了书，懂得那是封建包办婚姻，我们应该反对的。"杨开慧说："如果你不满意这桩婚事，就应该跟父母说，尽早解除婚约。这样你就可以放下包袱，专心读书与革命。婚姻方面，自己做主，找自己喜欢的人。"何宝珍点头称是。杨开慧又说："刘少奇跟你的经历很像，他少年时在外求学，参与了学生运动。他的父母与两个兄长知道后，认为他不安分守已，怕他在外面闹出什么乱子来，就给他说了一门亲事，想让他早日完婚。他们认为，有了家他就不会在外瞎胡闹了。于是，在3年多前，也就是1919年3月的一天，刘少奇接到家里一封信，说母亲病重，要他立即从长沙赶回去。刘少奇一听母亲病重，立即启程往家赶，等到了家才知道，母亲没病，要他与邻村麻雀塘一位姓周的姑娘成亲。迫于母命，又当着亲友邻居的面，刘少奇勉强与周姑娘成了亲。但他的心里是反对这种包办婚姻的，所以，第二天一大早，他就离开了家，返回长沙。回到长沙后，刘少奇托表兄成秉真转告周氏，他要与她断绝这种包办的婚姻关系，还劝她改嫁。可周氏认为，既已嫁到刘家，生是刘家的人，死是刘家的鬼，绝不可能离开刘家回娘家，只是希望刘少奇以后再婚能送一个儿子回家，交给她抚养，给她养老。刘少奇考虑周氏的难处，以及她的生计问题，就将自己名下的30亩田地送给了她。"

何宝珍听了感同身受，感叹不已。

杨开慧离开后,何宝珍陷入了沉思。她确定自己不想嫁到蒋家,自己要革命,要自己掌握自己的命运。既然如此,那为什么还不解除婚约呢,这样既解脱了自己,也解脱了蒋家。于是,何宝珍铺开纸,给父母写了封信。她把自己的想法告诉父母,恳请父母把自己家的两间破屋卖掉,还清蒋家历年给自己的资助和订婚彩礼。

何宝珍的父母接到女儿的信后,虽说不赞成,但女大不由娘。女儿不回来,对蒋家也不好交待。于是,就把自家的两间破房卖掉了,还了60块银洋给了蒋家,把婚给退了。一家人搬到了沈公祠的厨房里居住。

这是父母那边的情况。何宝珍这边与刘少奇的交往渐入佳境。两人交谈中,何宝珍向刘少奇介绍了自己的情况:"我是湖南道县人,生于清光绪二十八年。"刘少奇说:"那就是1902年了,我长你4岁。"何宝珍说:"我是家中长女,家中还有一个弟弟一个妹妹。因家里贫困,最小的妹妹春英在两三岁时就送给我们那里的缝衣匠李精一做养女了。12岁那年,我们县创办了县立女子小学,因免收学费课本费,我爹爹就让我上了县立女子小学。我们那小学的校长叫蒋炳勋,是我们县的北门人,接受过资产阶级民主教育,他除了学校的行政工作外,还亲自教我们语文课。我当时每门功课都名列前茅,因此,蒋校长对我很好,遂托人去我家说媒,以10亩良田田契和供我上学的一切费用为条件,要我许配给寄养在他家的侄孙儿蒋贤甫。我父母答应了这桩婚事。我尚小,也没把这事放在心上,只管读书。那年,三女师限额在道县招收两名女小学生,蒋校长就让我和蒋韵笙去报考,当时,我小学还没毕业,还差一年,结果我俩都考上了。我就来到了衡阳。"

刘少奇专心地听着。

三女师设在衡阳，创建于1912年。开始是借用江东岸几所公馆作临时校舍，两年后，新校舍在邹家码头荷花坪建成，一座礼堂，四进二层教室和其他生活设施拔地而起。何宝珍入学时，三女师的各项设施已齐全。三女师建于中华民国成立之年，可谓辛亥革命的产物。因此，学校提倡男女平等，主张发展教育。为减轻学生负担，使女子与男子有同等机会接受教育，三女师除了收取一些学杂费外，伙食费全包。因此，像何宝珍这样家境贫寒且品学兼优的学子就可以有书读了。三女师的师资也不错，几年后，何宝珍在长沙营救刘少奇时，帮助何宝珍的欧阳皋此时就在三女师任教。

在三女师，何宝珍阅读了大量的如《新青年》《湘江评论》《女界钟》等新潮、新锐刊物。这些都是何宝珍第一次接触的刊物，刊物的观点与内容使她大开眼界。

何宝珍进入三女师的第二学期，五四运动在北京爆发了，五四运动掀起的反帝反封建风潮立即席卷全国。毛泽东以湖南为基地，以新民学会为核心，组织和领导了湖南各阶层人士投入五四运动，衡阳各界也为之响应。此时还是学生的何宝珍渴望投入这场轰轰烈烈的运动中。5月9日，湖南老乡、北京学联宣传股主任邓中夏等人把五四运动的详情传到了衡阳，希望学生声援。在学生蒋先云、夏明翰等人的组织策划下，5月15日在衡阳发出了《衡永郴桂各界请办卖国贼》通告。

衡阳各校成立学生自治会、湘南学联。每校推荐2至3名代表组成。三女师的朱舜华、刘玺萱、黄美恩被选为代表，而何宝珍与朱舜华是好友，两人常在一起探讨问题。因此，何宝珍常与她们深入街头巷尾市郊农村，向广大市民和农民宣讲，贴标语发传单。

三女师准备参加湘南学联举行的学生示威游行。校方负责人知情后，认为学生爱国运动是乱流，挂起告示禁止学生外出。正是青春激情的学生们眼看着外面世界风起云涌，自己却被困在校内，犹如鸟儿困于笼子中，激起了三女师部分学生的不满。何宝珍把从朱舜华那里拿来的湖南省学生联合会的罢课宣言，做了摘抄：

> 外交失败，内政分歧，国家将亡，急宜挽救，京师学界倡议于先，津沪群众声援于后，内之振我民气，外之挫彼敌锋，共矢贞忠，以示天下。乃者我政府于外交既无补救之良方，于内政复无坚决之表示，因循姑息，甘陷沦亡。夫学生之求学，以卫国也，国之不存，学于何有？我湖南之学生于民心之感发，鉴于时事之要求，决议自六月三日起，全体罢课，力求救国之责，誓为外交之后盾。耿耿此心，神人共鉴。

何宝珍把这段话贴在学校的宣传栏中。呼吁学生参加学联组织的反帝反封建的示威游行。校方为禁止学生外出，校门紧闭，但这难不到何宝珍她们。何宝珍带头翻过围墙冲出校园。为此，她们还做了准备，提前做了小旗子，旗子上写着"誓死力争，还我青岛！""收回山东权利！""拒绝在巴黎和约上签字！""废除二十一条！""抵制日货！""外争主权，内除国贼！"等口号。她们举着小旗子从雁峰寺会场出发，在街上高呼口号，示威游行。

她们在校外尽情高呼口号，挥洒她们的爱国热情，而等待她们的是严厉的处理。

这帮女学生回校后，监学严厉责备了何宝珍，警告她，如果继续参加这些活动将被校方开除。何宝珍只是受到警告，而朱舜华等5位参与示威游行又剪发的三四年级学生被校方开除了。朱舜华等人被开除后，校方以为不会再有人破坏校规了。他们想错了。何宝珍走到了前台，她继续领导三女师学生示威游行与罢课，成为湘南学联的骨干。

1921年的秋天，经教育界名人徐特立、何炳麟的介绍，朱舜华又回到了三女师复学，读四年级，与何宝珍同班。

在参加湘南学联活动中，何宝珍认识了湖南省立第三师范学校（以下简称：三师）的蒋先云、黄静源，湖南省立第三甲种工业学校的夏明翰等进步同学。如果说何宝珍与这些学生相识，在思想与政治上成熟起来，那她与三师的外语教师张秋人的相识就真正地走上了革命的道路。

1922年，毛泽东写信给党中央总书记陈独秀，请求派人来衡阳。中央很快就把张秋人派来了。张秋人化名张国华来到衡阳，以三师教师的身份做掩护，担任衡阳社会主义青年团书记，建立了衡阳第一个党支部——中共三师支部，张秋人自任书记。他在学生中寻找适合的培养对象，以发展党团组织，扩大革命力量。张秋人在湘南学联的活动中，注意到了何宝珍。何宝珍反帝反封建抵制日货的执着、宣传革命的热情、慷慨激昂的演讲及生动有趣的话剧表演，引起了张秋人对何宝珍的关注与欣赏。1922年，经张秋人介绍，何宝珍加入了社会主义青年团，并任三女师的团支部书记。

入了团的何宝珍更加讨厌三女师的校长欧阳骏。这个校长常常把何宝珍等进步学生喊到办公室训斥，因此，她们就想找个办法对付这位校长。一天，机会来了。那天上午，欧阳骏坐着一顶小花轿来到学校，花轿落在学校礼堂的门口，欧阳骏款款地下了轿，刚好被何宝珍看到，何宝珍看着欧阳骏那大小姐的样子，非常不舒服，就对着校门口的同学大喊："来来来，大家快来看，学校来了一位新媳妇!"等候在校门口的一大帮学生一窝蜂地围拢上来,对着校长欧阳骏你一言我一语地说开了:"哪家的新媳妇啊?""怎么跑到我们三女师来了?""看看看,新媳妇还穿着高跟鞋。"路过的学生不知道发生什么,一起聚向礼堂门前,人越聚越多,一片冷嘲热讽,有的大笑,有的责问校长。忽然有人高喊一声:"反对欧阳骏!"何宝珍看着大家都反对欧阳骏,就把校长平日的政治腐败、治校无能、贪污经费等事情抖了出来。欧阳骏尴尬难堪,匆忙逃走。何宝珍她们一不做二不休,又把校长的劣迹写成传单,散发到衡阳各界。

于是何宝珍、肖腾芳等人被校方开除了。

欧阳骏仍不罢休。她又以学校"经费奇绌""设施困难""负累不堪"等原由,提出辞去三女师校长之职,并且要求追缴何宝珍、肖腾芳、邓金声等学生在校学习期间的费用。省署回文,指责何宝珍、邓金声等人散发校长欧阳骏的传单是"恶习""肆意谤蒩""毫无事实"。

此事在衡阳引起轩然大波。1922年10月8日的湖南《大公报》以《第三女师风潮之两面观》为题作了报道:

三女师校长欧阳骏开除学生何宝珍等一事,双方均有传单,互相攻讦,兹又接衡阳某君投稿云:

> 第三女子师范校长欧阳骏接办以来,无甚成绩,且多不合之处,早经该第五班毕业学生宣布其罪状。欧阳骏乃照例向省署辞职,省署亦曾照例慰留。欧阳骏因此恨五班学生刺骨,乃将伊等毕业文凭扣留不发。欧阳骏又恐为在校学生所揭发,乃先发制人,突于前日藉故将该校学生何宝

珍、肖腾芳、邓金声开除。该校学生亦噤不敢声,且通信会客均不自由,学校顿成囚舍。闻何宝珍等业已来省,发表宣言,哀诉于学界;并呈请官厅惩办欧阳骏校长云。

欧阳校长亦于日前以开除犯规学生学籍呈报省署,并请追缴用费。昨奉指令云。传单均悉,该校学生何宝珍、邓金声、肖腾芳等,窃名攻讦,破坏校规,既据查明开除学籍,应准备案并令行该生原籍知事追缴在校用费,以儆效尤。所请辞职一节,着无庸议。

这篇报道可谓"两面观"。同日,三女师第五班学生代表朱舜华、孙平等人为回击欧阳骏所发声明,并澄清事实,发表公启,直言欧阳骏"劣迹昭著""淫威日增",又称欧阳骏开除何宝珍等学生实为"泄愤",是对何宝珍等人的诬陷。因此,欧阳骏指使部分学生,"面呈省长"说何宝珍所发的"罪状书"传单是受朱舜华指使,而朱舜华又是因"陈某觊觎校长地位从中挑拨"等等。

几年苦读的何宝珍,就在临近毕业之际遭此打击,愤怒不已。她读书所需费用很大一部分是由未来的婆家蒋家提供,而父母在道县做的小生意还不够一家人糊口。本来期望毕业后找一个教师职业,补贴家用,现在成了梦想。

正当何宝珍走投无路时,她的入团介绍人张秋人找到了她,希望她与朱舜华、肖腾芳、邓金声去长沙找中共湘区委员会,进一步学习马克思主义。

张秋人的到来给正在迷茫中的何宝珍指明了一条令她向往的路。

何宝珍对刘少奇说:"就这样,我就来到了清水塘毛先生的家里。"

刘少奇为何宝珍的经历感叹不已。令他没有想到的是,一副俊俏柔弱的外表后面有着如此刚正不屈的内心世界。

刘少奇也简单地说了他的经历,他告诉何宝珍,他是宁乡花明楼人。从苏联学习回国后,上个月刚被党组织派到安源,协助李立三领导安源路矿工人罢工。

3

那天晚饭后,毛泽东对何宝珍说:"安源工人俱乐部正打算扩大工人补习学校和子弟学校,需要人,你去那儿很合适。"何宝珍非常愉快地接受了任务。杨开慧说:"宝珍与舜华还在自修大学读书,我看可以先去安源看看,等明年开春再去安源正式工作。"

大家都认为这个建议好。

两天后,何宝珍便随刘少奇去了安源。

何宝珍来到安源路矿的第一天就了解到,这里工人每天劳动时间长达12个小时,报酬只有20多枚铜元;没有劳动保护与医疗卫生;工人常被工头打骂、体罚。煤矿常发生瓦斯爆炸、塌顶。许多工人在这些事故中死伤,死后的安葬费只有16元。

朱舜华在回忆时是这样说的:"刘少奇回安源时,毛泽东派何宝珍去安源工作。1923年1月初何宝珍回到长沙,月底搬住文化书店宿舍,3月初再回安源。不久入党,4月与刘少奇结婚。"

按朱舜华的回忆,何宝珍第二次来到安源是在1923年的3月。在何宝珍到达安源路矿的第二个月,即1923年4月,李立三调离安源,刘少奇代理李立三担任安源路矿工人俱乐部主任职务。

安源路矿工人俱乐部在牛角坡半边街52号,几间平房。何宝珍暂时协助文书股工作,主要任务就是抄抄写写,管好书报发行工作。

在何宝珍来到安源路矿的第二个月,也就是1923年4月的一天,刘少奇与何宝珍在安源工人俱乐部举行了简单朴素的婚礼。在他们的影响下,当年,安源就有30多对男女青年自由恋爱结婚。

安源路矿罢工胜利后,工人和工人子弟报名读书的人越来越多,工人夜校与工人子弟学校已分别发展到了3所,急需增加教师,何宝珍婚后就被调到安源工人子弟学校第三校(也称第三子弟学校、工人子弟学校)任教,同时兼俱乐部的书报委员。第三子弟学校有一二三四年级四个班,一个妇女职业班,晚上附设工人夜校。因此,何宝珍工作特别繁忙,白天在工人子弟学校讲课,调查安源煤矿生存现状,晚上在工人夜校教工人识字,给他们讲革命道理,回到家里还要批改作业、编写上课教程、帮助刘少奇抄写文稿整理资料。每天不到深夜不能休息。

第二年的春天,在一片山花烂漫时,何宝珍生下了他们的第一个儿子刘允斌,他们叫儿子斌斌。孩子的出生给这个忙碌的家庭带来了温馨和欢乐。

1924年底的一个晚上,严寒笼罩着安源,寒风裹挟着枯枝落叶呼啸着刮过何宝珍居住的小屋,何宝珍刚刚把儿子斌斌哄睡着,看着儿子睡梦中红扑扑的小脸,门开了,何宝珍知道,刘少奇回来了。与往日不一样的是,刘少奇好半天都没说话。何宝珍从儿子身边站了起来,关切地问丈夫:"发生什么事了,这么晚才回来?"刘少奇说:"组织上通知我们有新的任务,随时准备离开安源。"

"那，那小斌斌怎么办，带着他一起走吗？"何宝珍问丈夫。"革命者四海为家，不能带着几个月大的孩子东奔西跑。"刘少奇望着酣睡中的儿子轻声地说道。"不行，斌斌还不到一岁，不能离开我！"何宝珍急了。"你知道，孩子跟在我们身边太危险，还是交给可靠的人抚养吧！"刘少奇耐心地劝说妻子。何宝珍一听要把儿子送给别人，一连几个"不行，不行"，"孩子这么小，不能送给别人，再苦再累，我也要把他带在身边。"刘少奇看着妻子不舍得离开儿子，又说："革命经过挫折后好不容易有了好转，还有很多很多的事情需要我们去做啊，如果我们带着孩子走，哪有时间去照顾他呢？况且，我们随时有牺牲的可能，孩子跟着我们也不安全。现在有好几个工友都要斌斌去他们家，你放心吧，这些工友都是很好的人，斌斌不会受苦的。"

巧的是，几天后，刘少奇的哥哥刘云庭从宁乡来到安源，见到斌斌喜欢得不肯松手，听说要将孩子送给别人抚养，他说："你们不要把斌斌留在安源，我把他带回老家。"

刘少奇想到老家的原配妻子曾说过，如果以后有孩子，送一个孩子回家给她抚养，就同意了哥哥的意见。

与儿子分别的时候到了。何宝珍紧紧地抱着儿子，看着儿子咯咯地笑着，何宝珍的眼泪就出来了，泪水大滴大滴地落在儿子的脸上。儿子看着妈妈，不知道发生了什么事。何宝珍擦干儿子脸上的泪水，犹犹豫豫地把儿子交给了哥哥。

儿子走了，何宝珍又开始拼命地工作了。

那夜，月亮已升中天，安源工人俱乐部仍是灯火通明，地下党的同志们正在开会。他们还不知道，资本家勾结湘赣两省军阀，派出的大批军警正赶往安源路矿的路上。

"汪汪！汪汪！"远处传来杂乱的狗吠声……何宝珍带着同志们从后面的水沟里撤出。

军警特务将工人俱乐部团团包围，用枪托砸烂俱乐部的门窗，见里面无人，叫嚷着："给我搜！一定要抓住刘少奇，抓到的有赏。"

送出了同志们，何宝珍又回到自己的住处，迅速处理好一些重要文件，刚一出门，就看见几个持枪的军警在搜查。她转身走进一户工人家里，从床上抱起一个出生不久的婴儿，随手拿起床边的一块干净尿布，一边换尿布，一边唠叨："吃都没吃的了，你还有屙的，那里洗了还没干，这里你又……"几个军警冲过来，问何宝珍："你是什么人？半夜三更在这搞什么鬼？"何宝珍没有答理军警的问话，在婴儿的屁股上打了两巴掌，生气地说："叫你屙，叫你屙，迟不屙早不屙，偏在半夜三更里屙。"军警们见她熟练地换着尿布，又是白白的面庞，像个坐月子的妇女，也就不再追问，转身到别处搜去了。

军警离开俱乐部后，何宝珍把自己打扮了一下，离开了安源。天亮后，安源去湘东的路上，赶路的人三三两两，何宝珍头上围着青布帕子，穿一身土布衣服，脚踏一双草鞋，胳膊上挎着竹篮，混杂在人群中。一路上，她为被捕的几名负责人担忧，为刘少奇前一天到长沙开会而庆幸。要不然，被捕人中一定会有他，敌人就是冲他而来的。何宝珍一边想着一边快步走着，来到了湘东车站。

湘东车站是湖南与江西交界处的一个小站。车站四周，军阀的岗哨林立，荷枪实弹的军警把持着车站的出入口，便衣特务不时在周围窜来窜去。

何宝珍看见不远处一个装束与自己差不多的妇女蹲在街边卖鸡

蛋，灵机一动，走过去把妇女的一篮子鸡蛋全买了下来。

"呜呜——！"一声气笛长鸣，由南昌开往长沙的火车进站了，军警特务们顿时忙碌起来，盘查着每一个进站上车的人。何宝珍挎着满满一篮子鸡蛋向车站门口走去。一个站岗的士兵正要盘问她，突然，她脚底向前一滑，摔倒在地，篮子里的鸡蛋倒出大半，军警特务们的皮鞋上、裤子上都溅满了鸡蛋汁。何宝珍边哭边诉："老天爷啊，这是我攒的几个月的鸡蛋啊，我要靠这篮子鸡蛋买药的啊，我男人还在床上等药啊。"一边说一边还在地上捡没有完全破的鸡蛋，一个鞋裤沾满鸡蛋汁的军警士兵没好气地对何宝珍骂道："你在这里哭丧啊！快给我滚开！你看老子这皮鞋，这裤子！"何宝珍赶紧提起半篮子鸡蛋进了车站。

何宝珍顺利地登上了去长沙的列车。她要去找刘少奇，向长沙的党组织汇报安源的情况，然后去宁乡看望儿子斌斌。

4

这年的春天，何宝珍与刘少奇经上海前往广州。到上海时，他们住进了中共中央职工运动委员会办事处。他们住在办事处的楼上，与张国焘相邻，楼下是职工运动委员会办公的地方。不久，总书记陈独秀来办事处看望刘少奇与张国焘夫妇。之后，何宝珍随刘少奇南下广州了。

那时的广州已是全国革命运动的中心了。1924年初国共两党合作，全国革命力量汇集广州，工人运动和农民运动也在这里公开合法地进行。刘少奇何宝珍夫妇来广州是参加第二次全国劳动大会。5月2日，第二次全国劳动大会和广东省第一次农民代表大会在广州大学大礼堂共同开幕。会议成立了中华全国总工会，刘少奇当选第一届执行委员会委员、副委员长。5月下旬，何宝珍又随刘少奇回到上海。他们在上海刚刚开始工作，青岛日本纱厂的工人开始罢工，刘少奇赶往青岛，何宝珍留在上海从事妇女活动和工运工作，与张国焘妻子杨子杰同住在上海闸北宝兴里。

由于工作太忙，刘少奇肺病复发，11月，在何宝珍的护理下，离开上海回长沙治病与休养。他们一下火车便与中共湘江党组织取得了联系，湘江党委委员易礼容把他们夫妇安排在湘区党委所属活动机关的长沙文化书社住下来。何宝珍重返旧地，感慨不已。因为思儿心切，何宝珍回到长沙不久就去了宁乡把儿子斌斌接到长沙，渡过他们一家三口难得团聚的一段日子。

可是，好景不长。

一个月后，1925年的12月16日，刘少奇刚从湘雅医院回来，正与何宝珍与儿子在文化书社看图书，一个士兵闯了进来，何宝珍看着不对劲，立即将儿子带到内屋安顿好，跑出来后，正看见士兵要带刘少奇走，她上前质问士兵："你们是干什么的？为什么要抓他？"这个士兵不管不顾，更不客气，拉着刘少奇就出门，把刘少奇推上了停在门口的车。车门一关，扬尘而去。

这边的何宝珍急开了。到处打听，知道刘少奇是湖南省省长赵恒惕下令逮捕的，被关押在戒严司令部。

何宝珍立即将此事报告给了湖南省党组织。为了防止赵恒惕暗害刘少奇，中共湖南区委会研究，除了电告中共中央和中华全国总工会组织营救外，由何叔衡、肖述凡立即通过《大公报》发表消息。消息云：上海总工会总务部主任刘少奇，近患肺痨，目前偕其妻室回湘养病。昨日（即16日）下午一时，刘往贡院西街文化书社购书，入门不一刻，突来稽查二人，徒手兵一名，扭往戒严司令部。至其被捕原因，尚不得知。闻刘系宁乡人，曾肄业长沙明德学校，近年居沪，为各项运动之领袖云。

此消息一传开，立即引起一片哗然。全国各地各界团体抗议赵恒惕的电报飞来长沙，有时一天多达40多份。

此时正值第一次国共合作时期，国民党要人汪精卫等人也发电要求赵恒惕尽快放人。正在广州召开的中国国民党第二次全国代表大会临时增加议题，发给赵恒惕一份电报："兹经本大会决议，电请台端释放，特此电达。"

何宝珍更是努力营救。首先，配合中共有关组织全力营救刘少奇；其次，自己疏通关系，与狱中联系，给刘少奇送衣送食；再次，与闻讯赶来的刘少奇的哥哥刘云庭商讨营救办法。她四处奔走，寻求帮助。终于打听到长沙的一位省内知名人士何维璞，是何姓家族的一位远房亲戚，于是几经周折，找到这位远房亲戚请求帮助。何维璞与欧阳皋一起晋见时任湖南省议会议长、国会议员的欧阳振声先生，欧阳振声得知事情原委后，建议两人继续联络省议会内的一些其他议员，希望通过议员们向省长赵恒惕共同上书，以求保释刘少奇出狱。

赵恒惕逮捕刘少奇，本意是防止他在湖南组织发动工潮和学潮，令他没有想到的是，这事使自己陷入了被动，不仅遭到人们的反对，在湖南内部也引起了很大的不满。为了避免惹出更大的麻烦，赵恒惕借师长叶开鑫等人联名具保的由头，顺水推舟地释放了刘少奇。条件是刘少奇在5天内离开湖南。

刘少奇被湖南省省长赵恒惕关押42天后出狱了。他被接到叶开鑫的司令部,叶开鑫提供了200元的路费,让他尽快离开湖南。搞笑的是,在刘少奇与何宝珍离开湖南前,省长赵恒惕派人送来一部《四书》给刘少奇。

何宝珍经过这两个月的煎熬,整个人消瘦了一圈,好在有惊无险。

第二天,何宝珍与刘少奇离开了长沙,前往上海。到了上海后,刘少奇把200元路费寄还叶开鑫。

他们的生活渐渐恢复稳定后,刘少奇与何宝珍也在孕育着他们的第二个孩子。

5

1926年的春节刚过,何宝珍与刘少奇乘海轮抵达广州,住在越秀南路93号的中华全国总工会机关驻地。刘少奇担任全总代理委员长,主持中华全国总工会的工作,同总工会秘书长兼宣传部长邓中夏、省港罢工委员会委员长苏兆征一起领导着全国工人运动和省港大罢工。何宝珍被安排在总工会从事妇女工作。她常常走进工厂,在女职工中访贫问苦,调查情况,也常常与妇女界的领袖人物向警予、邓颖超、何香凝、蔡畅等人联系交谈。

在广州的这段时间,何宝珍与刘少奇的生活相对稳定,就是何宝珍想儿子斌斌,内心因牵挂而焦虑。因此,何宝珍与刘少奇商量,将斌斌接到广州抚养,再将母亲接来照顾斌斌。何宝珍几年没见父母了,很是想念。为了还蒋家债务,父母卖掉房屋搬到沈公祠的厨房居住,生活艰难,何宝珍想让母亲照顾斌斌的同时,也能尽点孝心。

两人商量好后，何宝珍给父母写了封信，随信寄上30块大洋的路费。父母收到女儿的信与汇款，贫困的两位老人心中高兴，父亲催着母亲赶紧去广州。马上要见到几年未见的女儿，母亲丁贞娥更是高兴，匆匆收拾下行李就上路了。从老家道县到郴州没有车，全靠步行，丁贞娥一双小脚，自然不能远行，就按女儿信中嘱咐，坐着轿车去了郴州，父亲何瑞蓉哪里放心第一次出远门的妻子，自是陪着妻子到郴州，把妻子送上火车，自己再步行回家。

母亲到了广州，母女相见，相拥而泣。何宝珍更是愧疚不已，自己退婚让父母把存身的房子卖了，多年来，自己在外革命，东奔西跑没能在父母膝下尽孝，甚至连信也没能写上几次，让父母受苦受累还担惊受怕，好在母亲能体谅女儿，见到女儿高兴，不停地安慰女儿。母女俩难得相聚，有说不完的话。几天后，斌斌也由刘少奇的哥哥刘云庭送到了广州。一家人终于又团聚了。

为了筹备和召开全国第三次劳动大会，刘少奇与何宝珍又忙开了，好在家务与斌斌有母亲料理与照顾。何宝珍难得安宁一段时间，回家能吃上热饭，与儿子玩乐，与母亲亲近。闲暇时何宝珍还带着母亲与儿子去广州城内逛逛，还去了照相馆，与母亲留下一张合影。

安宁的日子是短暂的。

图4-10 何宝珍与母亲的合影

1926年9月17日，中华全国总工会决定在汉口设立办事处，刘少奇与何宝珍被安排前往武汉做筹备工作。何宝珍当然想与母亲儿子继续在一起生活，但武汉那边还没安定下来，带着一老一小去武汉不太现实。于是，何宝珍与刘少奇商量，还是送母亲与儿子回老家。

何宝珍哪里知道，与母亲这一别竟是永别。

与母亲分别后，何宝珍往家里写过几次信。但不久，国民党在上海发动四一二反革命政变，国共第一次合作破裂，武汉的许克祥又发动马日事变，接着宁汉合流，捕杀共产党人。何宝珍与刘少奇及共产党人从公开革命转入地下，从此，再没有写信给父母了，与家里断了联系。何宝珍在外奔波不知家中情况，到了1930年，何宝珍父母的生存难以维持，女儿何宝珍四年多音讯全无，生死不知，道县那些与女儿女婿一样的工农革命领袖一个一个被杀害，女儿同学、县农协妇女委员、常来看望老两口儿的周锦云也逃离道县。这一切使何宝珍父母产生了厌世之情。一天，悲剧发生了。母亲丁贞娥趁父亲何瑞蓉外出办事之际，踮着小脚爬上凳子悬梁自尽。父亲何瑞蓉回来见妻子上吊已死，把妻子抱下，抚尸痛哭一番。第二天，顺着妻子的路也走了，也是踏上那只板凳，悬梁自尽了。两位老人被族人安葬在贵头村西北半公里的地方。

在外革命的何宝珍不知道父母以这种方式结束了自己的生命。此是后话。此时，何宝珍与刘少奇居住在武汉尚德里4号的一幢普通二层小楼上，同住的有李立三、项英、向忠发等工会领导人。友益街16号的中华全总汉口办事处就在他们居住小楼的街对面。何宝珍的职务是武汉市妇女协会的执行委员兼组织部部长，她又开始了忙碌，组织妇女参加抗议英帝国主义暴行、筹办工读夜校和平民夜校、去咸宁慰问夏斗寅的各军将士、参加被军阀张宗昌扣押的国际代表鲍罗廷夫妇的营救工作。

1927年的春天，春风吹绿了长江两岸的花草树木时，何宝珍在汉口的湖北省总工会的一间小屋内生下了他们的第二个孩子——女儿刘爱琴。此时刘少奇任中共中央委员、中华全国总工会驻武汉办事处秘书长、湖北省总工会秘书长。组织上考虑何宝珍的身体情况，安排她到国民党中央组织部做收发管理文件工作和联络工作。何宝珍利用工作之便，将得到的国民党内部信息及时报告给中共党组织。

6

四一二反革命政变后，武汉三镇到处弥漫着血腥味。因形势日趋恶化，中共中央的一些领导先后离开了武汉前往江西，因肺病复发，刘少奇也要离开武汉。何宝珍的身份尚未暴露，再加上女儿刘爱琴才4个月，还未得到妥善安置，仍需要留在武汉工作一段时日。这年的7月13日，刘少奇乘坐贺龙的差船离开了汉口前往九江，从九江去庐山养病。在离开何宝珍前，两人商量好，将女儿刘爱琴寄养在汉口一位老工人的家里，由当地的党组织向这位老工人定期提供一些经济补贴，等形势好转后再将女儿接回去。

几天后，何宝珍完成组织上交给的任务，也奉命转移。离开前，她抱着女儿来到那位工友家里，女儿在母亲的怀里不知将要发生什么事，两只大眼睛看着母亲，何宝珍抱着女儿亲了又亲，忍着将要流出的泪水将女儿交给了那位工友。

从此，何宝珍再也没有见到过女儿。当然，女儿也没见到过妈妈。刘爱琴喊那位工人的妻子为"妈妈"。刘爱琴刚刚记事，"妈妈"一手拉着她，一手挎着破篮子，带上针线，走街串巷找缝缝补补的活儿。刘爱琴还没有桌子高，已经会领着比她小一岁的"弟弟"去拾煤渣、捡菜叶、拾柴……然而，这样的日子最终也无法维持下去了，刘爱琴被卖到汉口的"亲戚"家，成了这户人家的童养媳。当刘爱琴知道自己的身世时，无数次地想象着妈妈的模样，后来从照片上看到了自己漂亮的妈妈。从此，每年清明她都到南京雨花台来看望妈妈。这是后话。

何宝珍离别了她的宝贝女儿后，来到九江，找到林伯渠的弟弟林祖烈，当时林祖烈担任九江外交专员，也是他安排刘少奇住进牯岭街"晓梅别墅"，后又转移到白鹿洞书院。林祖烈将何宝珍领到白鹿洞书院，与刘少奇相聚。

这年的9月底到10月上旬，中共中央在武汉的机关陆续迁往上海。刘少奇在庐山经过何宝珍两个月的精心护理，病情好转，10月上旬的一天，两人化装成水手，从庐山脚下的星子县登上一艘客舱，来到上海。到上海的刘少奇住医院继续养病，由何宝珍陪护，出院后，他们住在中共中央位于英租界重庆路的一幢两层洋房的楼上。

1928年3月，中共中央临时政治局常委会会议决定派刘少奇去天津，以中华全国总工会特派员的身份，参加全国铁路总工会的领导工作，同时，作为中央委员指导顺直省委工作。

何宝珍陪同刘少奇前往。

当时的顺直指的是北平和河北。3个月后，徐全直随同陈潭秋也来到了天津，也参加顺直省委的工作。陈潭秋与刘少奇以中央特派员的身份常驻省委，以加强对顺直省委的领导。1929年春，刘少奇与何宝珍返回上海。陈潭秋与徐全直比他们晚回，直到这年的秋天才被党中央调回上海。

刘少奇被调回上海后担任中共上海沪东区委书记，几个月后刘少奇又被党组织派往奉天（今沈阳），担任中共满洲省委书记。当时的满洲包括辽宁、吉林、黑龙江三省，何宝珍随同刘少奇一起来到沈阳，在满洲从事工人和妇女工作。

在满洲期间，刘少奇又被逮捕关押在奉天高等法院检察处看守所。面对丈夫又一次被捕，何宝珍在担惊受怕中冷静下来，给狱中的丈夫送钱送衣，与满洲省委一起设法托人营救，不久刘少奇被释放。1930年春，何宝珍随刘少奇又调回了上海。

在上海，何宝珍与好友朱舜华相逢了。两位好友在三女师一起闹学潮，被开除后一起住进清水塘，一起上长沙的自修大学。后来，何宝珍随刘少奇去江西安源路矿，两位好友就很少见面了，如今在上海重逢，两人感慨不已，有着说不完的体己话。朱舜华告诉何宝珍，1923年，她与贺恕结婚，结婚三天，她被派到水口山搞工人运动，当时贺恕是中共水口山党支部委员和工人俱乐部教育股副股长。水口山罢工时，遭到湖南省省长赵恒惕派兵镇压，朱舜华被军警打倒在地，致使她已经6个月的孩子流产。此时的朱舜华已改名为张琼。何宝珍也向朱舜华叙说她的情况，说到伤心处，两位好友相拥哭泣；说到高兴处，两位好友又执手开心大笑。

朱舜华是随贺恕来上海的，贺恕在中央秘密接待处工作，以旅社老板的身份，接待党内来往的同志，其中有从苏区来上海向中央汇报红军情况的陈毅，也派人护送了不少领导到各个革命根据地。他身处中央领导机关，做的是接待工作，对党内情况非常了解。贺恕与朱舜华帮何宝珍夫妇在杨浦区高郎桥豆腐店楼上租了一套房子。

何宝珍进入了公大纱厂，做了一个多月养成工，因病退工，仍住机关，拿家属生活费。这一年，何宝珍生下了他们的第三个孩子刘允若，小名毛毛。刘少奇不在上海时，何宝珍独自一个人带着儿子。刘少奇回来后，何宝珍一边帮助刘少奇准备各种会议发言、演讲稿，一边还要做刘少奇的专属个人交通员，替刘少奇传递、接收各种指示和信息。

1932年的冬天，刘少奇化名唐开元离开上海，经广东进入位于江西南部与福建西部交界的中央苏区。

多年后朱舜华回忆："刘少奇第二天就去苏区了，要宝珍、我、贺恕留在上海，等他到苏区后再派人来接我们。刘少奇走后，何宝珍把她家的家具全部送给我，变卖掉一些东西坚持斗争，她自己在上海做党的地下交通。"

何宝珍把家具全部送给朱舜华，变卖了自己家的东西，她可能认为，刘少奇很快就会派人来接她与儿子。她绝没有想到，这次她与刘少奇不是分别，是永别。

7

刘少奇走后，何宝珍独自带着幼子毛毛留在上海，在中共江苏省委当交通。不久，她又被调到全国赤色互济总会担任援救部部长。何宝珍调互济总会前，互济会组织遭到严重破坏，1932年9月，宣传部长罗俊被捕；11月，援救部长黄浩（黄静汶）被捕。秘书长朱思纶（朱宜之）被捕后叛变，出卖了济总党团书记兼主任刘明俨（8月接黄励职务）和秘书处工作人员涂松云、韩葆春等。何宝珍的到任可谓危险重重。

这年的11月，党组织调邓中夏担任全国赤色互济总会主任兼中共党团书记。邓中夏到任后，与改名为王芬芳的何宝珍扮作夫妻，负责恢复全国赤色互济总会工作。他们在上海复兴中路近嘉善路口的民房里建立了全国赤色互济总会机关。"夫妻"二人均以教员身份作为掩护，开展工作，营救被捕同志。他们首先找到陈农菲，把互济总会的领导核心"中共党团"组织建立起来。

经过邓中夏与何宝珍等人的艰苦努力，上海及各地被敌人破坏的互济会组织在很短时间内逐一恢复起来，会员人数大大增加。作为援救部部长，何宝珍的主要任务就是援助和营救被捕同志，争取国际援助，也为到上海工作的同志安排生活、护送、转移，以及对被捕、遇难的同志及其家属进行营救援助等。为了营救同志，何宝珍四处奔波，收集信息、联络家属、聘请律师等。当时，环境非常险恶，机关常遭破坏，同志常遭逮捕，叛徒到处指认。何宝珍发现互济总会机关的门前有不明身份的人转来转去，"夫妻"俩一商量，在一个没人转悠的夜晚，把机关"转移"了。新机关设在福履理路（今建国西路建业里）一家布店的楼上，这个地方与租界交界，人多路杂，比较安全。

1933年3月28日下午，中华海员工会党团书记廖承志赴山西路五福弄九号开会时被捕，同时被捕的还有中华全国总工会党团书记罗登贤、秘书余文化。当夜，他们被关进了老闸巡捕房，和陈赓关在一起。廖承志被单独关在左边的一个小单间，右边较大的一间关着陈赓与罗登贤、余文化。之前，廖承志与罗登贤已说好，他们都是援助东北义勇军进行活动的。

党组织指示何宝珍立即行动，设法营救。廖承志的身份很特别，一方面他是中共党员，另一方面他是国民党元老廖仲恺和何香凝的儿子。何宝珍与何香凝在广州一起共过事，如果能让何香凝知道她儿子被捕的消息，那营救廖承志出狱变得容易得多。那天晚上，何宝珍敲开了法租界康脑脱路何香凝的家门。开门后的何香凝没想到来客竟是何宝珍，更没想到何宝珍是为了营救廖承志而来。因事情紧急，何宝珍没与何香凝多客套，直奔主题，告诉何香凝廖承志被捕，建议何香凝以母亲的名义出面营救，互济会从旁协助。何香凝同意了何宝珍的建议。

何宝珍走后，何香凝思考了许久。因何宝珍是中共地下党，何香凝想等等，看看到底是什么情况。29日晚，廖承志借口带特务去抓同党，直接把几个特务带到了法租界何香凝的住处。何香凝开门看到儿子与特务，立刻明白何宝珍说的一切都是真的。于是，她立刻行动起来，就在当天，她发出了《致全国军事政治长官电》，把廖承志被捕一事通告全国，呼吁救援，并表示"愿与儿共留囹圄，惟不愿留外国囹圄，要求解往华界，即死亦愿在华界，不在租界"。接着，何香凝又接见了日日社记者；30日，又接见《申报》记者，向外宣布：廖承志被捕是无辜被屈，没有丝毫证据，要求无条件释放。宋庆龄知道后，亲自赶赴何宅安慰，明确表示出面营救。宋庆龄与蔡元培邀请上海著名律师吴凯声负责办理此案，并于30日上午召集中国民权保障同盟临时执行委员会会议，鲁迅也出席了会议，商量营救廖承志、罗登贤和陈赓等人的办法。在何香凝与柳亚子等人的营救下，廖承志被保释出狱。出狱后，他仍然在特务的严密监视中，他冒着生命危险，在姐姐与姐夫由香港迁回上海后，和党组织接上了头，赴川陕苏区红四方面军去了。

8

说到何宝珍这边。她通知何香凝后,多方联系与互济会有密切关系的律师,想尽一切办法营救廖承志。由于在街上跑来跑去,露面较多,她被特务盯上了。两天后,一群便衣特务包围了何宝珍的住处。何宝珍看到家门口几个可疑的人,一下子意识到自己要出事了,她迅速地抱起年仅3岁的刘允若,塞到邻居的一位大嫂怀里,匆匆说了一句话:"请帮我照看一下孩子,过几天会有人来领他的。"说完这句话,她立即冲回屋里,点燃了有关材料,在儿子的哭声中从容地被捕了。

何宝珍被捕后,邓中夏立即将互济总会机关转移到麦琪路178号的光华理发店楼上,然后冒着极大的风险营救何宝珍。

何宝珍是被当作"共党"嫌疑抓捕的,被关押在上海市警察局。

被审讯前,何宝珍详细地想了最近几天的事情,并没有什么不妥的地方,搜查房间也没有找到任何证据,甚至没有任何人证明她不是"王芬芳"。所以在审讯时,何宝珍很淡定,说她叫王芬芳,是一名教师。审讯员说:"你不是教师,是'共党'。"何宝珍表示不理解。

在上海市警察局,何宝珍竟然看到了徐全直的同学夏之栩。夏之栩与徐全直分别后,各自从事着党的秘密工作,后来夏之栩嫁给了赵世炎。赵世炎是中国共产党早期领导人、著名工人运动领袖。1927年7月,赵世炎在上海的枫林桥畔被残酷杀害后,夏之栩继续丈夫未尽的事业,曾参加上海工人三次武装起义。1929

年，她赴莫斯科学习，回国后，被调到全国总工会女工部工作，与何宝珍有过数面之交。

多年后，夏之栩回忆："1933年春我在上海被捕，被捕后约有二三天时间何宝珍也被捕了。见面后，何宝珍还开玩笑地说：'我在外面营救你们，现在我自己也来了。'在这里，何宝珍又遇见了黄励。黄励曾担任过全国互济总会主任兼党团书记，黄励调离互济会后，何宝珍才调到互济会。黄励是1933年4月25日上午在上海西爱咸斯路七二九弄九号被捕的。"此时，何宝珍叫王芬芳，夏之栩叫黄素芬，黄励叫张秀兰。

上海市警察局认为她们都是重要犯人，又审不出什么，于4月27日晚，将何宝珍、黄励、夏之栩等人押上前往南京的火车。

到了南京，她们被关押在南京宪兵司令部。何宝珍进入牢房时，房间已经挤满了人，她略数了下，有十几个人。

何宝珍虽然被捕了，但敌人并不知道她的真实身份，通过特务得知的只是一鳞半爪的情报。负责审讯何宝珍的是南京宪兵司令部军法处。军法处对付共产党人，采取了各种伎俩：诱惑、威胁、酷刑，最后是枪杀。何宝珍在互济会是负责营救工作的，对监狱的情况比较熟悉，她清楚地知道敌人可能采取的手段。何宝珍被审讯时，诱惑、威胁、酷刑，一样没少。但她始终说自己是王芬芳，一名教师。军法处知道她是共产党，但没有确凿证据，最后判了她15年徒刑，押往南京老虎桥监狱服刑。

9

何宝珍被转监时，正值 1933 年的仲夏，整个南京城酷热难耐，老虎桥监狱像个大蒸笼，看守们挥动着大蒲扇，热得烦躁，嘴巴里骂骂咧咧。牢房里的犯人更是受罪，空气里散发出腐败霉烂的臭味，令人窒息。突然"哐啷"一声响，牢门开了，何宝珍被推进了一间牢房。多年后，同狱的帅孟奇是这样描述何宝珍的："一位新难友被推了进来。她，30 来岁，细瘦的身材，个子不高，身穿一件咖啡色的旗袍，女教师模样。从她那披肩的长发、苍白的脸色和衣服上几处颜色不协调的补丁看去，大概她已被关了好久，也经受了不少磨难。但清瘦的脸盘上一对大大的、活泼美丽的眼睛却闪烁着倔强、坚毅的光芒。她一进屋，身后的牢门又咔哒锁上了。"

牢房里坐着的夏之栩听见牢门开了，估计又有人进来了，抬头一看，是何宝珍，惊叫道："你，你……"何宝珍也看到了夏之栩，同样吃了一惊，没等夏之栩说完，她开口道："还认得我王芬芳吗？真没想到能在这里遇见你。"夏之栩听何宝珍这么说，上前一步道："王芬芳啊，差点没认出来哦，你还认识我黄素芬啊，以后我们一个牢房，慢慢说。"后来夏之栩回忆道："解到南京后，我们在宪兵司令部又见了面，我先判决，何宝珍后判决，宝珍被判了 15 年。我们都在南京模范监狱执行。在模范监狱我们同狱有一年时间，何宝珍是个开朗爽快的人。"

同牢的耿建华和帅孟奇看"黄素芬"认识这个新来的难友"王芬芳"也都站起来迎接。耿建华曾任中共长淮特委委员、妇女部部长兼妇委书记。 帅孟奇曾任浦东、沪西区委和江苏省委妇女部部长，在沪西区委时帮助过黄励掌握日本纱厂的情况，1932年10月10日深夜被捕，1933年1月被判无期徒刑，在模范监狱执行。 此时，姐妹们虽然不能明示自己的身份，但大家都心知肚明，一起参加狱中斗争。

同牢房的有个叫杨张氏（黄海明）的难友，带着一个刚满周岁的女婴坐牢，女婴很好玩，只要一关牢门，她就大哭大闹，谁也哄不住。 孩子一哭，女看守就过来将牢门打开察看发生什么事了。 房门一开，女婴立即停止了哭声。 这事被所长知道了，所长跑来向女犯人吼道："你们玩的是什么诡计，是你们故意将她弄哭的。""不信，你来试试！"大家七嘴八舌地说道。 所长叫女看守把孩子抱进屋，果然，一关门小孩就哇哇大哭，一抱出牢房，她就不哭不闹。 抱出抱进几次，屡试不爽。 所长说："咦，你们共产党连生出的孩子也奇怪！"无奈，他只得叫女看守将小孩抱出来，自己走了。 女婴就由女看守抱出抱进，逗着玩。

这件事，启发了何宝珍她们。

可以借着抱小孩进出的机会传递消息到别的牢房啊！ 而且小孩也可以转移狱卒的视线。 试了几次，非常成功。

一天，熊天荆路过何宝珍她们牢房，顺手从窗孔里塞进了一张小纸条。 何宝珍还没来得及打开看，就听见门外看守嚷嚷拿号子钥匙，何宝珍急忙将纸条丢进刚刚倒空的便桶内，从黄海明手中接过小孩说："你去坐在便桶上，我来唱歌。"她抱着女娃，逗着她唱歌，唱了好一会儿，看守到别的号子去了。 她们便把纸条从便桶中拿出擦净，一看，原来是让她们转递到男号子的。 于是，何宝珍她们又想办法将这张污染的纸条夹在馒头里传到男牢。

南京老虎桥监狱，就是江苏第一监狱，也被称为"南京模范监狱"，监狱墙周围有一道很宽很深的水沟，为了防止犯人逃跑。宪兵们在围墙的四角亭里荷枪实弹地严密警戒。老虎桥监狱本来没设女监，就在这所关押普通犯人的牢房中腾出一个大号子，关押近30名女犯，称为三号号子。

何宝珍在互济会专门从事援救工作，对同狱难友的真实姓名与身份多数是清楚的。她是一位经验丰富的地下工作者，对同牢的人一律装作不知情。她在牢房里乐于帮助别人，像钱瑛、帅孟奇、耿建华等是先入狱的，被折磨得行动很困难，她就为她们提水、端饭、洗衣、倒便桶，尽自己所能从各方面帮助她们。

老虎桥监狱也关普通刑事犯。自政治犯进来后，原来不敢乱说乱动的刑事犯也活跃了起来，她们从政治犯那里学文化，听到反对封建包办婚姻的故事，就学着政治犯向狱方提出改善生活条件等要求。狱方认为这是被"共党"赤化了，就报请上司批准在大号子高墙外面的荒地上，另建了10间简易的小牢房，称之为小号子，每间小号子只能放4张木板床，狱方把政治犯和判无期徒刑的刑事犯关进了小号子，他们认为，无期徒刑的刑事犯被赤化也没有关系，反正她们也出不去了，只要与有期徒刑一两年的普通犯隔离开来就行，使她们出狱后不闹事。

转进小号子时，夏之栩、帅孟奇、耿建华，还有一个被判了5年刑的犯人分在三号牢房。二号牢房住着钱瑛，二号牢房和三号牢房之间的墙上端有一个小洞，装着一个小灯泡，外罩着铁丝网。这个小洞虽不能传递东西，但也能方便她们说话。很快，那个判5年的犯人被调到反省院，何宝珍便说动看守，把她调到了三号牢房。何宝珍一进三号牢房，三号牢房就热闹起来了。耿建华居长，是小脚，被姐妹们称为"小脚大姐"；帅孟奇居二，因为受刑时损坏了眼睛和腿，行动缓慢，放风时总在最后，故而有一个绰号叫"区区"；夏之栩居三，被称为"老三"。三人当中，除耿大姐被判处十年有期徒刑外，帅孟奇和夏之栩都被判了无期徒刑。何宝珍在宪兵司令部的牢房里，姐妹们称她为"大姐"，到了这里，年龄最小，被称为"小大姐"。

三号牢房原是个沉闷的号子，大家都很严肃，自何宝珍来到三号后，这个号子就大变样了。多年后，帅孟奇回忆："自从宝珍进来后，这个号子突然变得热闹起来了，她机智、聪明、活泼、开朗，她曾讲起在南京宪兵司令部牢房里的一件趣事，逗得大家哈哈大笑。""小大姐会唱戏、唱歌，而且还擅长表演，她常常把旧戏曲填上自己编的新词，演唱给大家听。她那丰富的表情、诙谐的动作，常常引得大家捧腹大笑。大家最爱听她那出骂蒋介石的京戏，骂一声，蒋介石，你这卖国的奸臣……在饭后小放风的时候，看守把号子门打开，让囚犯出来刷碗，这时，别的号子的难友要小大姐表演一个，她也痛痛快快、大大方方地站在门口来上一段。她给牢狱里带来了欢乐，给姐妹们带来了精神上的鼓舞。"

在黑暗的囚牢里，何宝珍的歌声为大家驱散了寂寞，让艰难的牢狱生活变得轻松了一些。大家都喜欢她这个乐天的性格。

当然，何宝珍也有忧伤的时刻。何宝珍一沉默，大家就知道她在想念她那三个未成年的儿女，在思念丈夫刘少奇，长子允斌一岁多就送到了湖南老家；次女爱琴刚出生几个月，因大革命失败而被托付给了工友；最让她放心不下的是只有三岁的幼子允若。敌人来时，她仓促中把允若给了邻居大嫂，不知他现在怎样了？有人去领他吗？如果没人领，邻居大嫂会收留他吗？

一想到这些，何宝珍的心就在流血，泪水顺着她那俊秀的脸庞无声地流到她的嘴角。这样的情形往往是一瞬间，她会抹去脸上的泪水，跟三位姐姐说："咳，干革命还顾得了这些。人民不解放，我的孩子也得不到幸福，但愿小宝贝们能在艰难的环境下挣扎着生存下去。只要他们活着，等革命成功后，找到他们，一定要送他们去学习。让他们学习科学，学技术，建设我们的新国家。"

有一天，监狱当局不知发了什么疯，突然在政治犯牢房中进行大搜查，大家没有防备，以致在帅孟奇的铺板上搜出了正在起草的职工运动报告。二科长手抓着"职工运动报告"，奸笑着质问帅孟奇："你不是不识字的工人吗？这是什么？"帅孟奇反驳道："在监狱里闷得慌，不识字，还不兴学？这是抄书练字，在《世界知识》上抄的。"何宝珍接口说："我是她们的老师，我教她们认字，你们对这个号子有什么不放心啊？一个小脚，一个半瞎子，一个老实得连话都不说的。我嘛，一个小学教员，平时就爱唱唱，对我们这些人有啥搞头啊？"

耿大姐和老三也都证明这是练字抄书。二科长把那本《世界知识》拿去仔细查看，杂志上的前段讲世界工运发展史，这个报告刚写了一个开头，都是从这本杂志上抄的。他看看《世界知识》，又看看帅孟奇写的这份报告，把报告扔回去了。二科长虽然无话可说，还是把帅孟奇责打了一顿。

何宝珍还没到老虎桥监狱的时候，女监的政治犯为争取每月洗一次净水澡，已经进行过一次绝食斗争。当时，监狱规定犯人每月洗两次澡，可是每次都让普通犯人先洗，等到政治犯洗时，水脏成了"泥汤"，根本没法洗。于是，帅孟奇便领着大家向狱方讲理。可是监狱的二科长不仅不考虑政治犯的合理要求，反而说政治犯们是无理取闹,把带头的帅孟奇、宋涟拉出去打,把她俩的双手都打肿了。帅孟奇十分气愤,为达到斗争目的,她带领大家进行了绝食斗争,一连3天拒绝进食,狱方本就理亏,又担心事情闹大不好收场,只好让了步,每月两次洗澡,政治犯可以先洗一次了。

何宝珍被捕前是互济会的援救部部长,互济会第一次全国代表大会曾指出:"必须鼓励监内一切犯人及监外革命和同情革命的群众起来斗争,用罢餐、绝食、纷闹等方式,迫使当局改善监狱待遇,到条件成熟时更应举行破监运动,用群众力量夺回被难战士。"会后,济总就发动监狱斗争问题发出了第7号通告,指示监狱内的互济会分会以"要求通讯、读书、接见自由""反对脚镣手铐""增加饭量、荤菜和吃水次数"等要求,组织难友斗争。何宝珍来到南京老虎桥监狱后,把这些斗争当作自己的工作,为狱友争取应有的权益。

何宝珍与钱瑛、帅孟奇、夏之栩等人商量好,决定再次掀起一次绝食斗争,主要是为了争取改善生活条件,同时支援国际友人牛兰夫妇。何宝珍就利用放风的机会,在狱友们之间传递这个决定。

经过充分酝酿,由钱瑛写了一份书面要求,交给监狱当局。列出的条件是:(1)改善伙食,按规定增补一元五角钱的伙食费;(2)允许外面亲友送食物;(3)允许亲友送书籍、杂志;(4)将牛兰夫妇送医院,不能让他们饿死在狱内。

监狱二科科长看了书面要求后说:"你们提自己的条件就行了,为什么要与外国人搞到一块?"她们回答:"都是政治犯,为什么不搞到一块。"要求提出后,狱方好几天没有回音。何宝珍她们便利用开门倒马桶的机会,包围了看守长,让他答复监狱政治犯提出的条件。他不答复。于是,政治犯们与狱方开展了绝食斗争,有小孩的难友不参加绝食。

绝食开始后，难友们把自己存放的饼干、咸菜等食物，以及盛食物的缸子、盒子，统统堆放到号子门外，只留下一个暖壶和喝水杯子，决心以死与狱方斗争到底，不答复要求，绝不复食。绝食的头两天，难友们还能坐着，到了第三天就躺下不能动了，感到头昏脑胀，开始有人吐绿水和黄水。看守们一次次跑来劝吃劝喝，给政治犯们盛饭倒水。牢门也不关了，饭菜摆了一地，忙得看守们慌慌张张地跑来跑去，把盛着稀粥的饭碗放在每人的床前，没人复食。绝食第四天，许多难友都呕吐不止，何宝珍也呕吐得厉害，连绿水都吐了出来，她仍咬紧牙根，继续坚持下去。有一个难友昏迷了，监狱当局恐慌了，立即找来医生抢救。政治犯们表示，不答复条件绝不复食。到了第六天，监狱当局看她们有生命危险，更加恐慌，怕负不起责任，监狱典狱长是个基督教徒，亲自跑来劝说她们进食，跟她们说：“你们提出生活方面的要求，我们可以考虑，但你们要求释放牛兰，他是个国际人士，我决定不了，那是上边的事，就是我答应你们要求，释放他也不行啊，希望你们赶快进食，吃些东西，你们还很年轻，有知识，都是有前途的，将来还有出狱的希望，留得青山在，不怕没柴烧。”第七天，二科长又来与她们谈条件：“外面送食物进来不行，有碍卫生。”何宝珍说：“你们不准外面送食物，监狱伙食这样差，还克扣我们的伙食费，我们长期坐监，你们究竟是想我们死在这里，还是想我们活着出去？要让我们死在这里，干脆现在就把我们拉出去枪毙算了。”她们仍坚持原来的条件。二科长无奈，只好答应全部要求，只是他们不肯释放牛兰夫妇，说是上边的事，他们决定不了。何宝珍等人提出，牛兰夫妇有病要送医院治疗，这是起码的人道主义。最后敌人也只好应允。

绝食斗争胜利了。牛兰夫妇送医院，生活待遇有所改善。每月 10 日一碗猪肉，20 日一碗牛肉，30 日两个鸡蛋。允许外面亲友会面和送食物、书刊。放风时间由过去的 15 分钟改为 30 分钟。自己打饭、打水、倒马桶。每天早晨放风 30 分钟，呼吸新鲜空气，锻炼身体。

1934 年的春天，互济会派人给何宝珍送饼干，狱方不让送。狱方明显违背了监外可以送东西的诺言。何宝珍决定反击。

那天，何宝珍在门洞里责问来查号子的二科长："二科长，你不是答应我们可以送东西的吗？为什么又不让送了？"二科长因为政治犯们绝食斗争胜利了，本来肚子里就有气，遂气呼呼地对何宝珍说："啊，你还敢问呀？就是不让送！""你们为什么说话不算话？说话不算话还算人吗？"二科长气得叫看守开门，把何宝珍拉出来。政治犯们看到了，高喊："不许打人！不许打人！"何宝珍是为大家挨打的，所以大家又高喊："要打就一起打。"结果，二科长叫看守把政治犯们全部拉出去，每人打了一顿。回来后，一个看守对她们说："你看你们真叫没事干，打了一个人就算了，你们都跑出去干什么，打成这个样子。"四个女看守同情她们，买了鸡蛋，用蛋清和着七厘散，给她们敷伤口。被打后，政治犯们开始了第三次绝食斗争。四天以后，狱方只好同意恢复向牢内送食品的承诺。二科长对犯人的残暴行为也有所收敛。

时间一天一天地过去，何宝珍在等待着转机，期望有一天能够出狱，继续为党工作，去找她的子女。

10

1934年秋天的一个上午,宪兵司令部突然又来提审何宝珍。大家都为何宝珍担心,何宝珍自己也不知道为什么突然又被提审。她知道,这种情况,大多凶多吉少。

一路上,她在反思自己什么地方出了差错,左思右想,也没想出哪儿不对。除了夏之栩,没人知道她的真实身份,只知道她叫王芬芳,一名教师。

到了宪兵司令部,何宝珍没有被立刻提审,而是暂时关押在看守所。这里她曾经待过,并不陌生,陌生的是看守所关押的难友已经换了一批。何宝珍没有等太久,狱警就来提审了。

审判员:名字?职业?

何宝珍:王芬芳。一名小学教员。

审判员:你叫何宝珍,不叫王芬芳。你不是小学教员,你是互济总会援救部部长,你的丈夫是刘少奇,你是一个彻头彻尾的共党分子。

这突如其来的一说,何宝珍脸色大变,心脏狂跳一阵。但她很快地恢复了正常。何宝珍知道有人出卖了她,内部出了叛徒。

既然敌人知道得这么清楚,再瞒已没有意义了,于是,她冷冷地回答:"既然你们都知道了,还问什么呢?"

何宝珍的脑海里飞速地转着:这个叛徒是谁呢?

前段日子，一位互济会的女会员被捕也关在模范监狱。这女人的丈夫先被捕，已叛变自首，女会员害怕，有些动摇不定。何宝珍便趁放风之际做她的思想工作："你不用害怕，你现在有孕在身，你丈夫绝不会供出你的。只要你一口咬定自己是个家庭妇女，生孩子时，是可以取保候审的。"女会员听了何宝珍的劝告，觉得有道理，心里也不害怕了，也没有叛变自首。果然，她丈夫没出卖她。没过多久，因为临产被保出狱了。生育后，她仍在互济会工作。遗憾的是，这位女会员又重新被捕，经不住严刑逼供，把小大姐王芬芳教她的话供了出来，致使国民党当局对何宝珍的身份产生了怀疑。

怀疑归怀疑，没有任何证据证明王芬芳是"共党"。就在这个时候，林素琴被捕了。林素琴又叫林月英，福建人，很胖，一只眼睛坏了，她的丈夫叫"小湖北"。夫妻两人都从事着党的地下活动。谁知"小湖北"被捕叛变。林素琴被调到互济总会任援救部干事。在何宝珍被捕一个多月后，林素琴与邓中夏同时被捕。叛徒"小湖北"在得知林素琴被捕后，特意从南京赶到上海，协助国民党特务机关把林素琴引渡到南京，在国民党特务机关的酷刑及丈夫的劝降下，林素琴叛变了，供出邓中夏的真实身份。本来在中共、宋庆龄及史良律师的营救下，邓中夏已经被江苏省高等法院第三分院判处52天徒刑，可保外就医。就在这时，林素琴出卖了邓中夏，邓中夏被判处了死刑，于1933年9月走上雨花台刑场。林素琴知道几个狱中的同志经常与外面互济会的同志联系。有时，互济会同志给狱中同志送药品、衣物和钱。有家属的，就联系家属探监时送进去；没有家属的，就派人以各种名义去探监。

对狱中同志的营救是件复杂的事，要了解被捕人的具体情况。

为了安全起见，互济会的同志不会轻易探监与其联系，常常要狱中身份不敏感的同志，通过在狱中打听相关消息，再通知互济会负责营救的同志。何宝珍在狱中就经常接到这样的任务，她经常趁放风或者洗刷马桶、衣物的时候与周边的难友们取得联系，了解相关情况。互济会派人来给何宝珍送东西的时候，她便将消息一并传出去。

所以，林素琴知道狱中的何宝珍常与外面互济会同志联系。但林素琴只知道何宝珍的名字并没有见过何宝珍，因此在叛变之初没能指认出她，现在她得知那个互济会女会员的口供后，断定模范监狱的王芬芳就是何宝珍。

何宝珍的身份因此暴露。

监狱当局确认了何宝珍是互济总会的援救部部长后，急于撬开她的嘴，以获取更多的情报，遭到何宝珍的拒绝，重刑加身她也拒不供认。

于是，法庭将何宝珍的15年徒刑改为死刑。

1934年深秋的一个清晨，秋阳尚未出来，何宝珍在一队军警的押解下，走下汽车，一步一步地走向雨花台刑场。她面向东方，仰望着破云而出的一缕晨曦。瞬间，晨曦散开，阳光下奔跑着自己的三个儿女，斌斌、爱琴、毛毛。斌斌在阳光下奔向自己，用糯糯的湖南话喊着"妈妈——妈妈——"何宝珍那32岁苍白消瘦俊俏的脸上露出母爱的微笑。

身后的枪声响了。

母亲的微笑凝固在一张俊俏而憔悴的脸上。

刘少奇得知何宝珍牺牲的噩耗后，沉痛地称赞何宝珍："英勇坚决，为女党员之杰出者。"

何宝珍与刘少奇共同生活了十年,育有长子刘允斌,次女刘爱琴,幼子刘允若。长征后,刘少奇在延安定居,思念他的儿女。1938年5月31日,《新华日报》上刊登了刘少奇的一条寻女启事:"寻找工友赵春山:10年前刘少奇先生的一个女儿托先生抚养,他现在想见他的女儿,知情者请来本报馆营业部一谈。"启事刊登后,刘爱琴的养母把她送到延安;同年,长子刘允斌也由湖南老家来到延安;幼子刘允若被邻居大嫂送给一个贫苦农民做养子,曾流落上海滩,当过学徒、卖过报纸、捡过破烂,最后成了一个小乞丐。1946年党组织终于找到了他,把他送到父亲刘少奇的身边。

1945年3月22日刘少奇为前妻何宝珍写了"烈士传":

何葆珍,女,湖南道县人,湖南衡州第三女子师范学校学生。1922年加入社会主义青年团后转入党。因反对学校当局的学潮被开除学籍,1923年到安源路矿工会所办之工人子弟学校教书,是年与我结婚。和我一道参加过长沙、上海、广州、武汉、天津、满州等地党的、工会的、妇女群众的许多工作。生二子一女,于1932年(实为1933年)在上海被国民党宪兵逮捕入狱,被判徒刑十五年,由南京第一监狱执行。因她与狱外党的组织发生关系,被发现,第二次判决在南京枪毙。

第五章 她们只求「生若夏花般绚烂」

杨奎松在《国民党的"联共"与"反共"》中说："1932年10—11月间，国民党特务机关在上海接连破获共产党机关赤色互济会、上海区委、江苏省委、省军委、失业工人委员会和纺织工会等机构十几处，逮捕中共各相关负责人等六十余人。结果是破获一处，得到一批供词；再破获一处，再得到一批供词，如此中共在城市中各个秘密机关遭到巨大的破坏。1933年1月31日国民党特务机关破坏共青团中央机关，也是一个供一个，最后陆续捕获三十余人。据不完全统计，自1931年至1933年秋，不到三年的时间里，被捕自首的共产党人人数为276人，平均每年不足一百人。国民党最具成效地捕获地下共产党人和破获其机关的时间，是从1933年秋至1934年秋，亦即红军南方根据地全面失败的时期。在不过一年时间里，各地共产党人被捕者即达4505人，自首者竟达到4213人。自首叛变率竟达94%。

为何有如此多的共产党人自首叛变？国民党出台一则《共产党人自首法》，其法规定："犯有《暂行反革命治罪法》认定之罪，于发觉前自首者，得减本刑三分之一或二分之一。如检举其他共产党人，因而查获人犯及证据者，或未犯各该条之罪而自首者，均得免除其刑。自首人犯执行刑期已逾二分之一，行状善良，悛悔有据者，应准保释。免刑之共产党人得由法院交保，或移送反省院。"这之后，南京国民政府又进一步颁布了《反省院组织条例》，其所控各省均先后有反省院或感化院之设立，专门用来关押和收容被认为有自首表现的共产党人。

时任中共江苏省委组织部部长的黄励于1933年4月25日在上海被捕；时任共青团上海闸北区委书记的郭纲琳于1934年1月12日在上海被捕；季月娥是共青团中央机关工作人员，在团中央遭到破坏时,她在公共租界被捕。

她们是那6‰的绝不自首当叛徒的女革命者。

黄励：策反狱卒的组织部部长

1

1925年的10月，武汉真正进入了秋季。几天前还暑气浓重，一场雨过后，最烂漫的秋色就呈现在人们的眼前。银杏、红枫、梧桐，还有空气中飘散的桂花香，真是"三黄两翠五分红"。20岁的黄励穿着新做的夏布洋服，拎着一只皮箱走在铺满落叶的小径上。到了码头，她放下皮箱，观察着四周三三两两匆忙而过的人们，感觉这些人中没有身份不明的便衣，也没有鬼鬼祟祟的特务，便拎起皮箱大大方方地上了停在江边的一艘前往上海的客船。

图 5-1 黄励

第五章 她们只求"生若夏花般绚烂"

黄励此去的目的地是莫斯科。

苏联十月革命后，莫斯科就成了世界革命的中心，黄励从瞿秋白的《饿乡纪程》与《赤都心史》中了解了苏联的红色革命。她渴望有一天能踏上那片红彤彤的土地。这个愿望马上就要实现了。一路上，黄励满怀着希望和憧憬，想象着自己即将开始的新的生活和革命，不知不觉就到了上海。

按党组织的要求，黄励与湖北党组织选派的其他年轻人抵达上海后，住进了上海法租界的一家旅社。此时，黄励才知道，将要与她一起去莫斯科的有几十个人，他们也从各地抵达上海。当时是国共合作期间，莫斯科中山大学招生的消息传到国内后，以国民党名义，分配给各省10个名额。去苏联留学成了当时的一种时尚，一些国民党要人也把自己的子女送往俄国，蒋介石儿子蒋经国、冯玉祥儿子冯洪国、邵力子儿子邵志刚、叶楚伧儿子叶楠、于右任女儿于秀芝等也参加了这期的留学活动。中共选派的有河南籍的杨放之、江苏籍的姜还麟、姜余麟，还有后来成为中国革命领导人的张闻天、王明、沈泽民、王稼祥、张琴秋等人。姜还麟与姜余麟是来自松江的兄弟俩，他们是这本书另一个主人公姜辉麟的两个弟弟。此外，还有同船前往苏联参加会议的张国焘与李立三。当然，此时的黄励还不认识他们。当时正值江浙军阀混战，时局紧张，他们被要求不得外出，潜居在旅社，等候苏联货船的到来。

一番周折与手续之后，在苏联驻上海领事馆的协助下，一个漆黑的夜晚，这几十个年轻人避过了北洋军警与外国巡捕的盘查，乘小船经吴淞口来到黄浦江边，登上了停泊在江边的苏联货轮，走进几乎透不过气的封闭货仓里。当夜，这艘货轮就启航了，驶出上海黄浦江，靠近日本海时，黄励与同船的未来同学才从闷罐一样的货仓中走出来，大家奔到甲板上，这才相互认识。

就是在这艘苏联货轮上，黄励认识了她后来的伴侣杨放之。

杨放之是河南济源县合河村一位地主的儿子，生于1908年。这位地主的儿子在学校里接触了《响导》《新青年》等进步刊物，思想深受影响。第一次国共合作期间，倾向革命的杨放之加入了国民党左派阵营，通过了河南青年学生赴苏联莫斯科中山大学留学的选拔，与几个青年从河南来到上海，与黄励等人一起前往苏联。此时，杨放之才17岁，比黄励小3岁。杨放之虽接受了马克思主义，但他还不是共产党员。就在他到达苏联的第二个月，经刘少文介绍，杨放之入了团，当时称为"少年共产党"，并担任团支部书记。这样，更加拉近了他与黄励的关系。一年半后，就在中山大学，杨放之又由王稼祥介绍加入了共产党，随即担任了党支部委员。这是后话，我们还是先说说这几十个学生的赴苏联之旅。

他们经过日本门司港，十几天后的11月初，抵达苏联边境城市海参崴（今符拉迪沃斯托克，下同）。此时，苏联国内革命战争虽已结束，但国民经济尚未恢复，西伯利亚铁路设备十分简陋，从海参崴到莫斯科的列车要跑半个多月。列车走走停停，一路颠簸，辛苦了这几十个年轻人。好在，这些年轻人都充满活力与激情，在一起谈理想、谈人生，冲淡了旅程中的艰辛。黄励本来就不怕吃苦，此时又有杨放之等人做伴，大家在一起谈苏联革命与苏联文学、谈十月革命、谈普希金、谈托尔斯泰、谈高尔基。11月下旬，他们终于抵达了莫斯科。此时的莫斯科，严寒刚刚开始，冰天雪地，从北冰洋来的寒风吹在人脸上犹如刀割般的疼痛，白雪的光影下，那些异国建筑的屋顶泛着耀眼的白光。瞬间，黄励感觉自己来到了童话世界。在寒风中逗留的时间很短，他们就进入了温暖如春的莫斯科中山大学。

2

莫斯科中山大学，从校名就知道，苏联和共产国际为了纪念孙中山，支援中国革命而创建的一所大学。校址坐落在莫斯科近郊的沃尔洪卡大街16号，曾任苏俄驻华代表的越飞任主席，拉狄克任校长，布哈林、列宁夫人克鲁普斯卡娅等人为校董。

学校楼原是一位大资本家的别墅，是一座庞大宏伟的四层楼房，高大敞亮的教学楼、华贵的御寒壁炉、浮雕华美的大厅、富丽堂皇的吊灯，让中国学生感到异国情调。校舍里有宿舍、教室、食堂、小吃部和学校的办公用房等。不久又修了俱乐部。有了俱乐部，学校的文娱活动就活跃了起来，照相、活报剧、唱歌、跳舞、绘画、打球、滑冰等活动一件一件地开展了。

学校楼前有一个大花园，花园边上是成片的白桦树林，黄励他们下课后会去那里散步、聊天。学校把学生的衣食住行安排得也很好，待遇比普通老师还高。他们的伙食标准比苏联大学生的伙食标准高一倍，一日五餐。后来照顾中国人的饮食习惯才改为一日三餐。鸡蛋、面包、黄油、牛奶、香肠、鱼子酱应有尽有。学校还专门安排人到远东地区采购中国蔬菜，请中国厨师来做饭给中国学生享用。

黄励他们是莫斯科中山大学的第一批学生，学校发给他们西装一套、外套一件、皮鞋一双，还有毛巾、浴衣、衬衫、手帕等。他们出门乘车全程免费，学校发给学员每月10卢布的生活津贴。领到学生证时,黄励激动不已,感慨自己能在这么好的环境中学习。多年后,同志们还记得,黄励的学生证是110号。

一切安排妥当后,莫斯科中山大学的开学典礼开始了,苏共中央政治局委员托洛茨基站在讲台上对大家说:"从现在起,任何一个俄国人,如果他用轻蔑的态度来对待中国学生,见面时双肩一耸,那他就绝不配当俄国的共产党人和苏联公民。"托洛茨基的话让黄励和她的同学很感动,她对杨放之说:"祖国的同志还在艰苦环境中战斗,我们幸运地来到这里,应当刻苦学习,学好本领,回去战斗。"杨放之后来回忆说,中山大学的两年学习,黄励真的非常勤奋与刻苦,她非常珍惜这个学习机会。

学校请来了"三八国际妇女节"的发起人查德根女士来学校演讲;请来了孙中山先生夫人宋庆龄来演讲;请来了现代舞的先驱邓肯女士来表演……

每次去听演讲,黄励都是与杨放之牵手同行,他们在这些演讲与表演中,获得了精神的充实与快乐。

1926年,21岁的黄励与18岁的杨放之结为革命伴侣。在接下来中山大学复杂的人际关系和矛盾中,他们相互倾诉,相互慰藉,彼此成就,彼此欣赏。

1927年3月21日,中国国民革命军占领了被北洋军阀长期盘踞的上海,消息传到莫斯科,黄励与中山大学的同学,涌上街头欢庆中国革命的胜利,热情的莫斯科市民也加入他们的欢庆中。

22天后的4月12日,蒋介石在上海发动政变,在南京宣布清共。国共两党分裂,消息传到莫斯科,莫斯科中山大学瞬间变为一所空气沉闷的学校。以前,国共两党的学生在一起虽有一些小摩擦,总的来说还算岁月静好。自四一二反革命政变后,两党学生一

图 5-2　黄励与爱人杨放之在莫斯科郊外的合影

下子变得生疏，连说话都小心谨慎，见了面都不知说什么好了。几天后，矛盾开始激化。

1927 年 9 月，莫斯科中山大学首期学生毕业。王明、张闻天、王稼祥、沈泽民等一部分人被留在学校任教和做翻译工作，黄励和他们一样，被分配到莫斯科中山大学党的建设教研室工作。

3

莫斯科中山大学并不是风平浪静的世外桃源、远离时代风潮的"象牙塔",而是具有浓郁的文化特征的政治舞台,因此注定是中国革命进程和联共内部斗争紧密相联的"十字街头的高塔"。米夫升任莫斯科中山大学校长不久又担任了共产国际东方部副部长,成为莫斯科中山大学权力的绝对支配者,作为米夫翻译的王明,在莫斯科中山大学具有举足轻重的地位。米夫有意在中国留学生中扶持王明等人,想通过他们控制中国共产党。王明为了巩固自己的势力,在米夫的支持下,制造了"江浙同乡会""工人反对派"等一系列事件,"江浙同乡会"被说成"反党小组织",一些老党员遭到了无情地打击。在中共"六大"后,逐渐把斗争的矛盾指向了以瞿秋白为首的中共中央驻共产国际代表团。校园里的各种矛盾交织,震撼人心的事件接连不断。黄励在学校党的建设教研室工作,当然被裹挟了进去。

此时,黄励已经是一位成熟的革命者了,对眼前的情况看得明白,她认为最了解国内革命情况的还是中共中央代表团的负责人。因此,她也遭到了王明宗派集团的打击与排挤。

1970年5月30日,同在莫斯科中山大学学习的陈修良回忆:"黄励在留苏期间是一个相当有活动能力的女同学。1927年至1928年间任过工会的女工委员会主任,经常组织一些女同学到各工厂去宣传中国的工人运动。她是反对王明反党宗派小集团的一个女将,后被王明所排斥、打击,1928年后没有让她再担任支部的领导工作，只当普通的翻译。"杨放之回忆说："他们矛头是对瞿秋白、邓中夏等的中共代表团，他们造谣污蔑，说这个是右倾，说那个有错误，对他们的做法多数人是反对的。他们的后台是莫斯科中山大学的校长米夫。黄励立场坚定，旗帜鲜明，对他们很愤慨。黄励遭到他们的打击。后来中共代表团把我们调到海参崴工作，到海参崴工作是邓中夏派的。"

当时，中共代表团的分工是，瞿秋白担任共产国际代表，邓中夏担任赤色职工国际代表。

第二年，世界反帝大同盟在柏林举行代表大会，中共中央决定在莫斯科组成以瞿秋白为首的中国代表团，黄励是代表团成员之一。这年的秋天，黄励与杨放之还没来得及欣赏莫斯科的秋景，就随瞿秋白前往德国柏林参加世界反帝大同盟代表大会了。大会期间，代表团与各国代表进行广泛地讨论和交流，黄励夜以继日地工作，帮助瞿秋白搜集材料，准备瞿秋白的发言稿。这次任务，可以说，黄励完满出色地完成了。

从柏林回到莫斯科不久，黄励与杨放之又随邓中夏前往海参崴参加第二次太平洋地区职工代表会议。会议期间，美、日、中、朝等国代表一致认为，由于蒋介石叛变革命，太平洋职工书记处无法在中国继续工作，决定将书记处由汉口迁往海参崴，创办了《太平洋工人》月刊，用日、中、朝三国文字印行。会后，黄励与杨放之就留在了书记处工作，负责《太平洋工人》中文版的编辑工作。杨放之任《太平洋工人》杂志主编，黄励任编辑。

黄励在做编辑的同时，也为刊物通宵达旦地撰写文章，介绍各国工人运动的情况，也介绍中国红军在湖南、江西一带开展武装斗争的情况，有时她应邀到海参崴的学校和工厂去介绍中国的革命斗争情况。他们编辑的刊物，由海参崴秘密发行到海参崴等地及中国东北几个省。让海参崴人民了解中国共产党在国内的情况；让东北人民看到各国工人运动情况，激发他们的战斗热情。当时，《太平洋工人》秘密发行到中国东北有两条道，一条是从海参崴走陆地运到哈尔滨；另一条是从海参崴走海路运到大连。

相对于莫斯科中山大学，在海参崴编杂志的这段时间，是黄励短暂一生中最宁静的日子。虽然辛劳艰苦，但工作简单、生活单纯，他们租用了小山坡上一位俄国老太太的房子，常常一起去铁路车站的工人食堂吃饭，由于副食品供应紧张，每天只有四两黑面包，几块咸鱼，蔬菜很少，肉类几乎没有。两人白天在海参崴边区工会办公，编辑刊物，晚上或者和苏联朋友聚会畅谈，或者到海滩散步，相互抒发对祖国与亲人的思念。

在这里，黄励怀孕了。这是一个意外，这个意外给她带来的不是喜悦而是烦恼。黄励太忙了，身在异乡，考虑到孩子出生后身边没有长辈亲人帮着照料，不仅会拖累他们的革命工作，对孩子的成长也极为不利，黄励遂决定把孩子打掉，与杨放之商量，杨放之虽然心有不忍，但还是尊重黄励的选择，去医院打掉了孩子。

海参崴的工作和生活虽然安宁，但从国内不断传来坏消息，让黄励在异国他乡待不下去了。那日两人在海边散步，黄励把她想回国的愿望说给了杨放之，并与其商量，向党组织申请回国。杨放之也想回国，非常赞成黄励的想法。于是，黄励向组织写了回国参加革命的申请。1931年9月，黄励的回国请求被获准后，两人就开始为启程回国做准备了。

他们同一天来到苏联，已经6年了。对苏联不是没有感情，那晚，他俩又来到海边，向工作了两年的海参崴告别。几十年后，杨放之回忆道:"那晚,黄励特别思念她的母亲与姐姐,看着茫茫的大海,黄励很有感触地对我说:'长沙,那里还有我的母亲和姐姐,可是,恐怕没有机会回家乡了,回国后,我们要是能到苏区,那该多好啊!'"

黄励是1905年出生在湖南益阳县的一户农家,7岁丧父,靠母亲与姐姐洗衣、做鞭炮维持家里生活。黄励自幼聪明,非常想读书,母亲就用她积攒的一点钱送女儿进学校。母亲与姐姐日夜操劳供黄励读书。黄励不负母亲与姐姐的辛劳,小学毕业后考入长沙衡粹女子职业学校,选修了缝纫科。她想学一门实用课,毕业后帮母亲养家。她哪里知道,她的这项技术为她后来从苏联回国后从事革命工作,缝制各种化装用的衣服提供了方便。1924年,黄励在舅父的帮助下,来到武昌,考上了中华大学文科。在这所学校里,黄励接受了新的思想,幼年时期家庭苦难的生活使她朦胧的革命思想发了芽,立志要为像她母亲与姐姐那样的劳苦大众谋求幸福。第二年,她加入了中国共产党。随后,党组织派她和一批同志来到苏联。一待就是6年,现在终于要回国了,回家了。

说到动情处,黄励深情地望着远方的海面,任凭海风把她的短发吹乱,任凭海水漫过了她的脚踝,一阵海浪涌来,黄励的衣裙透湿,但她丝毫没有察觉,她完全沉浸在即将回国的喜悦与想象中。

4

1931年9月底,黄励与杨放之离开了海参崴,踏上了归国之途。

这是一次秘密的归途。他们是革命者，不能让人跟踪，不能让人知道他们是从苏联回国的。

按照当时秘密工作的规定，他们先到赤塔，紧张地做些归国的准备。到了离开赤塔的那个晚上，他们精心地为自己化了装，根据当时的实际情况，他们认为化装成一对商人比较安全。于是，又是在一个漆黑的夜晚，一对东方男女青年商人带着笨重的行李与另外两人一起来到了边境，登上了一辆有车厢的马车。4人没有与驭手有任何的语言交流，驭手是在执行一项特殊任务，也一言不发，看着他们进了后面的车厢，扬起马鞭，"啪"的一声，几匹马奋蹄向前，向着前方狂奔，20分钟后，马车载着他们越过了边境线。

下车后，他们没有停歇，立即赶往火车站，买票上了火车。一进入中国领土，黄励的心儿欢快如风，归心似箭。她闻到了祖国的味道，她甚至闻到了家乡的辣椒味道。火车到了哈尔滨，他们没敢停留片刻，继续乘火车前往大连。当他们踏上大连开往上海的轮船时，黄励的泪水就出来了：终于回到了祖国，终于回到了战斗中的祖国了！

那年从上海乘船去苏联时，她才20岁，如今她已26岁，且为人妇了，黄励与杨放之在国外生活了6年。在这6年里，中国发生了怎样的变化啊！他们离开中国时，国共两党还是兄弟，共同讨伐北洋军阀，后来，国民党在上海"清共"，国共两党分裂。所以，他俩刚刚走出码头，一踏上上海的土地，立即就闻到了散发在空气中的血腥味。他们的感觉没错。

1930年5月，中共中央委员恽代英在上海被捕；

1930年12月，中共上海江湾区委书记马克昌等10余人在上海被捕；

1930年12月，上海劳动大学党支部书记倪朝龙在上海被捕；

1931年4月，全国总工会秘书长谭寿林在上海被捕；

1931年8月，国民革命军总司令部原政治部主任邓演达在上海被捕。

…………

在中共最艰难之时，黄励回来了，回到了党中央和江苏省委驻地上海。

很快，党组织的任命下来了。黄励任中国赤色革命互济总会主任兼党团书记。这是中共领导的一个革命群众组织，是党的外围组织之一。互济会最重要的工作是营救被捕的同志；救济死难烈士和被捕同志家属，并在发展互济会的过程中发展党员，协助地方党组织在空白地区建立党支部。

杨放之任中共江苏省委党报委员会委员、中共沪西区委宣传部长，组织上要求他先在海员中开展反日救国活动，并联系纱厂工人，发展党员，建立党组织。

按照组织要求，黄励与杨放之这对夫妻不能在一起生活。黄励重组了一个"家庭"。

互济总会的机关是一个"家庭"，这个"家庭"成员都是党内同志。朱老妈妈是家长，成员是她的女儿朱晓云、黄励、罗俊（互济总会宣传部长）、彭湃的长子阿松。一位"母亲"和三个儿女、一个孙子生活在一起。

这"一家人"其乐融融，黄励住亭子间，是这家人的核心，她尊老爱幼，待朱妈妈如同自己的母亲，对待阿松如亲侄子，她常常给阿松讲革命故事，为他辅导功课。阿松原先是和他祖母住在一起的，生活非常困苦，党组织就把阿松接了出来，交给了互济总会，让总会的同志好好抚养教育阿松。令人遗憾的是，阿松在上海街头吃了不干净的酸梅汤，患上了流行性脑炎，送到医院抢救时已经晚了，抢救无效死亡。这件事对黄励的打击很大，她悲痛之极。党组织嘱咐互济总会好好抚养彭湃烈士之子，谁知出了这种事。

杨放之在沪西区委工作，与黄励一两周才能见上一面。

任职后，黄励立即投入工作中。她首先选择下到基层，尤其是广大工人群众中。黄励不是工人出身，又刚从国外回来，为了尽快熟悉这个不熟悉的工作，黄励告诉自己，要改掉往日的工作、生活方式，必须融入工人群众中去。

选择什么地方呢？上海沪西区是日本纱厂集中的地方，五卅惨案就发生在这里。黄励首先找到沪西区委妇女部部长帅孟奇。帅孟奇比黄励年长几岁，两人是湖南老乡，又同在苏联留学。帅孟奇听说党组织派一位同志到沪西区的工人中开展工作，但她不知道是谁。黄励找到她时，方知是黄励。两位老乡见面，亲热有加，当得知黄励要向她了解工厂斗争情况和工人生活状况后，帅孟奇把她掌握的日本纱厂的情况和工作中将要遇到的困难一五一十地说给黄励听。

与帅孟奇会面后，黄励心里也有了底。于是，她上街买了几件旧衣服，再把旧衣服改制成工服。一日，她穿上工服，再经过一番化装就去了工厂。到工房与工人拉家常，帮女工们做饭、哄孩子，给工人的孩子裁剪衣服，在家长里短中，她用通俗浅显的语言把革命道理说给工人听。工人们从未听过这些道理，原来他们以为自己天生就是贫贱的命，是吃不饱、穿不暖、有病看不起的命，经黄励这么一说，他们知道人生而平等，原来自己是受压迫的，是受资本家剥削的。黄励还编了一首歌谣教她们唱：

北风呼呼声怒号,

手提竹篮往外跑,

望一望工厂未到,

哎哟,哎哟,

望一望工厂未到。

马路跑过两三条,

两只腿脚都酸了,

去迟了工厂门关了,

哎哟,哎哟,

今天工钱罚掉了。

从这首歌谣中,我们看出,黄励已经深入了工厂,了解工人的苦难生活。这歌谣朗朗上口,形象而生动,没有文化的工人们一学就会。

几次接触后,工人们就喜欢上了这位有学问又可亲的黄励。她像吸铁石一样,身边围绕着众多的女工。女工们遇到困难也找她,寻找解决方法,有人闹了家庭纠纷,也来找她调解,一个工人病了,她陪病人进医院,不失时机地对病人说:"靠资本家给的那点钱是养不好病的,要靠自己愉快的心情。病好了,咱们工人团结起来,向资本家作斗争。"病人听了,觉得黄励的话真有道理。

在这些日本纱厂中,最难做工作的是喜和纱厂。这家纱厂的资本家,派人从江苏、浙江、安徽农村招来一些女童工,给她们很少的工资,女童工们吃不饱穿不暖,每天却要干 11 个小时的活。下工后就被困在小黑屋里,禁止她们与外界接触。

黄励听说这种情况后,决定亲自去试试接触这些女童工。

如何才能接触到这些童工?经过思考后,黄励选择了两个时间段，童工上下班的路上，一个是黎明，一个是夜晚。于是，黄励穿着她的那套工人服装，在小沙渡工厂附近的马路上走来走去。这一招很灵，很快黄励就与喜和纱厂的成年女工搭上话了，继而，又变成熟人了。其中一位杨姓的女工性格外向，心直口快，把黄励当作自己人，对黄励无话不说，无事不谈。一天，黄励问她："小女工们为什么不出厂门玩玩呢？"杨阿姐说："工头们不准她们出来。"黄励充满同情地说："这样不好，应该让她们出来透透空气，哪怕在院子里走一走也好啊，难道就在厂房与黑屋子里过一辈子吗？你们当阿姐的，应该帮帮这些小妹妹。"

通过杨阿姐的关系，黄励等在路上，终于与喜和纱厂的小女工们认识了。黄励向她们介绍外面的世界，告诉她们："沪西区有个工人补习学校，你们这么小的年龄应该去那里学习文化。"

这所补习学校是沪西区委办的，黄励有时也去补习学校教工人识字，给工人们讲课，讲解工人为什么受资本家的压迫和剥削，怎么才能使自己得到解放。喜和纱厂的成年女工也联络了一些小姐妹来听，她们把听到的内容，在厂内口口相传，一传十，十传百。女工们的觉悟在这些传播中得到了提升。

紧张危险的1931年终于过去，1932年刚到来，上海就爆发了"一二八"淞沪抗战事件，十九路军奋勇抗击入侵上海的日军。上海50多家日本工厂的六七万工人，在举行罢工后，全体工人自动退出工厂。其中沪西区十几个工厂的工人，成立了沪西区工人反帝大同盟，大同盟领导着沪西日本工厂的40 000多名工人抗日行动。在黄励的活动下，喜和纱厂的女工们，也走出工厂，她们打着旗帜，喊着口号，行进在上海的街头巷尾，和广大工人一起坚持了3个月的罢工。

黄励撒下的革命火种，终于燃烧起来了。

5

正在黄励忙着营救被捕同志时,杨放之在英租界被捕了。

黄励知道这事时,已经是几天以后了。她焦急万分,日夜考虑怎样营救杨放之。自回国后,他们聚少离多,各自忙着革命事业,如今丈夫被捕,这让黄励在焦虑的同时,也有些自责。自己忙着下工厂、营救同志,很少关心丈夫,虽然他们时刻做好了被捕的准备,但杨放之被捕,黄励还是感觉意外与悲痛。回国后,黄励听到、看到了许多同志被捕牺牲,她也担心自己再也见不到丈夫杨放之了。

经过了解,黄励得知,杨放之的身份尚未暴露,营救还来得及。于是,互济总会立刻为杨放之找了律师。在法庭上,尽管法官没有在杨放之身上审出什么来,但还是判了他两年半的徒刑,押解到苏州反省院囚禁。

在营救杨放之的同时,黄励还在营救其他同志。黄励知道,做营救工作,不能单枪匹马,所以,黄励一方面组织互济总会的同志,开展营救工作;另一方面通过互济会会员寻找可靠的社会关系,动员被捕人员的家属或亲属出面营救。另外一个方式就是请律师辩护,力争少判几年刑期。

营救工作是极其机密的,所以,黄励用上了她的化装术,有时穿着工人服装,有时穿着学生服,有时穿着旗袍化装成大学教授,在各阶层人士中奔波营救自己的同志。

此时的上海,繁华的背后是白色恐怖,许多同志被捕,不时有人叛变，互济会的工作越来越艰险。"做营救工作，必须大胆细心，要机智，要善于接近群众，尽量避免损失。"这是黄励做营救工作的心得。

1932年7月17日，中共江苏省委在上海共和大舞台召开全省各界群众代表大会，支援东北义勇军，反对上海停战协定，号召同胞们团结起来，一致抗日。当局闻讯，派了大批军警特务来到会场，抓走了几十名代表和群众。

黄励立即赶到互济会机关布置营救工作，她自己化了装，到处呼吁："东北抗日义勇军是我们的兄弟，我们应当支援他们。参加大舞台群众大会的代表是我们选的，他们代表着我们的要求，如今他们被当局逮捕，大家应该团结一致，营救我们的代表。"

愤怒的人们包围了上海市公安局。当局受到沉重的打击。

黄励撒下的火种，又燃烧起来了。

做营救工作，不可能待在家中。黄励天天往外跑，尽管每次都化装外出，但随着一批又一批同志被捕，特务开始注意到她了。

危险正在一步一步地靠近黄励。

此时，黄励正在营救牛兰夫妇。牛兰是共产国际远东局的情报官员，担负着对远东的中国、日本、朝鲜及东南亚地区各国的情报与联络工作。1931年6月15日上午，上海公共租界巡捕房的警探逮捕了牛兰夫妇。牛兰夫妇被捕以及他们真实身份的暴露，使共产国际在中国的组织系统几乎瘫痪；中国共产党组织与共产国际远东局的联系也被中断。8月9日，租界将牛兰夫妇引渡给南京国民政府。上海的有关人士组织了"牛兰夫妇上海营救委员会"，宋庆龄是主席，史沫特莱是书记。作为中国赤色革命互济会主任的黄励，在营救牛兰夫妇中担任着发动群众示威游行的工作。回国后深入群众使她做此工作已经得心应手。她走街串巷,进厂出店,发动市民发动工人发动业主,鼓动学生,出来声援牛兰夫妇。1932年8月19日,南京国民政府在中外舆论的谴责下,以扰乱治安、触犯"危害民国紧急治罪法"的罪名,判牛兰夫妇死刑,又援引大赦条例,减判为无期徒刑。

6

1933年,上海的春天来得特别早,街头的迎春花一朵一朵地开放时,黄励被调到江苏省委组织部任部长。

这个任命,对于黄励来说,可谓临危受命。

此时,在上海的中共中央机关和江苏省委机关接二连三地遭到敌人的破坏。黄励要做的第一件事就是发展党员,重建党支部。

黄励调任江苏省委组织部工作后,与组织部的秘书周光亚的老婆黄润华住在一起。不久,周光亚被捕了,周光亚经受不住诱惑,叛变了。黄润华探监时,黄励的行踪就暴露了。

这一切,黄励毫不知情,她还是每天早出晚归,忙碌着江苏省委组织部的事。她的行踪都在敌人的监视之中。

但是,党中央察觉出异样来了,虽然不知详情,但感觉哪儿不对劲。为了黄励的安全,决定调她去苏区根据地。

去根据地是黄励的愿望。回国前,她曾跟杨放之说,希望组织能分配她去根据地,现在,这个愿望总算实现了。黄励想象着自己穿上军装,拿起武器,在战场上与敌人对决,在硝烟中勇往直前。她做着离开上海的准备,等待着通知,前往根据地。

4月25日上午,黄励正在西爱咸斯路七二九弄九号的家中收拾行李,丝毫没有发现门外的异样。 11时,军警和法租界巡捕闯了进来。

黄励被捕了。

1933年4月28日上海《申报》刊载了标题为《捕获女共产党——长沙人张秀兰》的消息:上海市公安局局长文鸣恩,于日前接得密报,谓有共产党女党员长沙人张秀兰,即黄丽,现年二十九岁,匿住法租界西爱咸斯路七二九弄九号门牌,在沪秘密工作等情。 文局长据报,于前日上午,备文派员投法捕房,声请协助拘捕移提等情,当由政治部长派中西探会同按址驰往,将张拘获,并抄出文件书籍等物,带入捕房。 翌日下午解送江苏高等法院第三分院请讯。 三点半时,由周韫辉刑庭长偕郭德彰、樊培思两推事会同检查官开刑三庭提审,捕房律师姚肇策出庭声请延期调查。 公安局亦派员到案,请求移提。 因庭上宣告案关政治,禁止旁听。 闻审讯结果,庭谕改期查明再讯,被告还押候示。

《申报》上说,"抄出文件书籍等物",其他材料上却说,军警搜查了黄励的全身和房间,只有"大洋一元,小洋六角,手帕一块,钢表一只,眼镜一副"。

第二天的26日下午,上海法租界巡捕房和上海市公安局以"危害民国紧急治罪法"将黄励押到江苏省高等法院第三分院。

下午4时,开庭审讯黄励。

审判长:你叫什么名字?
黄励:张秀兰。
审判长:什么地方人?

黄励：湖南人。

审判长：年龄？

黄励：25岁。

问：受过什么教育？

黄励：没有。

审判长：做什么工作？

黄励：没有职业。

审判长：你在莫斯科中山大学读书几时回来的？

黄励：你们抓错人了。

审判长：你是黄励吗？

黄励：我说过我叫张秀兰。

审判长的声音提高，几乎是大吼：胡说，你叫黄励，是共产党员，有证据，你竟然敢欺骗本法庭吗？来人，请廖平凡出庭作证。

廖平凡就是周光亚。

听到"廖平凡出庭作证"这句话，黄励已经知道一切了。周光亚与黄励同为党组织派遣到莫斯科中山大学学习的，两人是同学，黄励任中共江苏省委组织部部长时，周光亚是组织部的秘书，周光亚太了解黄励了。周光亚被捕叛变后，在上海市公安局特务股说服组做事，专门劝降共产党人。

周光亚走了出来，黄励一见周光亚，怒不可遏，本能地伸出右手就要打叛徒耳光，被法警拦住。黄励太愤怒了，打不着叛徒的耳光，她就朝着叛徒的脸上吐了一口唾沫。周光亚的眼睛侧向了一边，指着黄励说："她不叫张秀兰，她叫黄励，是中共江苏省委组织部部长。"黄励用她平生最愤怒的声音骂道:"你这个无耻叛徒,还有脸来见我! 赶紧滚开,不要站在我的面前,污辱了我的眼睛。"审判长对黄励说:"你知道这是什么地方? 这是法庭,你竟敢蛮横骂证人。"黄励道:"对叛徒就是要骂。这是法庭么? 这是保护坏人的罪恶机构。 如果我是法官,在我们的法庭上,不仅要审判这种无耻之徒,还要把你们这些甘当亡国奴的人都监禁判刑。"审判长又对黄励说:"你既然这么骂,那你承认你是黄励,承认你是'共党'了?"黄励干脆地回答道:"我就是共产党员黄励,我就是江苏省委组织部部长。 共产党的事我做了很多,就是不告诉你们!"审判长接着说:"你承认是黄励,那很好。 只要你说一声从此不干共产党,签个字,立马就能从这里出去。"黄励很不屑地说:"我是共产党员,要永远干共产党,你们那一套见鬼去吧!"审判长被黄励骂得也生气了:"黄励,住口吧,这不是你宣传共产党的场所,我们也不是你的宣传对象。 你听着,根据本法庭审理结果,被告张秀兰原名黄励,系'共党'江苏省委组织部部长,有廖平凡等人供证。 依据《危害民国紧急治罪法》第七条,本庭决定被告张秀兰,转交由上海市公安局移提归案讯办。"

审判长宣读完了宣判书,上来几个法警,给黄励戴上手铐。 黄励高昂着头,挺着胸走出大厅。

几天后(1933年5月2日)的上海《申报》刊发了这样一段文字:

> 住法租界西爱咸斯路七二九弄九号门牌,湖南长沙人女子张秀兰,又名黄丽,年二十九岁,在共产党中担任重要职务,在沪秘密工作,其书记某甲于日前在公共租界被上海

市公安局派员报请捕房协助拘获,解送高二法院,由公安局移提归案询辩,旋据甲供出张之住所,遂由公安局再请法捕房协助于上月二十五日上午十一时将张逮捕,翌日解高三分院,请询各情已略志前报。兹悉张女充任共党江苏省会区组织部部长,在沪活动。闻高三分院提审时,张直认反动,对庭上所询,一味强硬挺撞,答非所问。是日公安局到来迎提,并将其书记某甲带案质对,张见甲面时,怒目狰狞,恨不能一口吞甲下肚,以伸其泄露秘密之恨,闻当日即由庭上裁决被告张秀兰准交公安局来员提去归案询办。

"张见甲面时,怒目狰狞,恨不能一口吞甲下肚,以伸其泄露秘密之恨",这句话,栩栩如生地写出了黄励在法庭上看到周光亚那一刻的震怒与愤恨。 警察直接来到她的家中把她带走,党内肯定出了叛徒,但这个叛徒是谁呢? 也许黄励苦思冥想过,到底是谁出卖自己的呢? 周光亚一出现,黄励方知原来出卖自己的人是她的莫斯科同学、秘书周光亚,黄励怎么能不震怒与愤恨!

7

4月底的上海已近暮春,花园里已是绿肥红瘦。 27日的夜晚,一列火车从上海北站缓缓地启动了,火车越开越快,驶向南京。 临近第二天的中午,火车缓缓地驶进了下关火车站。 车一停,前车厢的一群国民党士兵跳下来直奔后车厢,从最后一节车厢里下来一群带着手拷的犯人,每两个士兵押解一个犯人,黄励被两个士兵押下了火车。下车后,一辆汽车载着他们直奔南京城南的宪兵司令部看守所。与黄励同车来到南京,同时被押解到宪兵司令部看守所的还有刘少奇夫人何宝珍、赵世炎夫人夏之栩等人。

20多天前的4月1日,罗登贤与陈赓等人从上海解来南京关押在宪兵司令部看守所;一个多月后,中共一大代表陈潭秋夫人徐全直也从上海解到南京关押在宪兵司令部看守所;4个多月后的9月6日,邓中夏也是从上海解来南京关押在宪兵司令部看守所。

黄励被押进了女牢。

女犯们听见牢门打开,估计又要进人了,大家一看,被推进来的是黄励,个个吃惊。黄励抬头一看,个个认识:钱瑛、谭国辅、熊天荆等姐妹们都在这里。随后,何宝珍、夏之栩也被推进来了。

几天以后,中共江苏省委发出了《紧急通知》,号召紧急营救黄励。我们来看看江苏省委的这份通知里是怎样评价黄励及黄励当时的真实表现:

各级党部:

黄励同志是反对帝国主义国民党白色恐怖的坚决的领袖,在营救牛兰夫妇和一切政治犯的运动中,她是上海无产阶级群众的唯一的领袖!她领导过上海的工人运动,是工人群众所信仰的波尔塞维克的战士!

黄励同志于四月二十四日由于国民党刽子手无产阶级叛徒周光亚和黄润华(周妻)的告密被帝国主义租界当面捕去。叛徒周光亚无耻地指证黄同志。在酷刑虐残之下,黄同志表现最勇敢最坚决,始终是为中国革命而斗争的领袖。她在狱中绝食反抗帝国主义国民党和叛徒们的白色恐怖!

她在法庭上揭露了帝国主义国民党和叛徒们的狰狞面目，骂得他们狗血淋头，真是要一口气把他们吞下肚去！现在黄同志已解到南京，生命危在旦夕。

我们对帝国主义国民党和叛徒们的逮捕酷刑对待黄同志应做最有力的反抗。各支部要立刻举行群众大会，组织营救会，广泛进行抗议书签名运动，募捐探慰黄同志，各区应在几个群众的营救会基础上，组织区委员会，以至于全上海的营救委员会，派群众的代表团去南京，并要民权保障同盟提出，立即释放黄同志和一切政治犯！

同时，要将黄同志的英勇斗争的事实，向广大群众宣传，和周光亚夫妇及一切叛徒的刽子手行为对立起来，提高群众对叛徒的愤恨，立即在各厂组织至少两队自卫队或打狗队，肉体消灭叛徒！

互济会要立刻进行分会的动员，要运用黄励同志所领导的营救牛兰夫妇中的经验，进行群众的营救！

黄同志的生命危在旦夕了！群众的力量，也只有群众的力量才能达到营救黄同志的目的！

江苏省委
五月三日

这是1933年5月3日，江苏省委发出的通知。文件是十二开油印毛边纸。从通知内容看，当时的党组织已经知道黄励在上海法庭与狱中的情况。

在上海的各基层组织、互济会、工会等群众团体和进步人士，都知道江苏省委组织部部长黄励被秘书周光亚出卖被捕的消息。

在宪兵司令部看守所，黄励得到了"优待"，狱警把她从大牢房中提出来另处关押，她的牢门是开着的，前来劝降的人来来往往。黄励是江苏省委组织部部长，当然知道江苏省委及中共中央的领导与普通党员的情况，所以，她才能得到"优待"。黄励是个聪明的女人，叛徒来劝降，她与他们在一起谈谈国内形势，谈谈国共两党部队的战争，从这些谈话中，黄励得知并分析出了中共革命发展的形势。

黄励被捕前，国民党赣粤闽边区"剿共"总司令部陆续调集近40万的兵力，对中央苏区进行第四次"围剿"。蒋介石到南昌亲自兼任江西"剿共"总司令，指挥这次"围剿"。他们采取"分进合击"的方针，准备将红一方面军主力歼灭于黎川、建宁地区。2月上旬，红一方面军约7万人，在总司令朱德、总政委周恩来指挥下，主力活动于黎川地区。2月9日，红军开始向南丰地区开进，3天后的晚上，红军第三、第五军团各一部向南丰城外围阵地发起进攻，战至次日晨，未能突破防御。

黄励进监狱时，姐妹们关心中央红军的情况，向她打听，黄励只能向姐妹们说到这里。姐妹们为红军担忧，不知红军有没有突破围剿。现在黄励从这些来劝降人的话语中得知，3月下旬，红军在草台岗打了胜仗，歼敌近一个师；黄陂与草台岗两战共歼敌有三个师，俘敌一万余人，缴获了许多枪支。也就是说，红军打破了国民党军队对中央苏区根据地的第四次"围剿"。当黄励把这些情况告诉姐妹们时，姐妹们悄悄地欢呼，他们盼望着红军胜利，早日把她们救出监狱。即使暂时不能出狱，也极大地鼓舞了大家的斗志，坚定了大家的信心。

8

黄励利用这个"优待"条件,还认识了一个叫张良诚的所丁。认识从对话开始。

> 黄励:人家都叫你张班长,你叫什么名字啊?
> 张良诚:我叫张良诚。
> 黄励:听你口音,你不是南京人吧?
> 张良诚:我是安徽人。
> 黄励:你家中还有什么人啊?
> 张良诚:我从小父母双亡,很早就到南京来谋生了。
> 黄励想到了自己的童年,很同情地说:你年纪轻轻,又很诚实,是很好的。在这里当一名所丁,这样下去很可惜。年轻人要有志气,找一条好出路。
> 张良诚:我怎么去找出路呢?
> 黄励:你在司令部是没法找到出路的。
> 张良诚:那我要向哪一方面找出路呢?
> 黄励:共产党是不讲究资格的,你想找出路,只有走这条路。

张良诚从小失去父母,流浪到南京,被国民党抓去当兵,因办事伶俐,被送到南京宪兵司令部警务处第六科当勤务兵,警务处长看他办事勤快,人又老实,很是喜欢,就将他补为看守所的所丁。

犯人称看守为班长，所以，狱中的同志都叫他张班长。同志们也发现这个张班长很特别，对叛变投敌的人显得十分粗暴，对于政治坚定的同志则很尊重。当时狱中的同志把张良诚对待犯人的态度当成一支政治测量表，从他的态度中就可以判定出这个人的政治表现如何。陈赓对蒋介石威逼利诱的那种鄙视，罗登贤痛打叛徒余飞的表现，黄励怒斥叛徒周光亚的举动，都让张良诚佩服得五体投地，陈赓、罗登贤、黄励、夏之栩等政治犯是最能受到张良诚敬重和亲近的人。所以，黄励经常找机会对张良诚进行政治宣传，张良诚是没有防备的，很快，张良诚就被黄励争取过来了。

此后，张良诚经常暗中给政治犯送消息、传递条子、送信件，甚至把某些人叛变的行为告诉黄励。当时看守所里有位叫黄海明的难友，带着一岁多的女儿曼曼在身边，黄励经常抱着孩子玩，唱歌给孩子听，还借这个小孩传递消息。黄励等人将写好的纸条放在孩子的口袋或尿布里，对张良诚说，送"男号"某某人，张良诚就抱着孩子到"男号"巡逻，"男号"内即有人隔着铁栏抱孩子，逗孩子玩，顺便从小孩身上摸走了纸条。男号要回话时，也写好条子放在小孩衣服内，张良诚把孩子抱还给黄励她们时，她们总要在孩子的衣服尿布里翻一边。

为了让党组织及时了解狱中情况，黄励连续用了几个夜晚写了一封长信，把狱中叛徒情况详细地汇报给狱外党组织。当她把这封信交给张良诚，请他送出狱外时，黄励紧紧地握着张良诚的手："事关重大，请你务必……"张良诚从黄励的严肃话语中明白了这信的重要性，他对黄励说："黄大姐，你什么都不用讲了，放心，我一定送达。"张良诚帮黄励送出了这封事关许多地下党人生命的信件。

一天，张良诚逛夫子庙，居然见到刚出狱的陈赓。陈赓是1933年3月在上海"北京大戏院"被捕的，解来南京，关押在宪兵司令部看守所。因陈赓在广东国民革命军第二次东征讨伐陈炯明时救过蒋介石一命，蒋介石念陈赓救命之恩，知道陈赓囚禁在宪兵司令部后，给宪兵司令谷正伦拍了一封电报，电报内容："查陈赓乃余昔日袍泽，勇冠三军，于北伐中卓著劳绩，姑念年轻失足，误入迷途，宜加珍惜恕容，多予照拂，促其幡悟。若能起誓归顺，效忠党国，定当重用。"谷正伦见电报后，把陈赓从宪兵司令部看守所中提了出去，软禁在夫子庙附近的一间民房里。不久，党组织就将陈赓营救出狱。而宪兵司令部看守所内的难友们不明真相，以为陈赓叛变了，在外面要结婚了。陈赓见到张良诚自是高兴，为了打消狱中同志们的疑虑，让大家继续坚持斗争，就写了一张纸条和5块钱托张良诚带给黄励，条子上写道："我是不会叛变的，你们在狱中安心斗争。"

张良诚回到狱中，将陈赓的纸条从牢房窗口递给黄励时，被黄励同室的女犯胡小妹看见了。胡小妹的丈夫已经叛变，胡本人临近分娩，想保释出去生孩子，就将此事报告给看守长姚慕儒（犯人都称他"姚姚"）。姚所长看张良诚平日里表现不错，也怕自己卷进这浑水中，就让胡小妹不要声张，大事化小，小事化了。谁知，这胡小妹与姚所长怼上了，说你姚所长如果不把张良诚关起来，我就向上汇报去。姚所长知道胡小妹的丈夫已经归顺了，与上面也能说上话了，就答应胡小妹逮捕张良诚。

6月中旬的一天，犯人们正在看守所内放风，就看到张良诚提着自己的一只旧箱子和一些零碎的东西，对两个看守说："你们查吧。"正在放风的犯人知道张良诚出事了。回监房不久，军法处把黄励叫去。黄励回监后,告诉大家,胡小妹告密,张班长被捕了,胡小妹因立功被释放了。

张良诚的被捕,令黄励内心不安,一是担心张良诚的命运;二是她与外界的联系中断了。

黄励对张良诚的命运不是很乐观的。而张良诚本人对此事的预估是乐观的。一次放风时,他俩相遇,张良诚小声地对黄励说:"事情发生后我本可以逃走,但我不愿意牵累别人,我也不怕坐牢,这是件罪不至死的事,至多关个三年五年,坐几年牢反倒可以好好地学习思考,我还年轻,正需要学习。"

听到此话,黄励稍微宽了心。

张良诚哪里知道,他的案子已经惊动了宪兵司令部的最高层,司令谷正伦恼羞成怒,大骂部下:"真是荒唐,荒唐之极!'共党'的策反都做到了宪兵司令部的内部,都做到了我们看守身上,此事传出去,真是个大笑话。如果不严厉处理,将会有更多的人走向'共党'的阵营。"

张良诚案交由江苏省高等法院第三分院的李华龙法官审理。对张良诚的审讯即在李华龙的住房内进行。李华龙开始拟定的刑期是6个月,但军法处主任贺伟峰听到谷正伦的骂声,知道谷正伦要严判,6个月怕谷司令觉得判得太轻,不答应,就将判决书发回让李华龙重判,李华龙乃根据法条的最高刑拟定为一年又六个月,贺主任还是担心拟得太轻谷司令不会答应,最后李华龙拟定为五年。贺伟峰认为这下差不多了,就亲自将处理结果送给谷正伦批准。谷正伦看到判决书,大发雷霆:"你们糊涂啊,我的司令部里竟然出了为'共党'办事的人,这是什么性质的事情,如果不杀一儆百,我看,这司令部迟早要成'共党'的了。"遂将张良诚的判决书拿了过来，大笔一挥，改判"枪决"。

贺伟峰拿过判决书一看，惊得一身大汗。等他缓过神来，便向上级解释张良诚平时表现非常好，人也不错，请求司令手下留情，饶过他的一条小命。

谷正伦也意识到张良诚罪不当死，但他就是不松口，最后说道："张良诚被处决后送一口棺木作为对他的抚恤。"

贺伟峰绝望地离开了司令办公室。

张良诚案让谷正伦也绝望，大批"共党"没有转变和投降，而自己阵营中的一些人却站在了"共党"一边。

判决了张良诚，谷正伦并没有丝毫轻松。"共党"竟敢在宪兵司令部搞策反，这女"共党"真是太厉害了，不尽快除掉，有了一个张良诚，一定会有第二个张良诚。于是，谷正伦令手下呈文给上级，要求速速处决黄励。

很快，国民党中央党部批示迅速处决黄励。

张良诚案发生后，姐妹们担心黄励，每次放风时就会关切地问她："怎么样了？不会有什么问题吧。"黄励总是说："大概快了，快到雨花台了！"一边说，一边用手指着自己的后脑勺，然后摊开双手，表示愿意为党献出生命。

黄励是个成熟的革命者，她知道自己马上就要上雨花台了。于是，她找来一把剪刀，剪下了自己的一绺头发，用一块布包起头发，交给同牢的钱瑛，她跟钱大姐说："头发受之父母，我剪下一绺，请你出狱后交给杨放之。我今生不能再与他并肩作战了，但愿我的一缕青丝可以陪伴他一生……"说到这里，坚强的黄励说不下去了，眼中蓄满了泪水，她把头转向了铁窗。

她知道，今生再也见不到爱人杨放之了，见不到母亲与姐姐了……

　　1933年7月5日，东方刚刚泛出白光，一个女看守轻轻地敲着牢门，小声地喊着："黄励，黄励。"第一个被吵醒的是夏之栩，她知道黄励要上雨花台了，泪水一下子就飙了出来，她擦了一下泪水，轻轻地推了推正在熟睡的黄励，带着哭腔说："黄励，黄励，醒醒，看守叫你呢。"黄励被推醒后，翻身坐了起来，冲着房门外的女看守大声说："起来了，你等着吧，我换换衣服。"

　　她的姿态，她的声音不像是去刑场，像是相约出趟门。此时外面的女看守把男看守叫来了，让他把牢房锁打开。黄励把同志们送给她的衣服穿好，把自己洗好的衣服留给了钱瑛、夏之栩。然后，她从容地走出牢房，一边走一边唱着《国际歌》，歌声不高，但划破了监狱清晨的寂静，每个牢房的难友快速地穿好衣服，拥到牢门的铁栅栏向外看着，目送着难友黄励。

　　在前往雨花台的囚车上，黄励没有悲伤，没有思念家人，也没有回忆20多年的短暂人生，她在做生命中最后一次革命宣传，她向士兵说："你们大家都是穷苦人，穷苦人都有爱国心的，我们为了爱国，为了争取收复东北失地，反对国民党投降政策。反动派要杀我们，但中国的革命者是杀不完的。一个政府到了靠杀人来维持政权的地步，它还会长久么？国民党快完了，大家起来斗争吧。中国一定会建成一个没有人压迫人的富强国家……"

　　警官与士兵们惊呆了。他们不是惊呆于黄励所说的话，而是惊讶一个年轻女子在面对即将死亡时的从容与镇定。他们押解过太多的死刑犯，一个高大强壮的男人在被枪决前会尿裤子，因此，他们常常把死刑犯的两只裤脚扎起来。而眼前这个28岁的女子，年轻的女"共党"却在死亡前，不仅毫无惧色，还在宣传他们的革命真理。这到底是一种什么样的信仰才能使她如此淡定与理性。士兵们没有去阻止黄励的宣传，有的聆听着，有的低下了头……

执行完任务的士兵回到看守所，说起黄励在囚车和刑场上的镇定与悲壮，狱卒无不敬佩，难友也受到极大的鼓舞。

9

1933年7月26日，黄励牺牲20天后，张良诚也在南京宪兵司令部遭秘密杀害。据说，当狱警秘密处决张良诚时，张良诚竟然像共产党人一样高呼口号："打倒国民党！""打倒谷正伦！"他的口号声传遍了整个宪兵司令部看守所，震惊了谷正伦。他恼羞成怒，又急又气，但张良诚人已经死了，无从加刑，谷正伦便命令部下撤消给张良诚的抚恤金。

张良诚事件震动了狱里狱外。有一名看守，也曾帮助过政治犯递条子，张良诚被枪杀后，他担心自己做的事被泄露出来，在一个不值班的夜晚，他走出看守所，再也没有回来。

姚慕儒所长的文书金国南，既是张良诚的同乡，又是张良诚的好友，张良诚被枪杀后，随即向姚所长提出辞职，要求去上学，当即被批准。离开宪兵司令部后，他化名夏超，以夏之栩弟弟的名义去模范监狱探监，他告诉夏之栩、帅孟奇等人，张良诚为了替她们递纸条传递信息被枪杀于宪兵司令部。金国南后来考入某校，1937年被关进了南京反省院，抗日战争爆发后，经驻南京的八路军办事处保释出狱，去了延安，进了抗日军政大学学习。学习结束后参加了八路军，走上了革命的道路。他逃离宪兵司令部重新寻找出路，正是受了张良诚行动的鼓舞。

黄励牺牲时，杨放之仍在狱中，当他得知黄励牺牲的消息后，悲痛欲绝。他先于妻子被捕入狱，在狱中也曾担心过妻子的安危，没想到，妻子竟永远地离开了自己。1935年10月，杨放之走出了监狱。

黄励在雨花台牺牲一个月后，罗登贤走上了雨花台。

黄励在雨花台牺牲两个月后，邓中夏也走上了雨花台。

黄励在雨花台牺牲几个月后，徐全直、何宝珍也走上了雨花台。

季月娥:柔弱女子磐石心

季月娥被家人从无锡送到上海沪西荣阳袜厂做童工时还是个 13 岁的小姑娘,那一年是 1930 年。能把未成年的女儿送到十里洋场纸醉金迷的大上海做工,那一定是个穷苦人家。季月娥在上海的这家袜厂做了六年的工,1935 年,她终于长成了 18 岁的大姑娘。就在这一年的 7 月 24 日,季月娥在上海被捕了,因为她是共青团中央的工作人员。随后,当局将她解送到南京。

图 5-3 季月娥

旧时代的童工,很少不被工厂主欺负和压迫的,何况是女童工。

时任上海沪西区团委书记的胡瑞英曾是季月娥的领导,对季月娥很了解,她说:"季月娥受尽资本家残酷剥削和工头的侮辱打骂。在她幼小的心灵里,充满着辛酸苦难,也燃烧着被压迫者的怒火。"哪里有压迫哪里就有反抗。季月娥 16 岁那年,同厂的小姐妹孙凤琴介绍她进入了小沙渡路上的女工夜校读书。

这所女工夜校是上海基督教女青年会劳工部主办的女工业余教育机构，学员都来自轻纺工厂。第一所夜校设在浦东烂泥渡路，1929年底女青年会在小沙渡路三和里也创办了沪西女工社的女工夜校。每所夜校学员都成立"友光团"，开展课外活动，组织歌咏、演戏，办图书馆，举行周末晚会。中共地下党运用女青年会的合法地位和特殊条件争取国际友好人士和国内进步人士的支持，介绍地下党员和进步青年去夜校当教师，教女工们读书明理，开展革命活动，为地下党恢复发展工人教育提供了条件，许多夜校女工后来成为上海工人运动的骨干和积极分子。

苦孩子出生的季月娥进入夜校后，非常珍惜这个机会，用功读书，学习了半年就能写信和作文了，在地下党员的引导下，她渐渐地懂得了工人为什么会受二三层的剥削压迫，为什么拼了命做工反而吃不饱、穿不暖、没地方住。因此她要革命，她要为像她一样的受苦大众奋斗。

进入夜校的半年后，在孙凤琴的介绍下，季月娥加入中国共产主义青年团。入团后，季月娥担任了团小组长、团支部书记，同时任共青团沪西区委交通。

1934年的4月底，季月娥参加了沪西区团委的一个秘密会议，会议号召各工厂共青团员，要用实际行动纪念"红五月"，根据各工厂工人提出的要求，正确地提出自己工厂的斗争口号。散会后，季月娥一路走一路在想着怎样才能把荣阳袜厂的罢工斗争搞起来，她的思想负担十分沉重。虽说，季月娥在荣阳袜厂工作已经好几年了，但她才17岁，没有任何斗争经验，她担心荣阳袜厂的斗争搞不起来。一回到工厂，她就将区团委的号召秘密地传给了团支部的其他成员，并请大家考虑如何把群众团结起来进行斗争。在大家的帮助下，季月娥根据工厂工人提出的众多要求后，总结出了3条要求，也就是3条口号：第一，反对资本家打骂工人；第二，反对资本家和工头无理扣罚工资和开除工人；第三，要求资方立即答应给工人增加工资百分之十。

当季月娥把这三条斗争口号提到团支部讨论时，得到了大家的一致同意。团员们认为，小季同志提出的这3条口号正是全厂工人最主要的要求，一定会得到全厂工人的赞成和拥护，一定能够把全厂工人团结起来进行斗争，并决定分头把这3条口号传到工人中去。正如他们所预料的一样，这3条斗争口号一经传开，立即得到全厂工人的一致拥护和积极响应。全厂工人私下里口口相传，要求赶快行动起来。团支部决定，五一中午12时一到，全厂工人立即行动。

罢工行动就这样定了下来。季月娥心里的一块大石头也落了地，她也得到了前所未有地鼓舞，非常有成就感。于是，她立即和团支部其他成员及一些积极分子秘密研究五一罢工斗争的具体计划，并提出一定要团结全厂工人，务必通过大罢工来达到全厂工人赞同的这3项要求。

一切准备就绪，就等五一中午的到来。五一前，工厂里的秩序一如往常，风平浪静。工厂主与工头们谁也不知道这平静的后面涌动着巨大的浪潮，每个工人血管里的血都在沸腾，他们磨拳擦掌准备着一场大的斗争；而小季的心里更是激动，这是她第一次领导工人罢工，她害怕失败，渴望能获得成功，为广大劳苦大众谋点福利。她天天给自己勇气，准备站在这场斗争的最前面，争取斗争的完全胜利。

五一节这天终于到了。上午一切如旧，工人在车间里忙碌着。资方满以为他们的工厂不会发生什么罢工的事，工人们谁也不敢乱说乱动。不料，中午12时一到，如火山爆发般的罢工斗争开始了。全厂工人丢下手上的活，一起向着资方办公室冲去。季月娥更是身先士卒，奔跑在罢工队伍的最前面，她和其他团员一起冲进资本家的办公室，向资方提出全厂工人的3项要求，要资方立即答复。其他工人包围了资方办公室，山呼海啸般地高呼"五一节万岁""反对打骂工人""反对无理扣罚工资""反对无理开除工人""增加工资百分之十"等口号。有人还高呼："不达目的，就罢工到底。"有一部分人唱起了国际劳动节歌："今天是五一，今天是五一，我们要争取八点钟工作、八点钟学习、八点钟休息。要想得到最后的胜利，就要组织我们自己的队伍，要想得到最后的胜利，就要武装我们自己的队伍。坚决斗争到底……"

看着如潮水一般的罢工工人，资方再也坐不住了，一个代表跑出来跟工人代表对话，他装腔作势地对季月娥等工人代表说："你们的要求尽可以提，但是你们不能受'共匪'利用，你们这样来包围、喊口号，这不就是暴动嘛。"资方代表一方面答应工人的所有要求，另一方面却通知巡捕房来镇压工人。当巡捕突然到来时，季月娥与其他工人代表非常愤怒，他们没想到厂方如此阴险，于是，季月娥带领着全体工人冲破了巡捕的包围与水龙头的冲击，在全体工人的愤怒下，一致通过了"继续罢工，不达目的，就斗争到底"的决议。在整个罢工过程中，这些女工们遇到了很多困难和危险，但荣阳厂的斗争，不是孤立无援的，不仅有着上海成百万工人的支持和声援，还有着党组织在背后的有力领导。荣阳厂的共产党支部虽已被破坏，但季月娥和她的团支部通过沪西区团委得到了党的指示。因此，他们抱着斗争胜利的信心，特别是季月娥一直站在工人的最前面，团结着全厂工人，艰难地坚持着罢工，一天、两天、三天，最后他们坚持了整整 11 天。眼看着空荡荡的车间，无人干活，资本家只好无条件地答应了工人的要求。

随着罢工的胜利，季月娥的名字也在全厂工人中传播开了。沪西很多纱厂的女工部写信慰问她，并提出要向她学习，学习她的勇敢斗争精神。季月娥在一次女工夜校的晚会上说："亲爱的姐妹们，我们工厂这次斗争胜利的经验，主要是全体工人团结得紧，坚决斗争到底，再就是得到了各姐妹工厂的有力支援，你们的声援给了我们很大的鼓励，才得到最后的胜利。"

罢工虽然胜利了，季月娥却被工厂开除了。

这年 9 月中旬，上级团委决定调季月娥与胡瑞英一起住机关，指定她担任交通工作，专门给秘密机关送文件和宣传品。

胡瑞英与季月娥有着相同的经历。九岁那年，从老家江阴到上海纱厂做了童工。在上海基督教女青年会女工夜校学习期间，加入中国共产主义青年团，从事党的秘密工作。1933 年冬天被捕，关押在上海淞沪警备司令部龙华看守所，因未暴露身份，于 1934 年春交保出狱。出狱后的胡瑞英担任着上海沪西区团委书记。据胡瑞英 1945 年在延安回忆，当季月娥听到调她住机关担任交通员时，高兴地跳了起来，天真地拉着胡瑞英的手说："我一定能完成上级交给我的光荣任务，可是我做秘密工作没经验，希望你帮助我。"胡瑞英告诉季月娥："只要你革命坚决，严格保守秘密，就能做好革命工作。做交通工作，特别要时刻注意警惕性，在街上遇见巡捕搜查时，你要灵活地想办法，跑进小弄堂里或者走进老百姓的家里去。万一被捕了，宁死不能说出一句口供。"

季月娥认真严肃地点头。

季月娥虽然在上海工作五六年了，由于从早到晚在车间工作，没有时间逛上海的大街小巷，所以，她一点不熟悉上海的路。做党的交通工作，随时都会遇到紧急情况，如果路不熟，很容易被特务逮捕。为了熟悉上海的路，做好交通工作，季月娥从早跑到晚，走街串巷，穿梭在石库门中、霓虹灯下，奔走在外滩十六铺水岸上，眼看着灯红酒绿，耳听着靡靡之音，闻着胭脂店飘出来的香气，季月娥的心里却是悲凉的。大多数情况下，她饥肠辘辘，饿着肚子跑。熟悉上海的大街小巷后，她开始了她的交通员工作。季月娥每天天一亮就出门，先到发行机关领文件和宣传品，再送到各个工厂学校团支部去。上级发给她的车费和饭费，她舍不得用，饿了，就买两块烧饼充饥。胡瑞英发现后，批评了她："为了身体健康，也为了能长期革命下去，上级发给你的生活费一定要用，吃好饭。"季月娥是穷孩子出身，不怕吃苦，对自己又特别节省。之前在荣阳袜厂每月做工的工资，她都全部交给组织作为组织的活动经费，从不乱用一分钱。冷空气来了，上海的冬天特别湿冷，季月娥竟然穿着夹衣，没钱买棉衣。1935年的春节，她与胡瑞英住机关，过新年时，房东家吃鱼吃肉，她俩连吃的东西都没备齐，胡瑞英准备把季月娥年底领到的工资拿出来给她做件棉衣，季月娥坚持不肯，胡瑞英再三劝说，才把一半工资付房租，另一半买了布给她做了一件棉衣。

做交通员是一件非常危险的事，天天在外面跑，很容易被人认出，产生怀疑。有两次差点被捕。第一次，她打扮成一个乡下姑娘，手里拎着一只花布包包，包里面装的都是红绿纸印成的宣传品，季月娥在小沙渡路和劳勃生路转弯时，看见前面有几个巡捕在那里搜查行人，她机智地转身往小弄堂里跑了。假如被巡捕翻出宣传品，被捕是无疑的；半个月后的一天，天正下着毛毛雨，季月娥化装成一个女学生，手里提着一只皮箱，这次箱子里装着的是重要的秘密文件，出门前她问胡瑞英："我像不像女学生？"胡瑞英仔细地端详着季月娥说："像，很像。"于是，她俩一同出门了，走到戈登路，看见电车正停在那里，她俩就跳上电车，电车开过四个站后停了下来，季月娥已经习惯了眼观六路耳听八方，车一停她就看见了前面几个巡捕正在马路上搜查行人，她机智地转过身来小声地对胡瑞英说："姐姐，再见，我下车了。"胡瑞英知道有情况了，向她点点头，眨了眨眼睛。季月娥跳下车，朝相反方向走去，跳到另一路电车上去了。

由于季月娥天天在上海沪西区的大街小巷上跑，人们对她已经很熟了，也被特务注意上了。于是，1935年5月，季月娥被调往共青团中央白区临时工作委员会机关工作，化名李梅芬。分别时，季月娥提着皮箱与胡瑞英告别，几个月的相处相伴，胡瑞英特别舍不得这个纯朴的妹妹离开她，她拉着季月娥的手说："小季同志，近来外面形势比以前更加紧张，你天天在外面跑，应特别注意疯狗乱咬你啊。"季月娥说："我晓得，近来外面风声紧张，敌人又在逮捕人呢，可是我不怕疯狗咬，我也会提高警惕的，假如我被捕了，决不会出卖同志和组织的，请姐姐放心吧。"胡瑞英松开了她的手，季月娥就提着箱子下楼去了。为了遵守秘密工作的纪律，胡瑞英不能送她，只能站在亭子间的玻璃窗前，用双眼目送她离开，直到她的背影消失在小巷尽头。

从此，两人没再见面。

季月娥调到团中央后住了机关，机关在共青团中央组织部部长张信达的家里，他的家也是团中央开会的地方。这年的7月24日，团中央遭到了较大的破坏，季月娥在公共租界被捕了，与她同时被捕的有团中央书记文德、组织部部长张信达等人。他们被关进了巡捕房，小女子季月娥经受住了一切诱惑与拷打，不承认自己与团中央有关。谁也没有想到，一个多星期后，大男人团中央书记文德叛变了，经文德指认，被捕人员的身份全都暴露了。但季月娥仍然不承认自己在团中央的身份。他们被引渡到上海市公安局时，季月娥被巡捕房无罪释放了。但国民党特务不相信季月娥的口供，他们跟踪被释放的季月娥，很快，特务以绑架的方式又逮捕了季月娥，与其他人一起被关进了上海市公安局看守所。特务知道季月娥是个地下交通员，一定知道许多中共地下党的秘密机关地点与地下党员的住处，在审讯中，季月娥坚决不泄露党的任何机密。8月底，他们被押往南京，关进南京宪兵司令部看守所。张信达等人被判刑，送南京中央军人监狱服刑，季月娥由于在上海受重刑，到南京时已病倒，10月病情转重。季月娥的母亲来到南京到处托人从中周旋，最后，作为保外就医把女儿领回了家。

　　这年的年底，终因病情严重，季月娥于家中病逝。一个18岁的姑娘就这样香消玉殒了。

郭纲琳:不愿造一点点罪恶在我生命中

1937年8月。南京。

连续几天的高温使得南京城像个巨大的蒸笼。挂在天空中的太阳像个火球,炙烤得人们喘不上气来,树上的知了没完没了地叫着,叫出人人想说的那句"热死了,热死了"。

但有一群人,他们似乎不怕热,穿着被汗水湿透的破衣旧衫聚集在南京傅厚岗中共代表团驻地,向周恩来、董必武、叶剑英等领导汇报着他们的情况;与多年不见的战友、同志互道平安。

图 5-4 郭纲琳

他们是刚刚从首都反省院走出来的赵世炎夫人夏之栩、陈赓夫人王根英,还有熊天荆、阿乐;从中央军人监狱出来的黄文杰、刘顺元、王凯、李世农、陈同生等一批中共党员。

这些死里逃生的同志,多年不见了,有的虽同拘一狱,甚至一墙之隔却几年见不到面,他们互相打听着还没见着的同志,他们在这里聚集一堂,相互诉说着别后的磨难与斗争,呼吸着自由的空气，盼望尽快走上新的工作岗位。这种自由的重逢使许多人激动地哭了起来，哭过之后就大笑。有一位同志突然问大家："郭纲琳同志，郭纲琳同志出来了吗？现在在哪儿？"刚刚还充满喜乐的人们突然安静了下来，空气似乎凝固了。一个女同志带着哭腔说："我们永远见不到纲琳同志了。就在上个月，纲琳同志去了雨花台……"

1937年11月。西安。

从南京监狱获释的同志们来到了西安八路军办事处。他们要从这里奔赴延安，大家在这里畅快地倾诉着，埋在心底的话恨不能一下子全说出来。大家说着不堪的往事，憧憬着美好的未来。在大家喜乐时，李丰平突然问起了郭纲琳："你们谁见到了郭纲琳同志了？她是什么时候出狱的？现在在什么地方？"一个从首都反省院出来的女同志说："我们再也见不到纲琳同志了！"此话一出，李丰平的心脏突然一紧，他似乎不解地追问那位女同志："你的话我没明白，再也见不到纲琳同志了？难道她，她……""是的，就在我们走出监狱的时候，她走上了雨花台。"另一个男同志激动起来："怎么会呢！怎么会再也见不到纲琳同志呢！国民党司法行政部不是批准江苏高等法院《临时处置监犯办法》规定嘛，五年以下有期徒刑人犯，悉依艳电第一项办法，予以交保或酌予开释；五年以上人犯，得酌商请当地军事长官，编作输送队，派往战区服役，情形紧张时，十年以下者也可迳予开释。刑期较短的政治犯由国民党释放；刑期较长的政治犯由八路军驻京办事处以朱德、彭德怀或叶剑英的名义，给军政部部长何应钦写信，指名可以调往八路军服役嘛。纲琳同志怎么会上了雨花台！？"李丰平用低沉的声音，像是自言自语，又像是问大家："现在国共合作了，我们都出来了,纲琳同志怎么上了雨花台? 为什么? 谁能告诉我为什么?"

1

1933年的年底,共青团无锡县委遭敌破坏,一些人被捕,一些人还不知情。 郭纲琳得知危情后,匆匆行走在无锡的大街小巷,通知已暴露的同志立即转移,布置未暴露的同志赶紧隐蔽起来。 安排妥当后,她化装成一个美新娘,在黄宝华的护送下,绕道南门乘上火车,脱离了险境,回到上海。

随后,郭纲琳被党组织任命为共青团上海闸北区委书记。 郭纲琳来到闸北区之前,闸北区团委连续两次遭到破坏,险象迭生。 郭纲琳的到来可谓临危受命。

1934年元月初,在阴湿寒冷的房间中郭纲琳开始了她的工作:拟定大昌德绸厂罢工计划和宣传稿、准备成立绸厂工会、开展募捐、组织纠察队等一系列活动。 1月12日,上海街头的寒风虽然让人寒战,郭纲琳还是出门了。 此时,天色将黑,路人皆回家吃饭了,街上显得有些空荡,郭纲琳绕过几条街,前后左右看了看,没人跟踪,就走进了海宁路祥麟里1338号亭子间郑子仪的家。 他们约好要在这里开会,布置绸厂罢工事宜。 刚坐下不久,不知从哪冒出来的一队探捕闯进了亭子间。 一部分探捕看管着郭纲琳等人,另一部分人搜查亭子间,一个探捕从一只皮箱里搜出了文件和书籍。 随后,这帮人把郭纲琳等人推上了停在巷口的囚车。

这些探捕是有备而来,很明显郭纲琳被人出卖了。

图 5-5 郭纲琳女扮男装和嫂嫂的合影

第二天,巡捕房将郭纲琳从工部局汇司捕房押解到江苏省高级法院第二分院第一法庭,当即收押审讯。郭纲琳身穿旗袍和短呢大衣,从容镇定地出庭。第一次出庭的细节我们不能详知,但我们可以从当天《大美晚报》的报道中知道当时郭纲琳的受审情况,报道云:

> 态度之从容,为从来犯人中所罕见,面容冷酷,时摇头发平静之冷语。推事询其是否加入共党,摇其首称:"什么党不党,我不知道。"问以汝为共党书记,答称:"不知道。"语更冷淡,站立被告席中,无半点忧色。总之,为一冷酷镇静

资格老练之女性。

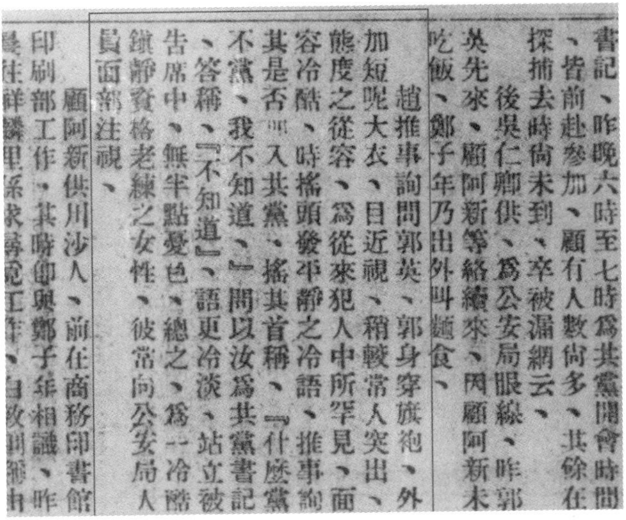

图5-6 《大美晚报》关于郭纲琳在法庭上的报道

第二分院是特别法庭，凡在租界被捕的政治犯，都要在这里公开审讯后，方可引渡。一个星期后，即1934年1月20日，法庭进行了公开审讯。

  法官：姓名？

  郭纲琳：郭英。

  法官：出生年月？

  郭纲琳：1910年2月

  …………

  法官：你是不是共产党？

  郭纲琳：不是。

法官：为什么不是？

郭纲琳：你为什么不是呢？

法官：我们没有共产党活动，而你有。

郭纲琳：我有哪些活动算是共产党的活动？

法官：你骂日本人，侮辱友邦，违反党国睦邻令，你骂国民党，你宣传与三民主义不相容之主义。

郭纲琳：不错，日本帝国主义占领了我们东北，还打到上海，杀人放火，奸淫掳掠，无所不为，别人打得我们，我们骂都骂不得？国民党丢了东北，丢了大半个上海，丧权辱国，作为国家主人的人民，对这种既不能抵御外侮却反而残杀爱国人士的党派骂不得，骂了便是宣传与三民主义不相容之主义？我读过三民主义，孙中山主张民族独立，民权自由，民生幸福，国民党所作所为都与孙中山三民主义相反，到底是他们有罪，还是我有错？你们将主张抗日救国的人一律看成共产党，可惜我还年轻，对挽救祖国免于危亡的工作做得太少……

郭纲琳很能说，一口气说了近半个小时，旁听席上的人听得入了神。法官等郭纲琳说完，非常生气地说：不要再胡说了，这么年轻，中毒太深，死在眼前了，还不知悔改。

郭纲琳听了法官的话，同样生气：我讲的是抗日救国的道理，是中华民族求独立生存的真理，你认为我是胡说，你也是中国人，你也是炎黄子孙，你忍心看到我们河山破碎，我们子孙当亡国奴吗？讲到悔改，悔改的正是那些对祖国对人民犯罪的人，恐怕到那时悔改也无益了。

法官：你少说两句吧，把证人带来。

法官指着来人：郭英，你看清了，你认识他吗？

郭纲琳：不认得。

法官：他是你的同志，你怎么会不认识呢。

郭纲琳：我看不像，他倒像你们的好伙计。

法官指着郭纲琳问证人：你认识她吗？

证人：我认识她，她不叫郭英，她是郭纲琳，我领导过她的工作。

郭纲琳睁大她那双虽近视但特别明亮的眼睛问证人：你认得我吗？

证人的声音低了下来：他们打得我一身是伤，硬要我说认识你，这实在没有办法。

郭纲琳回头看着法官：你们听听这个可怜的人说的什么，他是在严刑逼供下，无法忍受才乱咬人的。他说的全是谎话。

法官宣布暂停审判。

一刻钟后，另一个法官宣布：郭英即郭纲琳，应引渡交中国政府处理。

有位在场的外国记者在后来的报道中说："郭英——这位年轻的女孩子的眼睛里有一种威严不可侵犯的光芒，似乎比我们女王还有权威。那种光芒射向法官，法官失色；射向那位可怜的证人，那位证人低下了头。结果弄得不是法庭在审讯犯人，好似犯人在裁判法庭。"

公开审讯后，郭纲琳即被引渡给国民党上海市公安局，不久又押至南京国民党宪兵司令部看守所。

2

郭纲琳被转押到南京后,她的父亲与长兄开始营救。

我们来看看郭纲琳生长的家庭,一个江南女孩怎么炼成一名如此老练、外国人眼中比女王还有权威的女子。

郭家是江苏省句容县的一户封建大家庭。郭纲琳的祖父郭业庸靠经商起家,在句容县开设"泰和生"布店,兼营百货,后在城郊买了近百亩的土地,又在天王寺镇开设了"祥和"分号,很快就成为句容县城里的一个大富户。郭业庸与当时名士马相伯、康有为皆有交往,所以郭家想营救郭纲琳,不是没有可能的。

郭纲琳的父亲郭定棠,兄弟间排行老二,18岁就独自经营管理天王寺镇的"祥和"分号,常住天王寺镇。因此,郭纲琳自5岁起就跟随祖父母生活。她和叔伯家的姐妹一起排下来,排行第四,家人都叫她四姑娘、四丫头。外人称她为郭四小姐。祖父母对郭纲琳爱护备至。父亲虽然重男轻女,看不惯郭纲琳的一些做法,但常年不在身边,也就难以管束。母亲张氏爱玩麻将,很少在女儿身上用心。所以少年时代的郭纲琳,生活得比较自由,无拘无束,养成了思想开朗、豪爽、活泼、热情的性格。在这个大家庭里,七叔郭定林对郭纲琳的影响很大。郭定林在外读书,曾参加过大革命,具有反帝反封建的新思想;六叔郭定荣早年离家,就读北京大学,参加过五四运动,对郭纲琳也颇有影响。在郭纲琳同辈人的印象中,郭纲琳打小就与众不同,有一股打抱不平的男孩子气,遇到不平之事她会毫不犹豫地站出来。而对那些需要帮助的人,她总是热情与真诚地出手相助,即使对家里的佣人也不例外,她曾对家里的佣人们说:"我们同样是人,我们是平等的,只是你们更苦一些。"佣人总在背后说:"四姑娘最好。"她的一位贫困的同学因交不起学费面临着辍学回乡,郭纲琳将她节省下来的私房钱给了这位同学,让他能够继续读书,她也常常从家里拿出食品衣物帮助家境不好的同学,同学也视她为知己。

　　郭纲琳在时代潮流的激荡下,在进步思想的熏陶下,越来越看不惯她的这个大家庭。她憎恨那种花天酒地、挥金如土的寄生生活,鄙视那些家养娇妻又偷鸡摸狗的丑恶行为,她同情年轻的二嫂戴国琴。戴国琴15岁来到郭家,嫁给了性愚形丑的二哥郭纲信。郭纲琳先是反对这门亲事,可她做不了主,就教戴国琴识字、读书,启发她要做新女性,不当寄生虫,设法离开这个家庭,以结束这场婚姻悲剧。她更为八婶杨家庆的死而悲愤。杨家庆由父母包办嫁到郭家,而八叔郭定相嫌妻子文化低,成亲当晚,抗婚出走,不久郁郁死于天津。年轻的杨家庆,虽有志读书,以求自立,但寡妇弱女,终于被闲言碎语击垮,在南京燕子矶投江自杀。家中这一出又一出的悲剧,使郭纲琳看透了大家庭中封建礼教的本质。正如巴金小说《家》中的觉慧,一位受"五四"新思想影响的青年学生代表,一个封建大家庭中"幼稚而大胆的叛徒",最后义无反顾地逃离了这个封建大家庭。

　　15岁那年,郭纲琳毕业于句容县立女子小学,即节孝祠小学。在七叔郭定林的支持下,和堂姐郭纲瑛同时考入无锡竞志女子中学。不久,因浙奉战争爆发,学校停办,她便辍学在家。第二年,句容创办县立初级中学,郭纲琳成为该校的第一批学生。

3

从中学起，郭纲琳真正开始接触社会，关心政治。我们再来看看郭纲琳是怎样从一名学生锻炼成为一名坚定的共产主义者。

郭纲琳在句容县立初级中学时，正逢国共合作打军阀，郭纲琳四处打听国共合作下北伐的消息。1927年春，北伐军到了句容，县城热闹非凡，郭纲琳与一些进步教师同学走上街头，唱着"打倒列强！除军阀！努力国民革命齐奋斗！"的歌曲。北伐军到来的第二天，郭纲琳就把长长的辫子剪去了，还动员家中姐妹们去掉束胸布、去掉缠脚布，抵制封建陋习。当年她的祖母过生日，照例合家相聚给祖母祝寿，郭纲琳讨厌烦琐的封建礼节，故意不回家。她主演话剧《炸弹》，宣传婚姻自主，向封建礼教开火。

郭纲琳立志要做新时代的新女性，注定是句容地区首先觉醒的女子。

同年4月，国民党发动了四一二反革命政变，轰轰烈烈的大革命失败了，白色恐怖笼罩全国，也笼罩句容县城。句容县立初级中学的政治气氛顿时沉闷起来，进步教师李少仙给郭纲琳等进步学生讲革命的道理，讲李大钊的革命活动，介绍俄国的革命情况，让郭纲琳等进步同学精神重新振作起来。那时，她特别愿意听李少仙的国文课，喜欢听他讲鲁迅的《呐喊》、邹容的《革命军》。

大革命失败后，李少仙被怀疑是共产党，师生们的进步活动被视为不轨行为。校方以"整饬风化"为名，采取措施阻挠进步师生和进步同学之间的一切活动。为抗议校方这种做法，郭纲琳和同学曾公开到李少仙处聚会。1928年5月，校方借故解聘了李少仙。

郭纲琳父亲得知女儿在校的"越轨"行为，十分恼火，常以辍学要挟。于是郭纲琳决心离开家庭，外出求学，寻找出路。1928年暑假，郭纲琳考入南京鼓楼五卅公学。第二年的春天，在七叔郭定林的帮助下，郭纲琳来到上海，考入了上海中国公学预科（高中部），1931年秋进入大学部。

十里洋场的上海滩，被认为是冒险家的乐园，贫苦人的地狱。已有进步思想的郭纲琳来到上海后，目睹纸醉金迷与穷困潦倒的两种生活，更加感受到这个社会的极为不公。中国公学校内有共产党、共青团组织的秘密活动，她常与进步同学一起发泄对社会的不满，咒骂当局的腐败。不久，郭纲琳加入了中国左翼文学研究会，读了大量苏联革命小说，如《母亲》《毁灭》《士敏土》等，被书中无产阶级革命家的形象所打动。

1931年九一八事变爆发，日本帝国主义侵占了中国东北三省，中国公学的爱国学生群情激愤。校方竭力阻止学生的抗日救亡运动，利用旧学生会的少数人，压制学生的抗日热忱。在校内中共地下党的领导下，爱国学生掀起了罢课风潮，接管旧学生会，驱逐校长。当时还只是大学一年级学生的郭纲琳，带头冲进校长室，当面质问副校长潘公展："为什么不让宣传抗日救国？为什么不让我们成立抗日救国会？"一连串的"为什么"后，没有得到满意的答复，郭纲琳又跑出校长室猛敲校钟，钟声一响，同学们聚集过来，郭纲琳登台演讲，痛斥政府将祖国锦绣河山奉送给日本侵略者，号召同学们要坚决抗日，收复失地。郭纲琳演讲时热血沸腾，情真意切，感动了在场听她演讲的同学们。经过郭纲琳和同学们的努力，中国公学学生抗日救国会终于组织起来了。一个浙江青年给郭纲琳写了一封很长的情书，据说，这个青年不是出于情与爱给郭纲琳写情书，而是受反对派指使，想利用"爱情"把郭纲琳拉到他们那边去，这一拙劣的伎俩被郭纲琳识破，郭纲琳立即在原信上写上按语，将信件公布于众。

9月25日以后，全国各地学生纷纷派代表到南京请愿，南京一时成了全国学生抗日运动的中心。

1931年12月14日，上海一些学生与广州、天津、北平等三万多名学生再次汇合在一处，在南京举行了声势浩大的联合示威，要求国民政府出兵抗日。游行队伍经过外交部，到达国民党中央党部时，由于中央党部事前已有准备，学生未能冲进大门。下午3时左右，学生示威队伍直奔国民政府，一路上，郭纲琳和同学们高呼"停止内战，一致抗日""反对镇压抗日爱国运动"等口号，在途经珍珠桥的中央日报报馆门口时，游行队伍停了下来，因《中央日报》连日登载歪曲学生救国运动的新闻和文章，学生要求报馆认错改正，但无人理睬。学生们愤怒之极，一定要砸烂中央日报报馆，郭纲琳冲上前去，与其他学生一起砸碎了报社的玻璃窗。下午4时许，首都卫戍司令部派大批持枪宪兵前来镇压学生，有7名学生从汽车的后窗跃入珍珠河内。郭纲琳毫不畏惧，赤手空拳与宪兵搏斗后，又去抢救受伤和落水的同学。当时寒冬腊月，北风刺骨，她见一位落水同学冻得浑身发抖，便脱下棉旗袍披在那位同学身上。当晚中共地下党的一位领导盼咐郭纲琳立即回沪报告情况，发动更多的学生前来支援。郭纲琳二话不说，便冒着危险冲出宪兵的包围，躲过多次搜查，来到下关车站，连夜乘车返沪，找到上海地下党组织，汇报了南京的情况及要求，在顺利完成任务后，她又赶回南京。第二天，国民党派大批警察、步兵和马队，包围了示威学生的住所——中央大学,把学生赶到大操场。国民党军队将领宋希濂骑着高头大马,训斥学生:"同学们,你们的爱国心我们是能理解的,但你们这样做是违法的,蒋委员长命令你们立即离开南京,回学校去,谁不离开,格杀勿论……"他的话音刚落,郭纲琳和一群同学立即涌上去,包围了宋希濂,责问他:"为了中华民族独立生存,反对日本帝国主义侵略,我们来南京,要求政府出兵抗日,收复失地,违什么法?犯什么罪?日本帝国主义侵略我国东北,杀人放火,奸淫掳掠,政府一声不吭,一枪不发,而对我们手无寸铁的爱国学生出动了全副武装的军警,还要'格杀勿论',你们到底是中国人还是东洋奴才?"问得宋希濂尴尬不堪,无言以对。宋希濂遂指挥士兵将学生押往下关车站强迫返沪。一路上,郭纲琳不停地跟押送他们的士兵讲:"你们不应该这样对付我们学生,应该用手里的枪去对付日本侵略者,抗日救亡,保家卫国。"她的行为影响了其他学生,被押的其他学生向士兵展开了宣传攻势,不少士兵觉得学生们讲得有道理,同情学生的爱国行动,态度由凶恶变为友好。

在这次示威游行中,中共地下党组织看到了郭纲琳十分突出的表现,批准她加入了中国共产主义青年团。1931年底,就在郭纲琳第三次示威游行从南京返校后,学校地下党支部书记蒋仲牟通知她,由共青团员转为共产党员。

4

1932年1月28日,上海爆发淞沪战争后,郭纲琳代表中国公学爱国学生参加了上海学联工作。当时,中国公学校舍因淞沪战争毁于炮火，很多学生无处安身。郭纲琳根据党的指示，组织"被难同学会"，收容学生；募集寒衣，救济难民；发动群众，组织抗日义勇军；参加战地服务队，支援前线。

郭纲琳在校的抗日救亡活动，引起了她在上海当律师的大伯郭定森的不满，郭定森写信告诉郭纲琳的父亲，说纲琳在上海"不安分"。郭纲琳的父亲本来就对这个女儿的反叛行为不满意，一看到大哥的信，更是十分恼火，当即写信责问女儿。郭纲琳认为她做的一切都是正确的，不抗日哪来的安定环境读书，她觉得父亲的责问毫无道理，于是，她用红墨水笔给她的父亲回了信，信中说："我再也耐不住读死书了！"向她父亲表达了她坚决抗日救亡之决心。中国传统文化中有一个不成文的法则，用红墨水写信表示与对方断绝一切关系，不再来往。郭纲琳选择用红墨水笔给父亲写信，向父亲表达了她的决绝，她要与父亲断绝父女的关系。

我们不知道郭父接到女儿的信是什么样的心情，生气？愤怒？伤心？悲哀？但我们知道她的父亲做出一件让郭纲琳生气的事，就是断绝了她的经济来源。对待如此固执率真的女儿，这也是父亲唯一能做的事，因为他非常清楚，以当下时局，时事难料，女儿如此激进，难有好的结果，他不愿失去自己的女儿，也许这是一位父亲的良苦用心，逼着女儿听话。

郭纲琳完全失去了家庭经济上的供给后，生活陷入了困境，只能靠几个朋友的支援。1932年4月，党组织决定调郭纲琳到上海市法南区团委负责妇女工作。郭纲琳服从党组织安排，放弃了学业，离开了学校，投身了革命。为了更好地开展工作，同时解决生活上的困难，经组织允许，郭纲琳到南市美亚绸厂任小职员，化名刘英，在厂里组织了左翼文研分会。在上海工厂中建立文研分会，这还是第一个。

美亚绸厂的工人多数是出身贫苦的女工、童工，厂里没有房子住，工人只得就近寄居。郭纲琳深入女工们的住所，为她们办起了女工夜校，教她们识字，给她们讲革命道理。她揭露国民党借抗日之名进行航空募捐，搜刮民财买飞机，却到江西打红军。她号召妇女们为挽救祖国危亡和自身解放而斗争。为改善生活，增加工资，她多次组织工人罢工，带领女工夜晚到大街上书写标语，到电车上撒传单，工作开展得十分活跃。

在当时白色恐怖下的上海，她居然在工厂中发展20多名团员，建立了团支部。不仅在美亚绸厂搞活动，她还把这些活动扩展到手套厂、袜厂、纱厂。郭纲琳在开展工厂工作的同时，还常到泉樟中学、上海美术专科学校、中国中学等校发动学生，开展救亡活动，建立了团组织。她又到上海环龙路社联举办的社会科学讲习班上活动，用马克思主义理论武装工人、学生的头脑，引导他们走革命的道路。

郭纲琳的精力实在充沛，革命斗志非常旺盛，她在实际斗争中汲取了丰富的政治营养和斗争经验，很快从一个学生成长为一个成熟的革命者。

这年的冬天，郭纲琳与她的同学，也是她的同志李伟（章全、詹伟烈）结婚。不久，他俩一同调至共青团上海沪西区委，郭纲琳负责领导工厂支部工作。沪西区工厂多，工作任务繁重。白天工人们紧张劳动，工作难开展，郭纲琳常常是天未亮就在街灯下迎接上班的工人；晚上工人下班，她又在路旁的街灯下等候，找工人谈心，了解工厂情况，常常工作到深夜。整整一个严冬，她冒着寒冷，夜以继日地工作着。

1933年的春天,郭纲琳被调任共青团江苏省委内部交通员,与共青团江苏省委巡视员李丰平单线联系。大家知道,在特务满街的恶劣环境下,当一个交通员是非常危险的,许多人因此而丢掉了性命,但郭纲琳凭着她的机智与灵活,一次一次地化险为夷,将党的秘密指示、各种文件及生活费用传递给了李丰平,从未出过差错。让李丰平记忆深刻的一件事情是那年的初夏发生的:那天下午,郭纲琳怀揣党组织的重要文件,准备送给李丰平,走到一家石库门门前,突然看到前面几十米处,特务在搜查行人,她前后看看无处可躲,就大大方方地走进了一家院落,见院子里只有两个小孩在玩耍,就细声细语地问孩子:"你们的妈妈呢?"

孩子们说:"妈妈同爸爸一道看戏去了。"

郭纲琳说:"你们怎么不去呢?"

孩子们说:"爸爸说我们看不懂。"

郭纲琳说:"你们认识我吗?"

小妹妹说:"不记得了,你是张阿姨吗?"

郭纲琳说:"不是。"

大孩子说:"吴婶婶吗?"

小妹妹抢着说:"不是,是李姑妈。"

郭纲琳赞扬道:"还是小妹妹记性好,但小妹妹一定说不出来爸爸和妈妈的名字。"

大孩子说:"我说出来,我爸爸叫王大兴,我妈妈叫王大嫂。"

郭纲琳说:"真聪明,我就是你们的李姑妈。"

两个孩子一起喊着:"李姑妈好,李姑妈好。"

郭纲琳抱起小妹妹,从口袋里掏出糖果分给两个孩子,顺便将机密文件掏出藏在孩子的衣服里。特务们随后即到,郭纲琳神态自若，对孩子们说："不要害怕，他们是抓坏人的。"特务以为郭纲琳是孩子的母亲，问都没问就走了。特务离开后，郭纲琳将小妹妹放下，顺便将文件取出藏进自己的贴身衣服里，她又从口袋里掏出两颗糖果，剥去糠纸，分别喂进两个孩子的口中，郭纲琳在小妹妹的脸颊上亲了一口，又摸了摸男孩子的脑袋，依然亲切地说："孩子们，李姑妈要走了，下次再来看你们。"在"李姑妈再见"的声音中，郭纲琳离开了这个陌生人的家，顺利地将文件传递给了李丰平。李丰平听了郭纲琳刚才那惊险一刻的故事后，在替郭纲琳后怕的同时，看着郭纲琳的那双眼睛闪着光亮，钦佩之意油然而生。

李丰平是四川铜梁人，1912年出生，比郭纲琳小两岁。在上海从事党的地下工作，与郭纲琳单线联系后，两人结下了同志以外的一种友情。让郭纲琳痛心不已的是，他们单线联系几个月后，因叛徒出卖，李丰平被国民党当局逮捕入狱。

李丰平入狱后，共青团无锡县委书记吴启章也被捕。郭纲琳以团省委巡视员身份到来无锡，任共青团中心县委书记，领导无锡、宜兴、江阴、常熟、苏州等地的共青团工作。她化名张英，以表姐身份住在省立无锡中学一位女团员家中，为恢复和发展团的组织日夜奔波。她深入工厂，向童工们嘘寒问暖，鼓励工人与资本家斗争；她深入学校，向学生们推荐革命小说和鲁迅杂文，领导"反会考"的签名运动，引导陈云霞姐妹、华萼姐妹、顾秀芬、丁定英等青年学生走上了革命道路；她深入群众中开展工作，甚至连老太太也被发动起来了。团员华萼母亲信佛教，经郭纲琳宣传鼓动，将抗日宣传品装进"朝山进香"的黄布袋里，散发在沪宁铁路线上。为纪念苏联十月革命16周年，郭纲琳向团员们讲述了十月革命的伟大意义，布置了插红旗活动。会后，她与无锡县的团员们一起去插红旗，一夜之间，无锡县城楼和工厂区的电线杆上都是红旗。无锡国民党当局十分恐慌，天天抓"共党"，怎么一夜冒出这么多"共党"！

这年的年底，无锡县委又遭破坏，郭纲琳又一次凭着她的机智与灵活，化装成新娘回到上海，任共青团上海闸北区委书记。十余天后，郭纲琳在上海海宁路祥麟里1338号亭子间郑子仪家被捕。

5

对于女儿被捕的消息，郭纲琳的父亲郭定棠没有感到意外。虽然女儿与他断绝了父女关系，但女儿毕竟是女儿，也为了维护家族的名望和亲情，郭定棠先托上海大中华饭店经理戴步祥设法营救女儿。戴步祥是句容老乡，曾在英巡捕房当过头目，捕房上下关系熟悉。找过戴步祥后，又找律师秦待时，郭家不缺钱，也有势，救郭纲琳出狱是不成问题的，他们破费了上千块大洋，但郭纲琳没走出监狱。原因不是别的，是郭纲琳拒绝在拟好的悔过书上签字。

郭纲琳大哥郭纲伦，当时是铁道部审计署专员，他打听到，如果有两个国民党中央委员保释，郭纲琳就可出狱。他立即来到南京，请南京文艺联社负责人、中央委员李宗璜说情保释，李宗璜很愿意帮郭家的这个忙，于是，他又串联了另一个国民党中央委员同狱方交涉。这一切办好后，郭纲伦写信给妹妹郭纲琳，让她这次不要再错过机会，只要答应出狱后放弃政治主张，不再参加共产党的活动就行。郭纲琳接到大哥的来信后，于1935年8月26日给大哥回了一封信。我们来看看郭纲琳在这封信中说了些什么，为了让读者了解郭纲琳思想的细微之处，在此全文录入她的信：

伦兄：

　　我拖延了许久许久才复信，我不愿申诉和说明什么，因犯人的心理是隔绝人世在起作用，也许有很多的想象是脱离实际的。现在我很能安静，脑袋似静水一样无波纹。我不希望什么，更不为失望而悲叹。我现在很能安命自守。现在我的中心是，让造成我的命运来完结我的命运，让我能得着的时日求些我愿求的知识，一直到最后一日。你要我做的，我是不能给你圆满的回答。并且我应该告诉你，我不愿造一点点罪恶在我生命中。伦兄，请你原谅，我不能屈伏[服]在一个无罪而加上有罪的名义下来遵从你。我知道自己，明白自己。并且我也知道你们的苦衷。我常常觉得给你们的实在也够麻烦了，我为什么要这样连累你们呢？我能给你们一点什么答复呢？给你们的只有失望，还说什么呢！总算好，我的身体和夏日一样有力，自入秋来胃少有不佳。别的均似夏日的我。请你放心。好，纸完了，下次再谈。

　　　　祝你
　　　努力保重

　　　　　　　　　　　　　　　狱中英妹谨上
　　　　　　　　　　　　　　　八月廿六日

　　哥哥知道这个妹妹固执，但没有想到在生命面前她还是这么固执。于是，他又请了一位"国大"代表、国民党中央民训部视察专员巫兰溪去狱中劝说郭纲琳。巫兰溪曾在句容县中教过书，所以他以老师的身份来到监狱劝说郭纲琳，他对郭纲琳说的话大意是："你父亲托我来看你，现在不少人都登报悔过了，出来了，你就出来算了,也不要登什么报,签个字就出来了。像你这样,将自己的生命和青春自行断送,又有谁能记得你呢?"郭纲琳说:"你叫我抗日可以,要我写什么东西,是不行的。""革命者的青春是美好的,我早已将她献给了伟大的祖国,为了追求我的最崇高的理想,我可以献出生命、青春和一切,我并不希望人们记起我、说起我,我只希望他们朝着自由幸福的道路上前进,朝着祖国独立的道路上前进。你们是不可能理解我的心情的,但祖国和人民却会理解我今天斗争的意义。"

郭纲琳的决绝与拒绝,也许今天的人们很难理解,在我们看来,这只是一个策略,一个权宜之计,先走出监狱,然后再去革命。但郭纲琳不这么想,她认为,只要签了这个名,就是对党的背叛。她宁愿把牢底坐穿。

6

南京宪兵司令部看守所关押过郭凤韶与姚爱兰;关押过冯菊芬与吕国英;关押过徐全直与何宝珍等姐妹。她们中有的人从宪兵司令部看守所直接去了雨花台刑场,有的人就在宪兵司令部监狱服刑;有的人被判刑后去了江苏第一监狱服刑。现在郭纲琳也来了,宪兵司令部看守所的法官继续对郭纲琳审讯与诱惑。

郭纲琳是一个热情,且乐于助人的女子,即使在监狱,也是如此。郭纲琳来到南京后,她的嫂嫂与妹妹们经常来南京监狱看她,给她送来丰富的食物和衣服。监狱里有许多贫穷难友没人送食物与衣服,因此,郭纲琳就把家人送的东西分送给病弱的难友们共同使用。受刑的姐妹流露出悲观动摇的情绪，郭纲琳变得温柔起来，她对一个受刑妹妹说："我们是革命的战友，要爱护自己的政治生命，保持党性的纯洁。我们可以抛弃一切，决不能失去这个比生命更宝贵的政治贞操。敌人要枪杀我们的身体，这是无法抵抗的，但决不允许敌人枪杀我们的灵魂！"平日郭纲琳对人就好，经她这么一说，这位女同志十分感动："我记住你的话，我的灵魂与你们在一起，与党在一起。"郭纲琳随身带着一些铜元，她别出心裁，把这些铜元拿出来，在地上、墙上、铁床架子上磨制成各种形状，再在铜元上刻上字，送给姐妹们，表达自己的心愿和互相鼓励。有两枚铜元经她精心地磨砺，制成心形与椭圆形，她在心形铜制品上镌刻着"健美"两个字，在椭圆形的铜制品上镌刻"永是勇士"四个字。说到郭纲琳，人们会把她与英勇、刚强、机智联系在一起，其实，郭纲琳也是个心灵手巧的姑娘，她在监狱中磨制的这两枚铜元

图 5-7 "永是勇士"

被保留了下来,是雨花台烈士纪念馆的一级文物,至今展览在烈士纪念馆。

在宪兵司令部看守所,郭纲琳立场坚定,斗志昂扬,除了怒斥敌人,唾弃叛徒外,没有任何口供。最终,法官以犯有"危害民国紧急治罪法"罪,判处郭纲琳8年徒刑,押往江苏第一监狱执行。

7

江苏第一监狱是近代中国最早的新式监狱之一,1917年扩建时,增设女监,在监狱西北角,附有劳动场所,有女看守管理。这所监狱曾关押过陈独秀与国际友人牛兰汪得利曾夫妇等共产党人,后来还关押过周佛海、梅思平、丁默村等汪伪政权的骨干人物。

此时,江苏第一监狱正关押着三十多名女政治犯,她们中有刘少奇夫人何宝珍、新中国成立后任中组部副部长的帅孟奇及任轻工部副部长的夏子栩、监察部第一任部长的钱瑛等一批共产党员,郭纲琳与她们在一起度过了一段艰难岁月。

在江苏第一监狱中,郭纲琳参与和领导了三次绝食斗争,其中规模最大的一次是支持太平洋赤色职工国际书记牛兰夫妇的斗争。这两位国际友人要求无条件释放,当局不予理睬。为支持牛兰夫妇,郭纲琳与姐妹们集体宣布绝食。当时出于斗争策略,在支持牛兰夫妇绝食中提出的要求,以抗议克扣囚粮,要求改善伙食作为主要条件。斗争到第四天,敌人以大米饭、红烧肉来诱发她们的食欲,动摇她们的意志。对于饥肠辘辘的犯人来说,大米饭、红烧肉太诱人了,特别是那种久违的肉香味刺激着她们鼻腔内的嗅觉神经，嗅觉细胞在感知到这种香气味后，直接将信息传递到距离嗅觉细胞最近的大脑区域。意志不坚强的人根本抵挡不住这种诱惑，何况她们已经饿了四天。姐妹们咽下口水，看也不看摆在面前的饭菜。狱卒一看这招不行，就威胁说："谁不复食，就枪毙谁！"郭纲琳忍不住了，她首先挺起虚弱的身子，振了振精神，目光依然炯炯地怒视着狱卒，尽量大声地说："不答应条件，决不复食，要枪毙一起枪毙吧！"姐妹们受到她的鼓舞也大声喊起来："要枪毙就一起枪毙吧。"绝食斗争坚持到了第7天，狱方被迫答应条件。牛兰夫妇被送医院治疗，斗争取得阶段性胜利。

后来走出监狱的人回忆，她们吃的是烂菜霉米，米中有大量的砂子、稗子和秕糠。郭纲琳一直享受着优渥的生活，但她面对监狱的苦难日子，竟然不失望、不悲观，每天吃饭时，她一边吃一边细心地将砂子、稗子捡出来，每天吃、每天捡，然后把这些砂子稗子晾干，积存起来做了一只枕头芯。她对姐妹们说："如果我能活着出去，我一定将这只枕头芯送到革命纪念馆，让我们的同志和后代都知道，为了革命胜利，我们过的是怎样一种非人的生活；也让他们看到国民党的滔天罪行。每一粒砂子、稗子便是对敌人的一份仇恨。"

囚徒的生活是难熬的。在苦难的日子里，很多女同志便利用刺绣、打绒线来打发时间。她们绣出各种图案，以寄托自己的感情。前面说了，郭纲琳不仅会战斗，也心灵手巧，她在一条手绢的左上角绣上五角星，右下角用英文绣了"Long Live"（万岁）字样；在一只枕头套的右上方绣了一行刚劲有力的英文："To struggle for truth!"（为真理而斗争！），左下方绣着黑白两只缠绵缱绻的猫，时间是"9.1.1935"；在另一只枕套的右上方，绣上

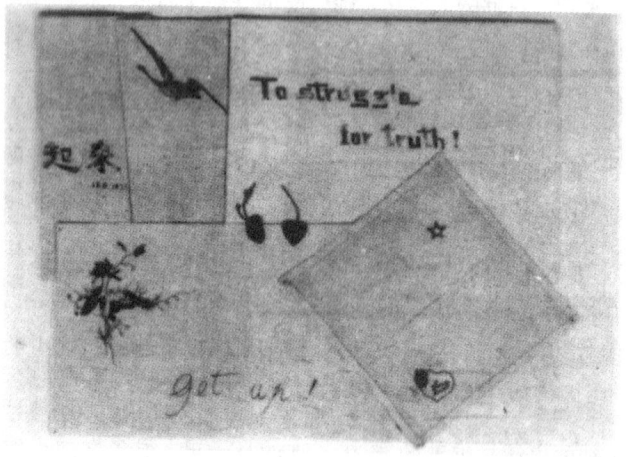

图 5-8 To struggle for truth!

了一只昂首展翅飞翔的大雁,左下角绣上"起来"两个字,时间是"15.9.1935"。两只枕套都是1935年绣的。

从这些绣品上的字,我们就能知道郭纲琳的坚定信仰与顽强斗志,让人有想象空间的是那两只缱绻的黑白猫。郭纲琳平日里最喜欢大雁,所以才在枕套上绣上大雁。她曾对姐妹们说:"雁是很高尚的鸟,它们是合群的,最有组织和守纪律的。"原来,郭纲琳喜欢大雁是因为大雁合群团结,且有组织纪律性。如今,郭纲琳的这些绣品都珍藏在雨花台烈士纪念馆,都是一级文物。将近90年了,这些文物依然完好无缺地躺在展柜里。只是那只用砂子与稗子做的枕头心不知流落在何处。

后来看守发现了她们的绣品,就收走了所有人的针线。郭纲琳不屈服,她找来一根细竹签将其磨尖,代替绣花针,继续绣她的大雁,用这根竹签终于把大雁的双翅绣好。

在狱中,郭纲琳也没有放弃学习。妹妹郭纲华去监狱看她时,她让妹妹下次来带书给她,她又让狱卒给她买进一些书。在江苏第一监狱这段时间里,郭纲琳把自己的时间安排得非常紧凑,顺带把难友们的时间一块安排好,她让姐妹们共享她的书籍。以前在外做地下工作时,郭纲琳东奔西跑,没有多少时间能静下来看书,现在有整段的时间,正好用来读书,读以前没时间读的理论书籍,读后再与姐妹们讨论。

此刻,中共第一至第五任党的总书记陈独秀也在江苏第一监狱服刑。陈独秀曾写过一段耐人寻味的文字:"世界文明发源地有二,一是科学研究室,一是监狱。我们青年要立志出了研究室就入监狱,出了监狱就入研究室,这才是人生最高尚优美的生活。"

陈独秀迟郭纲琳两个月入狱,国民党江苏最高法院刑庭"以文字为叛国之宣传",判处他有期徒刑8年。国民党当局特为陈独秀修缮了优待室。此时的陈独秀虽不是青年,但他把监狱当作研究室了,他以高度的理性精神和科学态度,在狱中进行了巨大的理论创造和写作。他在狱中所写的著作,除了《孔子与中国》《老子考略》《实庵自传》外，还有音韵类《中国古代语音有复声母说》《连语类编》《荀子韵表及考释》《屈宋韵表及考释》《晋吕静韵集目》《广韵冬钟江中元古韵考》《古音阴阳入互用例表及其他》，文字学方面有《干支为字母说》《实庵字说》《识字初阶》《甲戌随笔》《右旁之声分部计划》等，这些著述，多方位地思考中国文字的起源和演变。他还写出了大量的政论文，大部分在当时最高品位的学术刊物《东方杂志》及其创办并主编的内部刊物《火花》《校内生活》上发表。

同在一个监狱，郭纲琳她们也会略知一二；所以，青年郭纲琳也把监狱当研究室了。经过阅读后，她深有感触地说："我们的理论基础太差了，对革命工作常常感到不能胜任""革命只凭忠心，只凭热忱是不够的，必须学会战胜万恶敌人的本领。"所以，她在给哥哥的信中说："让我能得着的时日求些我愿求的知识，一直到最后一日。"

郭纲琳后来知道，狱中不禁止读外文书籍，她立即意识到："我们还可以读点马列的原著。"从此，狱中很多女同志开始学习外语，而郭纲琳在原来掌握英语的基础上，又学习日语、攻读马列的原著。读书使她变得安静，"读点书，杂念也消失了"。

嫂嫂翟其英对郭纲琳特有感情，常去监狱看望她，嫂嫂盼她能早日出狱，也劝郭纲琳"悔过"。郭纲琳知道嫂嫂是出于亲情的朴素的情感，才这么说的。因此，郭纲琳对嫂嫂说："你们如果要敌人在精神上枪毙我，我便不是你们的妹妹了，我是相信真理的人，我是热爱我们祖国的人……死，我是从来不怕的，人生总是要死一次的，但要死得有意义、有价值。"这番话对嫂嫂及在场的小妹郭纲华来说，虽不能接受，但极佩服，这大概就是传说中"巾帼不让须眉"吧。

从此，她们不再劝说郭纲琳"悔过"了。

8

1935年"一二九"运动后，抗日民主运动不断高涨，"停止内战，一致抗日""释放一切政治犯"的呼声越来越高。国民党当局公开答应"准备大赦"，但还是将一些政治犯转到各个反省院。1936年9月，郭纲琳与其他难友被转到了首都反省院。

首都反省院是1936年6月建成的，位于南京郊区的晓庄。反省院占地100亩，设男女监房，每排监房有20个号子，有农场和窑厂作为反省人员的劳动场所。反省院监禁的大都是政治犯，所以，反省院里开设了《三民主义》《五权宪法》等课程，要求犯人每天写日记，进行思想反省。政治犯在这里一般要接受为期6个月的强化学习，期满后经评判委员会评判不准出院者，继续留院反省。对于政治犯来说，反省院虽在物质方面有所改善，但精神折磨是他们很难接受的。他们在哪里都会与敌人斗争，在反省院也不例外。有的人用"软磨"的办法，在日记中写一些无关紧要的日常琐事；有的人说自己不识字不会写日记。而郭纲琳则用她自己的方式，不软磨，不找借口，直接与院方对抗。

丁香的丈夫阿乐于1937年4月21日也被解到南京晓庄的首都反省院，此时，郭纲琳仍在反省院。阿乐有过一段回忆，描写首都反省院的情况，让我们随他的文字来看一看反省院的建筑、课程安排及女难友的斗争情况："反省院是南北两栋相连接的二层楼，南楼是女监，北楼是男监。住的号房均朝南，北为长廊，课室、盥洗室，厕所在西头。号房毗连，每间住两人。南、北楼中间隔有70多米长方形草坪，东头围墙外是菜园，有小门出入。我们在北楼可望见女难友在南楼北面的走廊上走动。反省院规定，每天上午上三堂课；三民主义、唯生哲学、五权宪法等。我刚到反省院时，还有人来上过几次课，实际上他讲他的，我们在下面各人搞各人的。有时他们说有事不来上课，总是由一个姓姜的导师来维持门面。他回答我们提出的一些具体生活问题，如要求看报纸、借书、看病等，好象他是负责我们这个班的。下午和晚间我们在各自的号房里自习，规定写'反省日记'可是我们没有写，也不见有人交。……在和他们交谈中，我才知道女监难友们英勇斗争的事迹。她们经常在课堂上和'导师'辩论，摆出一桩桩、一件件的事实，讲得'导师'哑口无言。有一个女难友为此被送进'小黑屋'关禁闭，她依然顽强斗争。给她送饭送水时，她就高喊口号，用牙膏在墙上写标语。据说，从此以后女难友们都不去上课，也不参加每星期一的'纪念周'和院方召开的大会，院方对她们也没有办法。

阿乐在文章中说的那个女难友就是郭纲琳。

郭纲琳被编入反省院的乙班，规定她和她的同志每天早会唱国民党的国歌；上午要上三民主义课和马克思主义批判课；下午要写反省日记等。郭纲琳根本不理睬这一切，带头拒绝唱国民党的国歌，带领大家唱《国际歌》；带头不上三民主义课。她说："你们不是三民主义，而是杀民主义。你们根本没有实行什么民族、民权、民生主义。"她自己不上课，还发动难友们拒绝上马克思主义批判课；她又借写反省日记的机会写传单、情报，以鼓励难友进行斗争。

这还得了。郭纲琳做的这一切打乱了反省院的秩序，愤怒的院长让人把郭纲琳关进了禁闭室。

禁闭室大小不到两平方米，四面皆壁，只在门上开着一个二寸高、四寸宽的小窗孔，作为监视窗。室内空气不流通，终日见不到阳光，一天除三餐饭和一盆水外，再也接触不到任何人和事。据说，待在这里的人，时间长了就会精神失常。但是，郭纲琳却以非凡的毅力和顽强的斗志活了下来，而且活得让院方恐惧。她用破布蘸上牙膏和吃饭时省下的青菜，在牢房墙上写下"打倒国民党""共产党万岁"等口号；在禁闭室高唱《国际歌》及《苏武牧羊》等歌曲。禁闭室外的同志听到郭纲琳的歌声，一起跟着齐声高唱，以支持、声援郭纲琳对院方的抵抗与斗争。这一切，没有起到作用。之后，郭纲琳绝食了，一天、两天、三天……最后，院方把她放了出来。郭纲琳虽然出来了，但院方把她看成了政治犯中最危险的人物。他们认为，这么危险的人物不能再待在反省院了，否则会影响别的政治犯反省。正当院方考虑郭纲琳的去处时，郭纲琳的表妹张振华来反省院看望她了。因表妹不知底细，还挺高兴地对郭纲琳说："琳姐，这里是关押的最后阶段了吧，你只要认个错，就会被释放的。"郭纲琳很严肃地对表妹说："错？我有什么错误？我没有错，更没有罪。振华，我不能为了贪生违背良心，我要坚持真理，挽救祖国，为此，我可以视死如归，愿为真理献出我的生命……"

表妹离开后，反省院院方就决定把郭纲琳押回宪兵司令部看守所。

9

1937年7月1日凌晨,郭纲琳被押回宪兵司令部看守所,没有押回她服刑的江苏第一监狱,郭纲琳意识到了生命的危险。进了宪兵司令部,郭纲琳就被关进了甲所11号。

这甲所11号是个特殊的号子,靠近看守所的大铁门,被难友们称为"等死台"。因为被关押进甲所11号的人都是被判了死刑,即将执行的犯人。

郭纲琳也知道关进甲所11号意味着什么。

看守所所长姚儒栋、中校法官李华龙均亲自出马,软硬兼施,想让郭纲琳屈服。郭纲琳借机与敌人周旋,对秃头所长说:"你要我不闹可以,但你得拿钱请客。"这位所长太忙,不想请客,就说:"我无钱请客。"郭纲琳便毫不留情地讥讽说:"你没钱?谁不知道你最有钱,你暗害人命,邀功请赏;你虚报名额,克扣囚食;你贪污受贿,重利盘剥,亏你还装穷!"对法官她也是嘲笑有加:"李华龙,李华龙!你不是一条活(华)龙,你是条死龙。"这两人被她一番嘲弄,气得恼羞成怒,就让狱警用皮鞭抽打她。郭纲琳怒视打手,愤恨地说:"你们打我干什么,何必这么凶?有本事,打日本鬼子去!"狱警用竹管套在她嘴上,不让她说话。可是郭纲琳仍然艰难地高唱:"同志们奋斗,革命的路,是一块块鲜血拼筑起来……""曙光在前头,冲上前去,同志们奋斗!"狱警看这招不行,又用烂菜、马粪来堵她的嘴,郭纲琳一阵呕吐之后,仍然大骂:"混账、混账。"这次受刑回室后,郭纲琳用鲜血在墙上写下了:"立场坚定,为革命而牺牲! 拥护真理,为真理而流血。"狱方的好言劝降,严刑拷打,残酷折磨,都没有使郭纲琳屈服。

帅孟奇在她回忆材料中说:"她(郭纲琳)的英勇气概鼓舞了很多人,起了很大作用,使有些动摇的人坚定下来了。"

几天后的7月7日,日军向北平西南的卢沟桥发动进攻,制造了震惊中外的七七事变。七七事变的第二天,中共中央发出通电号召全中国军民团结起来,抵抗日本的侵略。

第二次国共合作即将开始。

此时,狱方还对郭纲琳进行劝降,派了中央党部一个姓游的代表来找郭纲琳谈话,游代表说:"卢沟桥发生事变了,现在国难当头,应团结御侮,现在全国上下都拥护本党抗日,都拥护国民政府,都拥护三民主义,都拥护蒋委员长。中共已经投降了,不久即将通电全国。朱毛都归顺了,你们这些小党员还不归顺本党?"郭纲琳说:"只有向帝国主义投降的国民党,没有向国民党投降的共产党。你们吃饱饭没有事做,又觉得自己离灭亡不远,无妨天天多向自己说投降、投降,念惯了将来做起来更熟练。"游代表也不生气,看来他早已知道郭纲琳的性格了,他接着说:"你们本来没有什么政治斗争经验,更难体会到局势的变化。这也难责备于你们,何况久居囹圄,与世隔绝,报纸杂志都看不到,对局势的变化,自然是不会知道的。红军经过长征,损失殆尽,苏维埃区域全为中央克复,中共在全国的秘密组织早已被破坏。由此可以证明共产主义不适合于中国,只有三民主义才适合中国国情,才能救中国。现在朱毛皆放弃了阶级斗争,拥护我党之领导,听从蒋委员长之指挥。现在,我代表本党对你恳切劝告,只要你决心悔过,既可以法外施恩,恢复你的自由,并量材重用。如果你仍然执迷不悟,那是你自绝于党国，自绝于人民。你的个人前途，你的生命，实在是不堪想象。何去何从，你自己决定。"就郭纲琳在中共的地位来说，不需要国民党中央党部的代表来劝说，但郭纲琳在上海法庭上的表现，经报纸报道，在国民党官员来看，她是很重要的人物了。狱方也知道郭纲琳的口才好，所以才请这位口才也不错的游代表来劝说。游代表一说完，郭纲琳立即开口："我是无过可悔的人，搞得中国国弱民贫是你们不是我。将祖国东北丢了，华北特殊化了，使日本帝国主义打进了北平，炮口对着上海，是你们国民党对外不抵抗政策所致，有罪的是你们不是我。你们危害了国家，反有脸说我危害民国，你们是祖国的大罪人，你们却要我向你们悔过。如果你们还有一点人的良心，你们还有一点所谓的良知，你们还知道一点羞耻，你们就应该向全国人民请罪，乞求全国人民的谅解，求得举国一致对外，人民允许你们带罪图功，你们才有前途。不然，你们的前途才不堪想象呢。"游代表听着郭纲琳的话，摇着头正想说话，郭纲琳没给他机会，又说，"你们丝毫没有诚意，还要在我面前耍花枪，施骗局，真是岂有此理，依我看，这是你们的最后机会，人民已经忍受得够了。你们还想照旧统治下去是不可能的了。何况敌人的飞机炸弹正威胁在你们的头上，如果你们不想立即投降去与汉奸为伍，那你们应放下你们十年反共的屠刀，向人民投降，归顺我们，跟着全国人民去抗日。两条道路摆在你们国民党人的面前，何去何从，我想也不是你这个可怜的芝麻大的官儿可以作主的。"游代表的脸色越听越白，他站了起来说："我们是作不了国家的主，但我们可以作你的主。"郭纲琳毫不畏惧地说："个人的生与死，我从没考虑，祖国的存亡倒是时时在我心里。我早已决心将自己献给祖国，为祖国的独立自由，为彻底推翻旧世界而战斗，为实现未来的自由民主的社会，我愿意流尽最后一滴血。"坐在一边的所长也站了起来，狠狠地发话了："你完全忘记了你在什么地方，你是什么身份，你完全辜负了党国对你的好意，你忘记了谁是长官，谁是囚犯，你强词夺理不知好歹。"没等所长说完，郭纲琳就打断了他的话："既然是你们中央党部派来的代表跟我说话，你这个牢头有什么资格跟我说话，忘记身份、忘记地位的是你不是我。"游代表对郭纲琳说："你愿意将你的青春消灭在监狱里，你愿意将你的生命自行断送，这有什么办法呢，你既然不接受党国的训导，你便不可能活着走出这里，对于坚不悔过的人，一定会依法严加重处的。"

游代表离开监狱之前，对所长说："对于这类犯人，你们一定要用尽一切办法，打下她十分嚣张的气焰。"

狱方早就领教过郭纲琳的"气焰"，觉得这个女子太不简单，既然诱骗、劝告无效，那只能再次拷打，想叫郭纲琳在悔过书上签名，在自首表上按下指纹。狱方无休止的酷刑，虽使郭纲琳全身浮肿，神经也受到了刺激，但她还在唱《囚徒之歌》："磨砺呀，锻炼！勇敢呀，奋斗！总有一天那红旗，会随着红日照遍全球！总有一天那红旗，会随着红日照遍全球！"

就在各个监狱、反省院释放政治犯时，郭纲琳却要上雨花台了。

几天后，宪兵司令部刑警将郭纲琳押到了雨花台刑场。临刑前，他们问郭纲琳还有什么话要说，郭纲琳看着荒芜的雨花台，一阵大笑后，唱起了《国际歌》。刑警问："快要死了，还高兴什么？"郭纲琳说："你们关了我整整四年，花了你们不少心机，你们什么也没有得着，可见你们是失败了。而我不过瘦了些肉，我骨头还硬朗朗地存在，我的声音还响亮地存在。你们是用了一个党，一个政府，用了许多军队、许多警察、许多特务加上监狱、酷刑，我却是一个手无寸铁的女人，我凭了真理，凭了对人民的忠贞，凭了党给我的教育，我将你们费了不少狗气力想出来的一切阴谋诡计打得粉碎，可见我是胜利了。胜利者是应当喜欢的，是应当高声大笑的。"

....

10

郭纲琳牺牲70年后的2008年6月30日下午，雨花台烈士纪念馆来了两位特殊的客人——一对姐妹。姐姐叫李大纲，妹妹叫李大琳。两位老人专程从浙江来到南京来到雨花台烈士纪念馆，为的是赠送一枚雨花石给纪念馆。

这枚椭圆形的雨花石，长10余厘米，质地圆润细腻，最特别的是雨花石通体殷红如血，颇像一颗跳动的心。同时带来的还有一个心形的红色透明托盘，与那枚椭圆形雨花石珠联璧合，托盘下面是白色的水晶底座，底座的一侧刻着几个字：纪念郭纲琳烈士。

工作人员念着姐妹俩的名字：李大纲，李大琳，突然意识到，这姐妹俩名字的最后一字合在一起，不就是纲琳吗？姐妹俩和郭纲琳烈士有什么关系吗？这枚雨花石和郭纲琳烈士又有什么联系呢？

工作人员查阅了郭纲琳所有亲属的名单，以及卷宗资料，郭纲琳的亲属中并没有叫李大纲、李大琳的姐妹俩。正当他们疑惑间，姐妹俩说，她们此行目地是为了完成父亲的遗愿，将这枚红色心形雨花石捐赠给烈士纪念馆，因为这枚石头寄托了父亲对郭纲琳的深厚情感与终极怀念。

"您们父亲是？"

"我们父亲叫李丰平。"

这又一次让工作人员感到奇怪，郭纲琳并没有一位叫李丰平的爱人啊！

为了纪念牺牲的战友，将战友的名字嵌入自己孩子的名字中，在那个年代并不少见。然而让工作人员不解的是，两位老人提到郭纲琳烈士时满怀深情喊着"纲琳妈妈"。

这就让工作人员更加觉得郭纲琳与李丰平之间一定有一段不同寻常的故事。这究竟是怎么样的故事呢？

从姐妹俩的叙说中，大家终于知道了一段尘封70年的感人故事。

郭纲琳被捕的前一年，作为交通员，党组织派她与李丰平单线联系。当时李丰平身份是共青团江苏省委巡视员。

李丰平告诉姐妹俩，他与郭纲琳由最初的相识、相知，到彼此相爱，当时的共青团江苏省委书记朱理治同志代表组织批准他们结为夫妇。然而在那个特殊的年代，白色恐怖正笼罩着整个上海，党的领导人被迫相继撤离，转赴苏区。李丰平和郭纲琳渴望着能结为夫妇共同战斗，但他们还没来得及结婚，就先后被捕，解来南京，关进狱中。

前文说过，1932年底郭纲琳与同学李伟结婚，如今姐妹俩又说郭纲琳与李丰平已被批准结婚，这到底是怎么回事呢？是不是李伟离开了上海，两人失去了联系？那个时候，夫妻一旦分别就意味着永远分离。这只是猜测，我们已不能得知当时发生的事情。

那次被捕后，李丰平与郭纲琳就没有再见过面，但李丰平终身无法忘记郭纲琳。郭纲琳入狱后曾让家人为李丰平做了一套冬衣，并让家人想方设法送进牢里。在那些寒冷的冬夜，李丰平抱着这套棉衣诉说着对郭纲琳思念的心语。对于李丰平来说，那套冬衣不仅仅是御寒之物，更是温润他心灵的一件象征性礼物，这套衣服陪伴他度过了漫长的牢狱生活。1937年11月，李丰平被国民党当局释放出狱，一出狱门，李丰平就渴望能得到郭纲琳的消息并立即见到她，但等待他的是一则残酷的信息，纲琳已经永远永远地离开了他。李丰平痛不欲生，仰天长叹苍天如此不公。长期的思念与突然的噩耗使得他的心也跟着郭纲琳离去。后来，李丰平去了延安，在那从事党的组织工作。

时间使李丰平的伤痛慢慢愈合。两年后，他与李大纲的母亲结为夫妇，他们也是革命伴侣，共同的理想与经历使他们在后来的日子里相互理解、相互尊重，他们共同怀念着郭纲琳，为了永恒地纪念纲琳，李丰平夫妇商量，两个女儿的名字中嵌入纲琳二字，成为郭纲琳的义女。李丰平对姐妹俩说："记住，你们永远是郭纲琳的义女。"从此，姐妹俩便多了一个母亲，一个早已逝去却永远活在父亲心底的母亲。

新中国成立后，李丰平历任中共中央华东局委员、中共安徽省委书记处书记、浙江省人民政府省长、浙江省人大常委会主任、中共中央顾问委员会委员。

晚年的李丰平，对郭纲琳的思念之情越来越深，常回忆几十年前与郭纲琳的那段地下党生活。2007年，南京雨花台烈士纪念馆到杭州举办烈士史料巡展。刚做过结肠癌手术、95岁的李丰平听到这一消息后，不顾年迈体弱和医生的劝阻，坚持要去看这个展览。他在展板前非常仔细地一个烈士一个烈士地看着，走到郭纲琳的展版前，李丰平一下子愣在那里，这不是昔日战友郭纲琳嘛！昔日爱人的年轻容貌依犹在，瞬间，李丰平的眼睛模糊了，他的记忆像打开的闸门，70年的思念、70年记忆瞬间涌上心头，百感交集的李丰平回到家后辗转反侧彻夜无眠，深夜，他颤抖的双手拿出相册，缓缓打开，在郭纲琳的那张遗像前，哽咽无语。

在李丰平的家庭相册里，郭纲琳的照片占据重要的一页，李丰平常常对大纲、大琳说："你们的纲琳妈妈永远是我们家庭的一位重要成员。"在一次偶然间，李丰平觅得一枚红色雨花石，看到雨花石，他就会想到牺牲在雨花台的郭纲琳，这是寄托他对纲琳无限深情的最好载体，李丰平生病期间一直想到雨花台最后一次看望郭纲琳，并亲手将这枚雨花石捐献给纪念馆。然而由于种种原因，一直未能成行。

在杭州参观郭纲琳事迹的第二年春天，李丰平平静地离开了这个世界，享年96岁。李丰平去世后，根据他的遗愿，他们的子女将父亲和母亲的骨灰一起撒向钱塘江。剩下最后一件事，就是完成父亲未了的心愿。李大纲、李大琳姐妹俩带着父亲的这枚雨花石来到雨花台，将这颗"心"永远留在了郭纲琳的身边。

第六章 她俩是身怀有孕被捕的

"中秋前后是北平最美丽的时候。天气正好不冷不热,昼夜的长短也划分得平匀。没有冬季从蒙古吹来的黄风,也没有伏天里挟着冰雹的暴雨。天是那么高,那么蓝,那么亮,好像是含着笑告诉北平的人们:在这些天里,大自然是不会给你们什么威胁与损害的。"这是老舍《北平的秋》里的一段话。在这么美的秋天里,丁香被捕了,怀着她与阿乐的孩子被捕了。

其实,北平的春天也是很美的。张恨水在《北平的春天》里这样描写道:"当着春夏相交的夜里,半轮明月,挂在胡同角上,照见街边洋槐树上的花,像整团的雪,垂在暗空。街上并没有多少人在走路。偶然有一辆车,车把上挂着一盏白纸灯笼,得得的在路边滚着。夜里没有风,那槐花的香气,却弥漫了暗空。"在这么美的春夏相交的北平,杜焕卿被捕了,怀着她与毕维周的孩子被捕了。

她俩都是被驻北平的国民党宪兵第三团逮捕的。

丁香:结着愁怨的姑娘

1941年秋天的一天傍晚,淮北大地一片金黄,晚霞烧红了天空,将最后的光热铺洒在沉甸甸的稻穗上。新四军四师师长彭雪枫闻着随微风飘来的稻香味,看着夕阳下摇曳的稻穗向着村外走去。忙碌了一天的他想静一静,将自己脑袋里的事情疏理一下。天空一阵"嘎嘎嘎"叫声,彭雪枫抬头一看,一队"人"字形大雁正在他头顶飞过。雁声飘过,一阵琴声从远处传来,彭雪枫

图6-1 丁 香

停住了脚步,仔细听,是二胡。彭师长很好奇,什么人在拉琴,琴声为何如此哀婉悲戚。他循着琴声来到村外的小河边,见一个男子坐在河边的一块石头上忘情地拉着二胡。走近一点,彭雪枫看清了,自语道:"原来是《拂晓报》的阿乐!"彭雪枫站在阿乐的身后侧耳细听,琴声越来越苍凉越来越悲怆,由扬到抑,音调婉转下行,低沉含蓄。彭雪枫听出了阿乐的惆怅与感叹,他似乎感觉到了

阿乐发自内心的悲鸣和对黑暗的诅咒。阿乐太投入了，浑然不知站在他身后的彭雪枫。阿乐拉完最后一个音符，一声叹息，那悲戚的余音和着阿乐的叹息声回旋在河水的上空，不绝于耳。

彭雪枫上前拍了拍阿乐的肩头，轻声说："阿乐，你心里到底藏着什么样的故事？"

阿乐回头，看到拍他的是师长彭雪枫，立即站了起来，低声道："让师长见笑了。"彭雪枫又道："阿乐，你心里到底藏着什么样的苦难，怎么会拉出如此悲凉的琴声？"

阿乐拉着彭雪枫，选了一块干净的草地，两人席地而坐，看着远处村庄里的炊烟若隐若现，飘飘荡荡，阿乐长叹一口气，向师长讲述了他埋藏在心底、无人知晓的故事。

1910年暮春的一天，苏州基督教监理会美籍牧师白美丽小姐（Miss Beauty White）在教会门前发现了一名弃婴，善良的白美丽将婴儿抱在怀里，看着襁褓中的婴儿，她惊叹："My god！是一个可爱漂亮的女婴。"白美丽把婴儿抱回了家，在包被子中发现了一张纸条，纸条上写着："丁贞，宣统二年庚戌年二月十五日午时出生。"白美丽算了下，是公元1910年4月4日。白美丽以为，这是上帝送给她的礼物，没有任何犹豫，她收养了这名女婴，给女婴改了个名字叫"白丁香"。按她的国家的说法，丁香花象征着纯真无邪，拥有"天国之花"的美名，丁香花的明媚像春天的朝阳，女婴出生在春天里，所以，这名牧师将"丁香"送给了这个弃婴。

丁香越长越可爱，白小姐视丁香如掌上明珠，遂投入了很大的精力来培育丁香，她像中国人一样盼女成凤。可是白美丽是名牧师，要传教，要带领与照顾其他的教徒，因此，她就想请一名教友帮她照顾教育丁香。请谁合适呢？白美丽想来想去，就想到了吴妈妈。吴妈妈是江苏吴县人，出身贫苦，幼年丧母，寄养在舅舅家，年轻时勤奋好学，知书会算，嫁人后生活还算不错，谁知，命运不济，到了中年时还没孩子，后来又失去了丈夫，独自孀居。白美丽小姐很喜欢吴妈妈，便将丁香托付给她抚养。

吴妈妈没有子女，视丁香如己出。对丁香的生活照顾是精细入微，小丁香的被服鞋帽都是吴妈妈亲手缝洗，偶有小病，吴妈妈更是精心护理。在吴妈妈的照顾与教育下，丁香逐渐长大，身心都很健康。长到读书年龄，吴妈妈自己倾心教她，又请牧师、教友中有专长的人，分别给丁香讲授国语、英语、圣经、历史、地理、钢琴等课程。在学习上，吴妈妈对丁香要求很严，从这些课程上看，白小姐和吴妈妈想把丁香培育成学贯中西的才女。

为了给丁香补习生物和代数，丁香16岁那年，吴妈妈将她送到苏州东吴大学（苏州大学前身）学习。

听到这里，彭雪枫插话："你不就是东吴大学出来的嘛，难道你与丁香有什么故事？"阿乐说："是的，就是在东吴大学，我与丁香相识，成了同学。"

阿乐，本名叫乐于泓，出生于江苏太仓。阿乐的母亲也是基督教监理会的教徒，与白美丽小姐交谊很深，太仓属于苏州教区，当白小姐来太仓布道时，就到阿乐家去。阿乐的妈妈双目失明，白小姐托人，让阿乐妈妈到苏州天赐庄福音医院住院治疗，所有的治疗费用都由白小姐承担。

阿乐中学毕业，因考试成绩优异被半费保送到上海圣约翰大学学习。在五卅运动中，圣约翰大学的校长诺顿撕毁中国国旗，遭到全校学生的抗议，学生们采取罢课的方式来抗议校长。阿乐认为，圣约翰大学校长不尊重中国、不尊重中国人民，这所学校也就不值得待下去了，因此，他愤而离开了圣约翰大学，来到了苏州东吴大学。

恰好这时，丁香也进了东吴大学，两人相识。由于白小姐的关系，两人由相识到相知。

上课之余，假日期间，他们两人常去望星桥的殷师母家，和殷师母的两个女儿一起讨论、学习功课。殷师母也是白美丽小姐的教徒，是阿乐妈妈的教友。于是，白小姐与阿乐的母亲托殷师母照顾丁香与阿乐。

丁香已经出落成大姑娘了。她热情开朗，活泼大方，由于她的英文好，就教阿乐英文，训练阿乐英文的听力和读写。由于丁香的辅导，阿乐的英语水平迅速提高。丁香的钢琴弹得也不错，于是，就教殷师母的两个女儿弹钢琴、唱歌。随着阿乐和丁香的相知日深，两人无话不谈。两个年轻人关心国家大事，所以，常在一起谈论时事。苏州东吴大学是中国最早的教会大学之一，校园内也涌动着革命的热流。当时正值风起云涌的大革命时期，他俩的世界观、价值观高度一致，于是，两人相约共同参加了一些革命活动。他们跑去听肖楚女的演讲；遇爱国募捐活动，他俩一起募捐；声援工人罢工时，他俩又一起参加罢课。阿乐说，在东吴大学的这段日子里，他与丁香保持的是纯洁的友情。

1929年，阿乐因家庭困难无力继续上学，只好辍学，到上海去谋生。他找了几个工作都不合适，最后来到上海无线电台做公报员工作。

1931年，阿乐在上海加入了共青团，1932年又转为中共党员。阿乐所在的无线电台中共地下党支部是特别支部，由中共江苏省委直接领导，支部书记是季焕麟，阿乐任宣传委员。

丁香早于阿乐于1930年4月就加入了共青团组织，第二年的1931年转为中共党员。入党后的丁香来到上海复旦大学，一边旁听，一边从事党的秘密工作。

1931年九一八事变后，丁香参加了上海各界的抗日救亡活动。此时，阿乐也在上海，也参加了抗日救亡活动。令他俩没有想到的是，他们在一次抗日活动中遇见了。惊喜之余，两人有着说不完的话，共同的话题拉近了两人的距离。两人隐约感觉对方是自己的同志。于是，再深入交流、试探，原来对方真是自己的同志。本来就惊喜，现在更是倾心与君说。两人两年未见，彼此都发生了很大的变化，特别是阿乐。阿乐告诉丁香，他有了一段婚姻，因其妻害怕阿乐革命带来的危险，不愿住在上海，两人遂离婚。丁香听着若有所思。

图6-2　丁香1932年在上海家中的留影,身后钢琴上是丈夫阿乐的照片

相同的理想与事业让丁香与阿乐的感情迅速升温。几个月后,两个真心相爱的人冲破世俗的阻力,经党组织批准,于1932年4月在上海结婚。

婚后,他俩租了一个阁楼,白天分头出去工作,晚上在一起研读进步书籍。在匮乏的物质生活下,他们有精神支撑,除了在革命工作上,两人志同道合,在精神层面上,他们更是情投意合,丁香弹钢琴,阿乐拉胡琴,琴瑟和鸣。邻居常常能听到他们租住的阁楼窗口传出《圣母颂》,但人们不知道,这是他们互报平安的信号。

平安只是他们的愿望。

1932年8月1日,上海还在酷暑中。这天是中共南昌起义5周年的日子,党组织决定在这一日举行纪念活动,阿乐和丁香都参加了纪念游行活动。

我们已查不到这次游行的具体情况,但在1949年7月3日《新华日报》第四版《永恒的记忆》中有一段这样的文字:"'八一'以后的第三天晚上,丁香同志从外面回来得特别早,还买回来一瓶白兰地酒,

图6-3 丁香丈夫阿乐

阿乐同志回来的时候,她就愉快地说:'我们今晚喝酒吧!'丁香同志平常是不大喝酒的,可是这天晚上像很能喝酒的样子,兴奋地一盅连一盅地往肚里灌着,喝得半醉的时候,她举起酒杯,笑着向阿乐同志说:'你看到你爱人在什么时候心里是顶愉快的?'阿乐同志顽皮地说:'我看到我爱人最服从我的时候心里是顶愉快

的。'丁香同志摇摇头。阿乐同志问：'那么你呢？'丁香同志说：'我看到我爱人的工作超过我估计的时候，心里是最愉快的。'阿乐同志说：'那么我怕不会使你有愉快的时候了。'丁香同志说：'不，今天晚上我这么高兴，便是一个例子。'接着她告诉阿乐同志在'八一'游行时，阿乐同志负责领导的一条街，是全上海成绩最好的。"

从上面这段文字中，我们知道他们参加"八一"游行时，每条街的游行队伍都有中共地下党员领导，阿乐负责的那条街是全上海成绩最好的。丁香用这种方式来鼓励赞扬阿乐的革命活动。

9月，新婚不满5个月的丁香被上海党组织派往北平参加一个秘密会议。两人作别时，阿乐嘱咐丁香，在保护好自己的同时，还要保护好他们的孩子。此时，丁香刚刚怀孕，在互道平安后，丁香带着对阿乐的祝福离开了上海。

没有任何预感，这是他们的永别。

丁香刚到北平不久，因叛徒出卖，被国民党宪兵三团逮捕，旋即押解到南京。

关于丁香的被捕与牺牲情况，我们知道得很少。雨花台烈士档案中也没有丁香被捕和到南京这段时间的详细记录，也没有难友回忆，只知道丁香于1932年12月3日在雨花台牺牲，牺牲时已怀孕3个月，时年22岁。

但我们知道丁香牺牲后阿乐的情况。

阿乐得知丁香遇难的消息后，不能相信这是真的，但组织上明确告诉他，丁香已在南京雨花台牺牲，用悲痛欲绝这个词来形容阿乐一点不过分。那晚，他在上海的寓所里拉了一夜的二胡。由于悲痛过度，也没经组织批准，他就于第二天赶往南京雨花台。

时值寒冬腊月，又逢雨天。但阿乐的心情比天气还冷，他下了火车直奔城南雨花台。到了雨花台，雨下得更大了，在泥泞的小道上，他满台寻找丁香的墓，向人打听几天前枪杀人的地方，被告知后，他来到刑场，就是现在的北殉难处。他伫立在荒凉的雨花台上，与老天一起哭祭丁香，立下"情眷眷，唯将不息斗争，兼人劳作，鞠躬尽瘁，偿汝遗愿"的誓言……

因为阿乐属于中央特科，没经组织批准就擅自离开上海，党组织担心他身份暴露，就派他转往青岛继续革命工作。他在青岛无线总台工作时，因支援上海总台罢工而被开除。

1934年2月，阿乐因丧父回到上海，转入地下工作后，就和家庭断绝了联系。让阿乐痛心与遗憾的是丁香所有的遗物，包括他们的唱片及阿乐的日记信件全部遗失。1935年阿乐在青岛被捕，关押在青州监狱，1937年解送到南京首都反省院。不久，国共第二次合作，8月18日，周恩来、叶剑英到首都反省院讲话，阿乐等一批共产党员被无条件释放。1938年，阿乐参加了新四军，来到四师工作。

听完了阿乐的故事，彭雪枫唏嘘不已："阿乐，真没想到，你还有这样的经历，我说怎么一个英气勃勃、才华横溢的人还是单身呢。阿乐，丁香已经牺牲10年了，难道你就不想再找一个人与你共度人生余下的时光？"阿乐摇了摇头说："曾经沧海难为水啊！"彭雪枫感叹道："你如此悲痛，丁香如泉下有知，也不会瞑目的。丁香不会愿意看到她的爱人如此悲伤。"

回到住处后，彭雪枫失眠了。阿乐与丁香的故事深深地打动了他，他对阿乐思念丁香的心情感同身受。此时，彭雪枫与林颖新婚不久，还在蜜月中，但为了工作，新婚仅3天，妻子林颖就从四师师部驻地半城回到淮宝县的工作岗位上去了。妻子离开他不到一个月,彭雪枫对妻子的思念难以排解,他在给林颖的信中说:"人们说我是个情感丰富的人,过去有点压得下,近来有点异样了,一个人的影子,自早至晚怎么也排遣不开! 外人知道了真是有些好笑……"他与妻子仅仅小别就如此思念,更那堪,更那堪,阿乐对丁香的十年思念! 彭雪枫从床上坐了起来,索性下床来到桌前,铺开纸,写下了一首自由体诗:

> 长子
> 一个单薄的朋友
> 十年前失去了他的爱人
> 在那蓬勃的洪流
> 如今啊
> 何所寄托
> 寄托在琴声里头
> 寄托在阶级斗争里头

阿乐回到住处,也是意犹未尽,铺开纸,拿起笔,写下了一首诗:

> 画角霜天,伫立晓风前,
> 银汉迢迢,心怀耿耿,吴山点点,
> 空回首,多少悲欢离合,似水流年,
> 痛,血染鬓云,雨花台畔,
> 忠心赤胆,光照人间,

> 甚笑！瑟寂香消，青衫湿遍。
> 断云幽梦，碧海青天，
> 同志呵！
> 阶级仇深，死生战友，
> 山盟昭日，斗志更坚。
> 情眷眷，
> 唯将不息斗争，兼人劳作，
> 鞠躬尽瘁，誓偿遗愿，
> 朝朝暮暮岁岁年年！

写完这首诗，阿乐彻夜难眠。

1976年12月3日，丁香就义44周年时，阿乐在沈阳的家中翻出这首诗，作了修改。

阿乐的故事在军中传开了。

1950年10月，已是人民解放军18军宣传部长的阿乐，在部队进军西藏的途中遇到一位长相与丁香十分相似、名叫时钟曼的姑娘，终于打开了阿乐紧闭18年的情感大门。

那一日，阿乐宿舍里再次响起琴声时，军长张国华听懂了琴音，当然他也知道阿乐此刻的心思，就让一位参谋去说媒。时钟曼当时有点犹豫，因为乐于泓已经42岁了，比自己大23岁。

但他们还是见了面，阿乐坦率地对时钟曼说："你和丁香有点像，我确实挺喜欢你，但是我比你大那么多，不想把我的幸福建立在你的痛苦之上。"了解阿乐和丁香的爱情故事后，时钟曼被打动了。时钟曼后来回忆说："就凭他对丁香的一往情深，她觉得这个有责任感的男人值得托付终身。"

在丁香牺牲 18 年后，阿乐又有了新的爱人、新的家。

婚后，他们家中始终摆放着一盆五彩的雨花石和一枝淡雅的丁香花。第一个女儿出生了，他们给女儿取名叫乐丁香。阿乐与时钟曼有两个女儿，次女乐迈回忆说："父亲对姐姐特别疼爱，看姐姐的眼神都与旁人不一样。母亲一直理解父亲的用意，所以对姐姐也是格外偏爱。"阿乐是不是把对丁香的感情寄托在长女乐丁香的身上呢。就是在这样的家庭氛围中，时钟曼与阿乐度过了幸福的一生。

1953 年 4 月，阿乐在疗养院，想起往事，作了一首《浪淘沙》：

云鬓血斑斑，星火燎原，孤鸿失偶半衾寒，念载斗争偿遗愿，解放山河。

康藏远征迁，往事如烟，吴山感旧水云间，四海同心讴祖国，忘却悲欢。

1982 年 12 月 3 日，阿乐携时钟曼重回上海，前往他与丁香的旧寓所。这天是丁香的祭日，阿乐触景生情，晚上梦见了丁香，泪湿枕巾，起身写下《青玉案》词一首：

歌凝圣母楼空灭，弦声咽，霜天月，睫润明眸转飞疾，丹心虎窟，雨花碧血，肠断人南北。

春秋五十吞声别，淮北藏辽征衣裂，魂梦归来今非昔，四化创新，九洲鼎革，笑抚头盈雪。

阿乐注:"圣母"为圣母颂,法古诺曲,地下工作时用作安全信号。

1985年2月8日,阿乐在给雨花台烈士陵园的信中说了在雨花台种植一棵白丁香树的愿望。这年的春天,在时钟曼的陪同下,阿乐又来到雨花台,在雨花台烈士纪念碑的东侧,也就是丁香就义的地方,亲手种下了一棵丁香树。

如今,这里修建了一条幽静的小路,青石的路面,盘旋的山道,悠长而寂静。

在丁香的诞辰日和殉难日,阿乐都会在日记中写下对丁香的思念。1985年4月4日清明节,阿乐在日记中写下:

5点起床,听新闻。

7点早饭,大便正常。

今天是 RioLilac(丁香的英文名)的诞辰。

Unless a kernel of wheat falls to the ground and dies, it remain only a single seed. But if it dies, it produces many seeds.

——John ch. 12. par. 24

生命,如果跟时代的崇高的责任联系在一起,你就会感到它是永恒的!

——车尔尼雪夫斯基

剑胆琴心,柔情如水,忠魂碧血,日月经天。

RioLilac,安息吧!

1992年，阿乐在沈阳病逝，终年84岁。离开人世前，阿乐留下了遗愿。

第二年清明，根据他的遗愿，时钟曼领着孩子们来到雨花台，将阿乐的骨灰，深深地埋在他植的丁香树下。绵绵春雨带着阿乐一生不了情，深深地融入了这片令他牵挂不尽的土地。

以后的清明节，乐丁香姐妹陪着母亲时钟曼从沈阳来到雨花台，给丁香与阿乐"扫墓"。随着时钟曼年岁越来越大，清明到雨花台来祭奠缅怀已很困难，雨花台纪念馆的工作人员，在阿乐亲手种的那棵丁香树上，采摘一把丁香花，寄到了她们沈阳的家里。

杜焕卿：米脂小巷则飞出的一只凤

在杜良儒先生的印象中，堂姐杜焕卿是个穿旗袍、思想进步的学生派。但他怎么也想不到能歌善舞、漂亮柔弱、旗袍上绣着明艳花朵的堂姐怎么会偷家里的钱和物去资助那些被追捕的人？

杜焕卿是陕西米脂人，父亲杜为林是个商人，与其弟合开了个"万金城百货商店"，在米脂县城算是有钱人了。杜焕卿是1912年出生的，正值民国初年，皇帝没有

图6-4 杜焕卿

了，人们剪掉长辫，摘掉瓜皮小帽，一切皆新鲜又惶恐。商人杜为林不问政治，只关心他的商店与刚刚出生的女儿。

女儿的出生给这位商人家庭带来了喜悦，杜为林给女儿取名为鸣凤，一只会鸣唱的凤凰。望女成凤的父亲送女儿去县立女子高等小学读书。那时，米脂县城的河东河西有一帮子人正闹红，传到学校，有正义感的杜焕卿就加入他们中间。那一年，大概是1929

年，杜焕卿正在榆林三民二中读书，就加入了共青团。关于杜焕卿入团的时间还有一种说法，她的邻居、同学、同志艾龙飞在1982年10月14日的回忆里，说杜焕卿在县立女子高等小学读书时就已经是共青团员了。艾先生说，大约在1926至1927年，杜焕卿和同学到农村宣传女孩子放脚运动。她还与艾先生一起"参加过游行、砸外国人的教堂、打基督教的神父，还打了个劣绅。杜焕卿的思想是很先进的"。

加入了共青团后，杜焕卿的追求就与她的大多数同学不一样了，她虽是个商人家的小姐，但她同情穷苦人，追求进步，渴望同志们描述的那种自由、民主、平等的社会。她的领路人告诉她，这种理想社会的到来需要更多的人投身革命，推翻陈旧、腐败、剥削、没有大众民主和自由的社会才能实现。穿着漂亮旗袍的杜焕卿就与一帮穷先生穷学生开始革命了。一旦走上了革命这条道，杜焕卿表现出来的精神是义无反顾，勇往直前。1930年的某一天，杜焕卿由共青团转为中共党员。她坚信，一个理想的社会将由她与她的同志们经过革命与牺牲后，在不久的将来就会实现。革命需要钱，杜焕卿把自己的学费以及变卖衣物、首饰的钱交给了党组织，作为组织的活动经费。但这点钱还远远不够，同志们连路费都没有，她的家里有钱，杜焕卿想怎么才能把家里的钱拿出来支援革命呢？杜焕卿的堂弟杜良儒回忆，大约在1928年或1929年，他的妹妹杜桂英去堂姐杜焕卿家玩，看见杜焕卿正在撬家里锁着的箱子，就问堂姐撬箱子做什么，杜焕卿告诉堂妹，撬箱子拿钱，支援革命。杜焕卿还告诉堂妹："你不要对家里人说这事，等革命成功了，钱是会还的。"这一次她拿走了200块大洋。

1984年5月12日，堂妹杜桂英说起堂姐杜焕卿，记忆犹新：

"为了帮助同志们,姐姐经常把家里的钱、物偷拿走,开始家里人不知道,曾经怀疑是家里的胡来有干的。后来发现是她,伯父打她,罚她顶水碗、跪砖头。她并没有吐露真情更没有屈服。她利用我服侍老人之便,让我帮她。首先给我讲革命道理,她经常对我讲:'不要爱钱,要想到劳苦大众,我帮助的那些同志,他们为了抗租、抗税,反抗压迫,推翻压迫广大劳苦大众的剥削者而出生入死,奋起革命的,我们不帮助他们谁帮助他们呢。'她还说,'好妹妹,你现在帮了我的忙,我和同志们是不会忘记的,家里给我准备的嫁妆,我不要,将来都送给你,以后革命成功了,我一定把你接去(在她离开家后,她哥把她的嫁妆全部卖了,我什么也没拿)。'就这样,我经常帮她的忙。有一次,她告诉我,由于敌人的大搜捕,同志们必须转移,可眼下没路费,我们必须想办法,好妹妹,你再帮我一回忙。经过一番合计,我趁父亲不注意时,将我母亲哄出门,把钥匙偷出来,我姐姐这一次拿走了 100 块银元,送给同志们。后来才知道是送给了刘澜涛他们做了路费。为了绝对保密这件事,我跟谁也没讲过,连家里人都不知道是我俩干的。"

在那个封闭的县城,杜焕卿绝对是个叛逆者。她上街散发传单、张贴油报,被她的乡邻讥讽有失体统,她并没有因为有人讥讽而停止活动;她参加宣传新思潮出演新剧,被乡邻嘲笑有伤风化,做买卖的商人家出了个怪物,她并没有因为人们的说三道四而停止宣传和演戏;她家老爷的生气,父亲的训斥,也未能阻止她追求自己的信仰。

杜焕卿在榆林上学时,一边读书,一边领导着学生运动,学校当局注意到了这些学生的"闹事"都跟她有关,不能容忍她的行为,杜焕卿在学校无法待下去就回到了家乡。此时,米脂的国民党当局开始对共产党大搜查、大逮捕，杜焕卿的革命活动受到了限制，转入了地下。不久，共产党在米脂的地下组织遭到了极大的破坏，杜焕卿也成了被追捕对象，国民党宪兵经常到杜焕卿的家里去搜捕她，她因没地方躲藏，就逃到她的叔叔家。有一次，她婶婶正生病躺在炕上，杜焕卿进门就跳上炕，藏在婶婶躺着的炕里边的一堆被子里。宪兵进来搜查，看着婶婶真的是重病，没想到那一堆被子里还会藏着人，就退了出去。叔叔一家人好不容易才把国民党宪兵应付走了。杜焕卿的堂妹杜桂英后来回忆："记得我姐姐那些日子，轻易不回家，一旦回家就躲在我家的大门箱中，伯母在夜深人静时才偷偷地将饭送进去。那年八月十三日（古历），她女扮男装出了门，连夜坐着架窝子由人送走（人是她雇的），她还带着不少行李。我和伯母将她送出三里路，她对我悄悄地说，等她固定了地方以后，就给我来信。可是，从那以后，再也没有她的音讯了。究竟姐姐出门到哪里去了，我不知道。万万没有想到，那就是我与姐姐的最后一次见面，想起这些，我心里就难过。由于她的活动，让家庭受到了影响。哥老会时常来搜查，欺负得我们无法生活，不得已，家里将她的东西全部烧毁掉，逃到了延安，在这里安了家。"

杜焕卿没有告诉她的堂妹，她是奉党组织之命离开米脂前往北平从事地下活动。这一离开，从此再也没有踏上归家的路。自此，开始了她的职业革命生涯。她在北平中华中学一边读书，一边为党工作。

我们无数次地想，一个遥远的米脂姑娘，背井离乡孤身一人乔装打扮潜入了北平，在陌生的繁华都市中漂着，举目无亲地行走在北平城的寒冷中，每天躲避着国民党宪兵、侦探、共产党叛徒的跟踪和盯哨，一次又一次地逃避了敌人的搜查，为党送情报，掩护同志。看着一个又一个同志被捕或死亡，我们不知道，她是否害怕过、恐惧过，但我们可以肯定的是，能支撑她在陌生都市里做着随时可能被杀头的事情一定是她心中的不灭的信仰。

大约1932年的冬季，北平进入了严寒季节，杜焕卿把自己包裹得严严实实地出门了，她要参加学生的游行示威。游行队伍走到西单牌楼时，被警察宪兵团团围住，因为杜焕卿是领头的，几个警察向她走来，杜焕卿也看到了警察向她走来，她借着人群，逃进了一家商店，又从商店的后门逃走，免遭了一次逮捕。

也是在北平，杜焕卿迎来了她短暂的恋爱与婚姻。

在杜焕卿到达北平不久，杜焕卿敬仰的毕维周也来到了北平。毕维周是米脂早期革命领导者之一，前期任中共陕北特委组织部部长、共青团陕北特委书记，此时，正作为中共陕北特委的联络员赴北平汇报工作。在北平，他去了草岚子监狱探望了正在服刑的刘澜涛，鼓励难友们在狱中坚持斗争；他也去了杜焕卿那里，与这位同志老乡相见。他乡遇故知，这一对志同道合的男女青年激动不已，两情相悦，很快，他们就在他乡草草结婚。没有婚礼，没有亲人的祝福，有的是两人共同的理想和信念。短暂的婚期给两位艰难的地下工作者带来的也是短暂的甜蜜。在那个乱世中，安定的家庭生活对于他们来说是奢侈的。作为米脂革命领导者之一，毕维周有比婚姻家庭更重要的事情在等着他，他们不可能长时间浸润在儿女情长中，虽然他们正值青春年少。在北平的工作完成后，毕维周即离开杜焕卿、离开北平回到了米脂。

这短暂的恋爱与婚姻在杜焕卿22岁的生命里犹如一道闪电，短暂而热烈。也许，他们相约，不久的将来再次相见。或者毕维周再来北平，或者杜焕卿回故乡，或者两人在其他地方相聚，革命者四海为家，总有相聚时。然而，他们俩谁也没有想到，这次是他们的最后相见，这次分离不是分别而是永别。毕维周离开北平回家乡不久，杜焕卿就被捕了。在监狱中的杜焕卿也不知道，在她被捕后不久，毕维周在家乡也被捕了，1933 年 8 月 3 日清晨，毕维周被国民党当局枪杀在无定河畔。毕维周死前也不会想到，他与杜焕卿短暂的相聚，给他们留下了一个爱情结晶；他更没有想到，在他离开人世几个月后，杜焕卿带着他们的孩子也随他而去。

1933 年 5 月的一天，北平宪兵第三团闯进了杜焕卿的住处，杜焕卿为了帮助一个同志脱险，毫无惧怕地与包围他们的宪兵周旋，她挺着个大肚子斥责这群荷枪实弹的宪兵，拖延时间，让她的同志翻墙逃脱。

杜焕卿被捕了。

被捕后的杜焕卿被关押在北平铁狮子胡同国民党宪兵三团的拘留所。初审时，怀孕未满十个月的孩子被打得先兆流产，宪兵们见杜焕卿要生小孩，就把她送到北平第一助产学校，到医院即生下了孩子。但，这个不该来到世上的婴儿只存活了 3 天就死了。几天后，宪兵三团将她与其他人一起押送到南京，关押在首都宪兵司令部。到南京后，终因逼不出口供，判处杜焕卿 10 年徒刑。杜焕卿身体本来就很弱，又因产后失调而中风，1934 年的春天，杜焕卿病逝于南京监狱中。

这个米脂婆姨轰轰烈烈地度过了她 22 年的一生。

第七章 她们被埋葬在了冬天里

1932年11月,深秋的雨花台落了一地的枯叶,空气中弥漫着萧瑟的寒意,秋风卷起的落叶飘散在寂静的树林间,如同送葬人撒的纸钱。25日清晨,25名被绳索绑着的"犯人"由一队宪兵押着,走在雨花台荒凉的小道上。到了刑场,这25人并无惧色,随着宪兵拉动枪栓的声音,此起彼伏的口号声响了起来。几乎同时,枪声响了,这25人陆续地倒下了。他们中有一对是夫妻,刘英与赵连轩。在第一声枪响时,妻子的双眼深情地看着丈夫,她带着对丈夫最后的记忆,倒在了雨花台的土地上。

一个月后的南京,已进入了滴水成冰的严寒,就在新年到来的前几天,又一位美丽的女革命者在古城墙下逝去了。她是姜辉麟,被顾顺章的手下用绳索勒死,埋葬在城墙边。

20岁的苏订娥也是在寒冷的冬天去世的。她不是牺牲在雨花台,而是病逝在南京的湖南会馆。他的丈夫、革命者曹瑛把她埋葬在了雨花台。

苏订娥：一位女交通员的地下生活

南京地下党组织再一次遭到国民党当局的破坏后，冯菊芬与吕国英等人被捕入狱。随后，中共江苏省委派曹瑛来南京任南京市委副书记，恢复南京地下党组织。曹瑛不是一个人来的，是携妻子苏订娥一起来南京的。苏订娥是此文的主人公。

曹瑛与苏订娥从上海来到南京下关车站，又坐上小火车到了终点站。按组织上的约定，他们临时住在车站左边的一家普通旅馆里。安顿好行李后，他们夫妇出门，在离旅馆不远的一个小吃店简单地吃了点饭，又匆匆赶回旅馆。回来后，旅馆的账房先生告诉他们，有一个男人来看过他们，因为他们不在，第二天上午再来，约曹瑛夫妇第二天上午在旅馆里等着。曹瑛夫妇知道，是南京地下党派人来接头了。

第二天上午临近中午时，时任南京市委书记曾钟圣来到旅馆，找到了曹瑛夫妇。多年以后，曹瑛还能记得那天曾钟圣的形象："曾钟圣穿了一件西装、一双长袜，裤脚扎在袜子里，起初我不认识他。他跟我说，我们正在给你找房子，你暂在这儿住几天。几天后，曾钟圣同志通知我们搬到成贤街上一家杂货铺子里面的一间房子住下了。"

从曹瑛的回忆来看，新上任的南京市委副书记与市委书记不认识，他们一定是通过暗号确认对方身份的。接头后，曹瑛夫妇就在南京秘密开展党的地下工作了。我们知道，当时共产党人搞地下活动，为了安全、迷惑敌人，很多并非夫妻的一男一女装成夫妻从事革命活动。因为，很少有一对真夫妻都从事党的地下工作，就是夫妻二人都从事党的地下工作，由于两人工作性质不一样，也会分开活动。如前文的冯菊芬和刘瑞龙，夫妇二人都在上海从事党的地下工作，后冯菊芬被派到南京与傅天柱临时假扮夫妻从事革命活动。而曹瑛与苏订娥不但都是中共地下党，而且夫妻恩爱，配合得天衣无缝，无需与别人假扮夫妻来从事地下活动。

在南京活动不久，大约是1930年8月的下旬，曹瑛从南京来到上海小世界参加由李立三主持的一个会议，内容是部署全国13个中心城市同时暴动的计划。曹瑛回忆那次他们包了一层楼，大家都是商人打扮，带着礼品，装着庆贺结婚的样子，来到小世界。在汇报南京情况时，曹瑛说："南京党的力量虽然有了一定的发展，但武装暴动，推翻国民党政权的条件还不够成熟。当前，重要的是积蓄力量。"他的这个发言受到了李立三的严厉批评，说曹瑛根本不懂客观形势与主观力量的关系，向困难低头，实际就是右倾机会主义的表现。他又引经据典，马克思是怎么讲的，列宁是怎么说的。这位在苏联工作过的党的领导人把在场的人都吓住了，谁也不敢再讲话了。李立三又提出，目前要继续批评党内的右倾思想，限期发展党员，加深开展反白色恐怖斗争，发动罢工示威直到组织公开暴动。会议结束后，曹瑛回到南京，本着下级服从上级的原则，曹瑛对南京的暴动作了部署：夺取机关，占领下关电厂、自来水厂、邮电楼等单位，每个党员负责一部分。由于执行了"左"的方针，南京地下党组织又被暴露，又有许多党员遭到逮捕。

曹瑛与苏订娥夫妇没有暴露，但市委书记曾钟圣暴露了身份，在南京待不下去了，在东躲西藏一段时间后，就与其妻离开了南京。曾钟圣走后，曹瑛就代理南京市委书记了。此时，共产国际给中共中央发出了停止南京、武汉暴动的指示，并派瞿秋白、周恩来回国，纠正李立三的错误。

在曹瑛负责南京地下工作的这段时间里，苏订娥担任共青团南京团委的干事及内部交通，主要工作是保存文件、复写文件、递送文件。在国民政府的首都南京当内部交通是非常危险的，当时的南京戒备森严，处处都是军警，稍有不慎就会被特务盯上。

苏订娥留下的资料较少，她的情况，特别是家庭情况是曹瑛于1981年回忆的。

苏订娥原名苏先觉，1910年出生在湖南省平江县北乡，与曹瑛是同乡，苏家与曹家仅一山（五角山）之隔。苏订娥家是书香门第，在湖南平江县开设一家中药店。苏订娥是家中的独女。父亲早亡，母亲思想比较进步，送女儿去读私塾，小学毕业后，苏订娥没再去上学，在家自学了几年。曹瑛说，苏订娥虽然只读过小学，但她的文化水平相当于初中。

曹瑛读小学的时候，寒暑假就在苏订娥的伯父家补习功课，她的伯父叫苏最哉，是个很有学问的秀才，苏秀才看曹瑛聪明好学，非常喜欢他，指导曹瑛学四书五经。那时，苏订娥也常到伯父家听伯父讲课，就是在伯父家，苏订娥与曹瑛相识，青梅竹马，两小无猜。苏订娥长到二八年龄时，伯父看两人很般配，又有感情，遂做媒，于1925年初，两人成婚。他们是那个时代幸运的年轻人，虽然由伯父做主，但是在两人互有好感的基础上结为伴侣。

曹瑛出生于 1908 年 2 月，年长苏订娥两岁。曹瑛的父亲曹逢隆是同盟会会员，曹瑛受父影响，关心政治。他幼读私塾，15 岁时在 800 多名考生中以名列榜首的成绩考入岳州（今岳阳）第三联合中学。1925 年 11 月，加入了中国共产党。1925 年这一年，曹瑛完成了人生中的两件大事，先结婚后加入了共产党。

婚后第二年，苏订娥跟着曹瑛来到了岳州。1927 年初，在岳州经曹瑛同学湛钧的介绍，苏订娥也加入了中国共产党，夫妇二人又成了同志。加入共产党的苏订娥就在岳州从事党的革命工作。这年的 2 月份，党组织派曹瑛到武昌中山大学学习，根据党组织要求，苏订娥不能同去武汉，岳州党组织需要她，她要留在岳州搞秘密交通，刻写钢板，印发传单等工作。与曹瑛分别时，苏订娥是很伤感的，也为曹瑛的安全担忧，但为了党的工作，她默默地承受着这种夫妻分离之痛。曹瑛来到武昌中山大学任党支部委员、校学生会负责人。不久，返回湖南，返湘后即回平江北乡开展农运工作。在家乡，曹瑛经历了惊心动魄的生与死。

回家乡不久，曹瑛即遭到当地地主武装的通缉追捕，有一次被追捕时，是苏订娥救了曹瑛。说到这事时，曹瑛很感慨地说："是苏订娥同志领导着大嫂和地方农民协会的同志机智勇敢地掩护我，才没有被捕。"

那天早晨，地主武装"挨户团"持枪闯进村里来抓曹瑛时，曹瑛正在上茅房。那天鬼使神差，曹瑛一反往常地到楼上茅房去了，平时，他都是用楼下厨房边的茅房。敌人来时，苏订娥正在楼下，发现不远处来了许多人，定眼一看，是地主武装的人，她赶紧跑到楼上急急地对着曹瑛喊着："赶快走，快，抓你的人正在楼下。"说完拉着曹瑛就跑，把他带到邻居刘孔章的家里（两家房子相通）。

此时，曹瑛已经被地主武装包围了。刘孔章的妻子情急智生，拉着曹瑛钻进了她家灶门口的柴堆里，苏订娥也机智地把外面的花衣服脱掉，换了邻居家的一件蓝布衣服。换好衣服出来，发现邻居大嫂的小女儿正在好奇地站在柴堆旁看着柴堆里的曹瑛，苏订娥一看不好，一把抱起小女孩到旁边一个房间去了。正在这时，地主武装到了，满屋子寻找曹瑛，连个影子也没有，就问："刚才那个穿花衣服的女人哪里去了？"邻居大嫂说："不知道啊，没看到有穿花衣服的女人嘛。"站在边上的苏订娥也说："我也没看到穿花衣服的女人。"地主武装不死心，怀疑曹瑛就藏在这里，临走的时候，又一家一家地搜查。地主武装一离开，邻居农民就让曹瑛赶紧转移到山里去了。

不久，曹瑛转移到他的姐姐家，又被人发觉，告发到地主武装那里去了。说到这次，曹瑛更是感慨，说那次更是鬼使神差，每天早饭后，曹瑛总要逗外甥女玩一会儿，那天他感觉身体有点不舒服，吃过早饭，没逗小孩儿玩就上楼睡觉去了。刚躺下一会儿，曹瑛姐夫跑上楼来告诉他，河那边军队过河了，赶紧跑。曹瑛立即从床上跳起来，打开后门，后门横着一条蛮宽的河沟，曹瑛纵身一跳，跨过了那条河沟。曹瑛说，平时怎么也跳不过去的，这次一跃而过。跳过横沟，他钻进了芝麻地里。芝麻上尽是麻虫，咬得曹瑛颈子痒得难以忍受，但他不敢发出动静，好容易挨到天黑，回到姐姐家，才知道姐夫被地主武装绑到南江桥去了。后来，姐夫被罚了二十多桌酒席。曹瑛的姐夫在乡下是很有地位的人，受了这么大的侮辱，回来就吐血，不久死了。曹瑛的二弟也因为受牵连，被地主武装毒打后得病死去。

几天后的一个夜里，曹瑛母亲哭哭啼啼地把他送到后门，从此，他离开了家乡，离开了母亲。他走后，当局说曹瑛当了土匪，立了另册。儿子是"土匪"，母亲遭到乡亲的歧视，后精神失常，疯了，不久也死了。后来，曹瑛说到此事，悲痛不已，他说，他们母亲、祖母什么时候死的，他也不知道，"文革"期间，他的父亲、母亲、祖父、祖母的坟都被挖掉了。

曹瑛来到了上海，与组织接上了关系，先后任江苏省巡视员、省委发行部长和上海吴淞区委书记等职。

苏订娥与曹瑛分离两年多后，夫妻终于可以见面了。1929年底，经组织同意，苏订娥从岳州来到上海，夫妻二人终于结束了分居之苦。此时，上海正处于白色恐怖时期，当局不断地破坏中共党的组织，许多同志被捕牺牲。在这种情况下，苏订娥开始了在上海的地下工作。

苏订娥被党组织分配到上海沪东区恒丰纱厂做工，在恒丰纱厂任青年团支部干事。1930年苏订娥领导纱厂工人反对厂方对工人搜身的斗争。苏订娥的命运与后文的季月娥烈士一样，虽斗争取得胜利，但苏订娥被厂方开除了。

这年的夏天，苏订娥随曹瑛从上海来到南京，仍然做党的秘密交通，刻写钢板，印发传单等工作。曹瑛说，苏订娥穿戴朴素，平时装束都是乡村妇女打扮，钢板刻得很好，非常机警、聪明。她做交通，送文件，多数用药水写好，夹在月经纸里，带在身上，有时也用口头送信。那时，南京检查很严，走在街上随时都能遇到军警检查，每次到曾钟圣那里去送信，都不是直接去找他，而是兜圈子，绕路，到了曾钟圣住的商店门口，假装看商品，看完再买点东西，确定没有人跟踪再到曾钟圣的住处。回来时，也总是走很远很远的路，甩掉尾巴再回来，有时在外面等到天黑了才回来。

他们在南京不到一年的时间里,前前后后换住过四个地方,住过中华门附近的旅馆、三铺两桥附近的一个私房、北新桥附近一个木器家具店里和成贤街一个杂货铺子里。

在南京这段时间,党的活动经费非常紧张,苏订娥与曹瑛的生活非常艰苦,平时,不敢在饭店里饱餐一顿,就买一点大饼油条充充饥,家里的当票从不间断,苏订娥常常采取夏天当冬天的衣服,冬天再当夏天的衣服的办法,当点钱维持生活。最后苏订娥把结婚时的一套好衣服也拿去当掉了。

1930年11月左右,由于生活窘迫,苏订娥染上了伤寒病,因没有钱,就没去医院治疗,又因交不起房租,被房东撵了出来,他们只好来到中华门内钓鱼台的"湖南会馆",把会馆的一个角落当作"家"。天气越来越冷,蜷曲在会馆一角的苏订娥越来越消瘦,曹瑛眼睁睁地看着苏订娥的病越来越重,最后惨死在南京湖南会馆里。曹瑛欲哭无泪,刚刚满20岁的妻子就这样永远地离开了他,几个同乡凑了几块钱,买了口薄棺把苏订娥草草埋葬在雨花台。当时的雨花台不仅是个刑场,也是坟场。

苏订娥死后,曹瑛也患了伤寒,人烧得糊里糊涂,眼看曹瑛就要随妻子去了,地下党的同志想方设法把他送进了鼓楼医院。经过医生的治疗,曹瑛终于从死亡线上挣脱了出来。因为没有钱结账,曹瑛出院时,只能偷偷地跑了出来。

1931年1月的一天,曹瑛到将军巷一号秦世昌家里开会,被敌人逮捕,送宪兵司令部,于1931年底被营救出狱。出狱后来到上海,担任沪中区委书记。1932年,曹瑛再次被捕,这次没有上次幸运,被判了无期徒刑,关押在南京中央军人监狱。幸运的是1937年国共合作了,曹瑛与他的难友被当局释放。

新中国成立后,曹瑛历任北平市委秘书长、长沙市委书记、驻捷克斯洛伐克大使、中纪委常委、中顾委委员等职。晚年的曹瑛常回忆年轻时的那段地下党经历及前妻苏订娥,也为苏订娥写了些文字。

刘英：你不怕死，我也不怕死

刘英与丈夫赵连轩是同时被捕的。

1932年8月下旬，江淮大地骄阳似火，人们盼望着老天能下一场暴雨，让炙热的大地恢复常温。30日那天，凤阳县临淮关的人们好不容易熬到半夜，等地上的热气散尽了，才回到家中入睡。凌晨左右，临淮关南台子赵家的大门被人敲得啪啪响，来人一边敲门，一边喊着："赵连轩起来，开会了。"屋里的赵家人从睡梦中惊醒。赵连轩听出是刘平的声音，放下心来，妻子刘英问："刘平半夜敲门，是不是有什么紧急会议？"赵连轩说："一定发生了紧急情况，不然不会这个时辰来喊我开会。"他一边说着，一边迅速地穿好褂子。还没等他把门打开，大门已经被人踹开，一群军警一窝蜂地闯了进来。此刻，家人都被吵醒，不知道发生了什么事，看到荷枪实弹的军警，赵家人大气不敢出，军警用恶劣的态度问："谁是赵连轩？谁是刘英？"问明后，也没多话，用一只手铐将他俩铐在一起带走了。

门外停着一辆警车，军警将他们夫妇推上车，警车呼啸而去。

这一去，赵连轩、刘英夫妇就再也没有回家。

第二天，他们就被押往南京宪兵司令部。

1958年8月19日，赵连轩的哥哥赵连举回忆那晚的情况："那时我家住临淮关南台子，古历七月二十九日在半夜十一二点钟时间，总有二十多个人把我家门叫开了以后，一走进门便把我们全家人一起关起来了。先问了姓名，以后没有一句话，就把赵连轩和我弟媳刘英二人铐在一个铐子上带走了。

"他们被逮去过了两个来月的时间，我弟弟还写信叫家里给他们送被子、衣服去。我接信后就给他们送了两床被子，还有他们的衣服，送去的时候是交到宪兵司令部看守所，人也不许我见，只交给他们了，给不给他们用就不知道了。另外，我还给他们寄过三次钱，寄过一次咸菜。大约过了有半年的光景，我从家里写信到南京看守所问我弟弟，结果把原信退回来，并写了几个字说无人，已不在了。我接到这封退回来的信就知道弟弟已经被他们杀害了。接着我就弄了几个路费钱，我自己跑到南京，我到宪兵司令部去看看我弟弟在不在，走到宪兵司令部门口，把他们退回来的那封信给他们看了。他们只回了一句话：'这个人不在了。'这时我就已经没有指望能见到我弟弟他们了。出来后我在街上打听了，知道是在雨花台枪毙的，我找到雨花台，因为人被枪毙又有好多天了，也找不到个影子，我还讲迷信，就在雨花台买了纸，望空中烧烧就算了。以后我一直到现在都没有到南京去过。

"现在想起真可怜，人是被反动派杀死了，可是尸首家里人都没看到。哪一天死的，我们家里都不知道。只在南京听老百姓说，共产党人被枪毙的有几辆汽车。我去的时候，在南门城门里面还看到贴的许多布告，听人说是枪毙共产党人的布告，我不认识字，只看到有的布告还完整地存在，有的布告已被撕掉了一半，残缺不全的。我弟赵连轩的名字，我还看到了。他的名字我认得，听到别人念给我听的，我弟赵连轩是负责津浦南段地下工作的，还隐约记得是什么联络室主任，又是县委书记，那布告上都写明了。别人认得字的在念，我听到顺便问问人家，也不敢多问，多问又怕人怀疑，我又是在外地。"

赵连举当时不知道，他的弟弟赵连轩与弟媳刘英及同案的25人是1932年11月25日清晨被押往雨花台刑场枪决的。

这是一个大案。

1930年11月，中共江苏省委成立了中共长淮特别委员会（长淮特委），领导徐州、寿县、凤台、凤阳、宿县、泗县、灵璧、五河、怀远、定远、滁县、嘉山、盱眙、天长及蚌埠地区的革命活动。特委机关设在蚌埠，特委书记是陈理真。1931年6月朱务平接任特委书记。1932年春，特委军委书记刘平叛变，致使特委书记朱务平、凤阳县委书记赵连轩夫妇以及176名党团员、群众先后被捕。解往南京的有60余人。突击审讯无果后，草草结案。11月25日清晨，刘英、赵连轩及朱务平等25人被押往雨花台刑场。长淮特委及所属各县组织因此受到严重破坏，史称"长淮特委案"。

刘英，1908年出生于安徽凤阳县李二庄，由于家贫和家人的重男轻女思想，自小没有机会上学。赵连轩比刘英大一岁，出生于1907年，凤阳临淮关南赵村人，1918年，年仅12岁就到临淮关淮上火柴公司做童工。两年后，刘英家乡遭灾，家里断粮，家人托关系，找到赵连轩，赵连轩就把刘英介绍到火柴公司做工。1922年刘英与赵连轩结婚。两个年轻人虽说是父母包办，但也算是那个时代少有的"自由恋爱"了。

1927年3月，火柴公司工会成立。工会负责人首先领导工人罢工，向资本家提出保障人身自由，改善劳动和生活条件，实行8

小时工作制，不准无故开除工人等条件，赵连轩与刘英夫妇都参加了这次罢工斗争。 第二年的4月，中共凤阳县支部派几名党员到临淮关进行革命活动，他们利用开办工人夜校进行掩护，一边教工人识字，一边进行反剥削、反压迫的启蒙教育，启发工人觉悟，发展党员。 赵连轩与刘英等人进入夜校学习文化知识，同时接受革命教育。

四一二反革命政变后，凤阳的形势也很紧张，这年10月，淮上火柴公司的工会被迫解散。 在上级党组织的帮助和支持下，淮上火柴公司秘密建立了党支部。 第二年初，工会也恢复了工作。

1929年4月，火柴公司工人们发现陈永明向资本家密报公司工会活动的情况，工人们将其揪出痛打了一顿，资本家勾结临淮警察局逮捕了包括共产党员顾军在内的4名工人。 工会和公司的党支部多次与警方交涉，警方不放人，赵连轩便带领工人打跑了警察局长，强行放了人。 事后赵连轩秘密加入中国共产党。

赵连轩入党，起初刘英并不知道，但刘英感觉出丈夫与以前大不一样，经常出去开会，刘英问他去哪儿开会，他是绝不讲的，丈夫变得越来越神神秘秘。 刘英是一个聪明的女人，观察一段时间后，她知道丈夫一定是参加地下党了。 她跟丈夫说："我也是穷苦人家出生的，我也想闹革命，为穷苦大众谋利益。"赵连轩看刘英这么说，也就开诚布公地跟妻子说："革命不是闹着玩的，革命者对党要忠诚，被敌人抓住不能出卖同志，还会被反动派打死。"刘英说："你忠诚党，我也忠诚党，你不怕死，我也不怕死，我还可以给你传送信件。"赵连轩看着妻子真诚的表情，相信妻子的话。 从此，他把妻子介绍给了他的同志，把她带进了革命队伍，他们一起参加革命活动，刘英会借着买菜、送孩子等事情，为赵连轩及其他党内同志传送消息、文件等。不久，经赵连轩介绍，刘英加入了中国共产党，担任中共凤阳县委女委职务。

因赵连轩打跑警察局长，强行放人，火柴公司一直把账记在那里，3个月后，找了一个借口把赵连轩与刘英开除了。

他们离开火柴公司后，生活没了着落，与党组织商量后，赵连轩与刘英就准备在临淮菜市街的荷花池旁开个杂货店。莲花池旁的这块地方，距离火柴公司很近，也相对隐蔽，对进出火柴公司开展革命斗争非常方便。于是，赵连轩夫妇自己动手，盖了三间屋子，开起了小茶馆兼杂货店。一是维持生计，二是作为本地党的联络点。为此，党组织还资助了他们夫妇。1931年秋，为配合皖西红军的反"围剿"斗争，中共长淮特委成立军委，在赵连轩杂货店内设立红军联络站，作为打入敌军内部同志和红军秘密联系的接头处。赵连轩与刘英夫妇根据党的指示，多次完成了党组织交给的任务。他们曾帮助遇险同志甩掉敌人的跟踪；配合派到敌军内部的同志把革命标语、传单投到敌军旅长办公室，致使敌军惶恐不安。

1932年4月，赵连轩调任中共凤阳县委书记。此时，党组织的活动处于十分艰难的阶段，刘英协助丈夫开展工作，经常把经营杂货店的钱用于革命事业。当赵连轩得知驻临淮的国民党骑兵第十一旅要前往皖西"围剿"红军时，他带领地下党员和群众连夜砍断临淮关通往五河县城约1.5公里路长的电线杆，切断了敌军的通讯联络，又将津浦铁路霸王城段的铆钉拔掉致使国民党军车脱轨翻车。同时组织人员沿临淮关至定远的公路插红旗、散传单，造成红军路过此地的假象，以动摇敌人军心。作为妻子的刘英，协助赵连轩完成了这些事。

刘英夫妇被捕后，受到严刑逼供，男人的嘴撬不开，敌人就从女人入手，他们告诉刘英，她的男人已经自首了，让她也自首，供出同党。刘英坚信自己的丈夫不会叛变，不会向敌人供出一个字。敌人的阴谋落空了。

我们难以想象，在那个深秋的清晨，刘英与丈夫赵连轩同时被押往雨花台时的心情。自古有句话："夫妻本是同林鸟，大难来时各自飞。"刘英没有飞，英勇地陪着丈夫赴死。当然，刘英还有一个身份，就是共产党员。刘英用实际行动践行了她的诺言：你忠诚于党，我也忠诚于党，你不怕死，我也不怕死。

姜辉麟：弃儿舍女主义真

姜辉麟抛家弃子走出来参加革命时已经30岁了，是4个孩子的母亲。在那个平均寿命只有三四十岁的年代，姜辉麟算是中年人了。一个中年女性不顾丈夫儿女，毅然决然地参加革命到底是为了什么呢？新中国成立后，她的长子回忆说："母亲参加革命的时候，我仅9岁，最小的妹妹只有2岁，在过去的社会中，把革命看作造反，更何况是一个女子去参加革命，

图7-1 姜辉麟

简直是被视为荒唐透顶的事，因此，把我的母亲说成一个不贤不德的人。人们议论纷纷地说她，对自己亲生的儿女都没有一点爱怜之情，真是狠心极了！她老人家真的狠心和不管我们子女吗？不，绝对不是的。她是为了爱护整个下一代，使他们能够得到幸福，她为了要粉碎反动的封建势力的压迫，使大家都能过上美好的生活，母亲宁愿牺牲她个人的一切而踏上最艰苦的革命道路。"她的姐姐姜兆麟说："在那白色恐怖严重、恶劣环境之中，由封建压

迫之下的未经解放的弱女子，能跑出来做革命工作，而且丢掉了老母、丈夫和亲生的子女，我认为是勇敢的，所以应该从对党的忠诚而说起。"

这是姜辉麟的两个至亲亲人对她的评价。

那姜辉麟为什么会舍下4个儿女出去革命，最后牺牲在南京的城墙下呢？让我们先从姜辉麟的家庭说起。

1

姜辉麟是上海松江人，那个时候松江还不属于上海，属于江苏，也可以说姜辉麟是江苏松江人。父亲姜尧臣，是个私塾先生，又是一位中医儿科医生。在清朝末年，算是一个知识分子了，姜尧臣还是一位有思想有良知的学士。那时，清政府黑暗腐败，已经走向末路，有一批仁人志士决心"拯斯民于水火，扶大厦之将倾"，姜尧臣身在松江，亦忧念国家之危亡，常感慨自己报国无门。1905年的夏天，他正在上海，从《民报》和《新民丛报》上获悉孙中山在日本东京成立中国同盟会的消息，非常激动，回松江后秘密宣传这个消息，为表支持革命之态度，他毅然剪了发辫，决心救国图强；他倡议停办私塾，创立学堂。于是，与友人为改革教育不辞辛劳，奔走于上海与松江之间。遗憾的是，第二年，他因劳累过度，肺病复发而去世，年仅37岁。此时，长女姜兆麟14岁，次女姜辉麟9岁，还有3个年幼的儿子。

姜家的"顶梁柱"突然倒了，失去了经济来源，一家六口，孤儿寡母，怎么才能维持一家的基本生活呢？母亲倪振尧顶住了社会上封建势力的嘲讽笑骂，继承夫业，在松江城内中心弄里，继续开着"姜氏幼儿推拿医寓"，挑起了养育一家老小的生活重担。

因家贫无钱上学，姜辉麟白天料理家务，晚上跟舅舅学识字。学着学着，她就嚷着要去学校读书。在姜辉麟12岁那年，母亲怜其勤奋好学，跑到松江的景贤女校，向校长丁月心恳求，得以免费入了景贤小学。上学后，姜辉麟自是刻苦读书，课余时照旧帮母亲料理家务。小学毕业后，姜辉麟没再外出上学，在家自学了三年。姜辉麟个性叛逆，受父亲影响，常质疑传统保守的观念与思想，并对之进行独立思考与判断，读秋瑾遗诗时，常会默默流泪，向往秋瑾的叛逆精神。

1919年，五四运动爆发，新文化运动在姜家引起了强烈的反响。母亲倪振尧与姜兆麟、姜辉麟两个女儿加入了松江的反帝反封建行列。她们娘仨带头剪去发髻和发辫，在松江引起了惊呼与躁动。前文的张应春，因为剪掉长辫，在松江与家乡吴江引起一片喧哗与责骂，也引起了当教师父亲的不满，为此，父女俩差点反目。那时是1923年，比姜辉麟母女三人剪发晚了三四年。她们母女三人的行为一定是开松江妇女剪发之先河的。

清末，松江仍沿袭女子缠足的旧习，不缠足会被人讥笑，视为"粗野""不贤淑""找不到婆家"。青少年时期的姜辉麟对这种封建落后的习俗就十分厌恶，又拗不过长辈们的训诫，只能在白天缠上裹脚布，晚间除去。这样，几年过去了，姜辉麟还保留着一双"天足"。民国伊始，妇女解放的风气渐开，上海与天津等一些开埠的大城市，相继有"天足会"一类民间组织出现。姜辉麟闻之兴奋异常，率先加入了松江地区的"提倡天足会"，又相约姐姐姜兆麟和好友朱雅雄等人组织成立了"天足会松江分会"，姐妹俩四处奔走，现身说法，姜兆麟以自己缠足之苦，控诉封建礼教的罪恶；姜辉麟以一双天足为例，宣传天足的好处，宣传妇女解放。听者动容，不少人效法她不再缠足。她们的母亲倪振尧利用给小儿治疗的机会，向妇女们讲述封建礼教对妇女的残害，她对贫病者减免诊金，受到妇女和病人家属的首肯。

姜辉麟兄妹5人，3男2女：姜兆麟、姜辉麟、姜长麟（即长林）、姜还麟、姜余麟，均在大革命前后加入了中国共产党。

姐姐姜兆麟，化名姜石梅。自幼随母习幼科推拿，20岁时在景贤女校专修科结业。婚后不久，其夫病故，备受封建夫家的折磨。在其弟姜长麟与侯绍裘的开导下，到景贤女校分校主持校务，并加入了中国国民党，开始了她的革命生涯。1925年，加入中国共产党后，姜兆麟便以办小学校、开裁缝铺、设小儿科诊所为名，以各种身份从事党的地下工作，掩护党的机关。

姜家姐弟先后参加革命，引路人之一就是大弟姜长麟。

姜长麟，也叫姜长林，1923年就加入了中国国民党，先后担任国民党松江县党部监察委员、国民党江苏省党部秘书长等职。他与侯绍裘等人经常聚集，探求改革社会，推进松江革命之大计。在这年的5月1日，他与侯绍裘、朱季恂等人共同发起出版了《松江评论》。姜长林在《松江评论》上发表过多篇文章，坚持民主主义立场，在积极反帝反封建的同时，大力宣传社会主义。两年后的1925年4月，姜长麟加入了中国共产党，担任中共上海法租界支部书记。姜长麟在国民党江苏省党部工作时，侯绍裘写文章、恽代英刻蜡纸、姜长麟油印和散发传单，经常废寝忘食地工作。姜家其他兄弟姊妹，在侯绍裘、恽代英的领导下，往来于上海、松江一带，帮助姜长麟散发传单，并组织发动群众、声援罢工斗争。这年的秋季，姜家最小的两个兄弟姜还麟和姜余麟经侯绍裘、姜长麟的介绍进入了上海大学学习，在上海大学加入了中国共产党。随后，兄弟俩作为首批学生被派往苏联莫斯科中山大学学习，1925年10月，与此书的另一位主人公黄励等人一起在上海集中前往莫斯科中山大学。

姜家四姐弟参加革命时，姜辉麟还在封建婆家伺候双亲，生儿育女。姐姐姜兆麟后来回忆："姜辉麟十九岁时嫁了人，她在婆家十年，受尽了种种虐待。"

这也是姜辉麟参加革命的一个原因。

2

在新思想的熏陶下、在姐姐与弟弟们的影响下、在母亲的鼓励下，姜辉麟终于走出了婚后的大家庭，到景贤小校任校。

松江地区的革命先驱侯绍裘、朱季恂等人接办景贤女校后，常邀请党的早期革命家恽代英、杨贤江、沈雁冰，以及柳亚子、邵力子等著名人士来校演讲，传播革命思想，姜辉麟姐妹常去听讲，在思想上受到了很大的启迪，1925年，姜辉麟也加入了中国国民党，追随侯绍裘、大弟姜长麟等人投入反帝反封建的斗争中去。

1927年4月10日，南京发生了"四一〇"惨案，姜辉麟所敬仰的侯绍裘、张应春等共产党人在南京被国民党右派杀害，姜辉麟悲愤交加，经过深思熟虑，决心彻底挣脱封建家庭的束缚，经由范志超介绍，来到上海奉贤，以私立曙光初级中学女生校监兼司务为公开职业从事党的秘密活动；同时还在东门外一所小学兼课。这年的秋季，黄花满庭稻花飘香时，经李主一、姜长麟的介绍，姜辉麟也加入了中国共产党。当时，四一二反革命政变刚刚过去不久，在许多人退出中共时，姜辉麟却加入了共产党，用姜辉麟当年的老战友、前国务院副总理陈云的话说："在当时革命艰难时刻，辉麟同志毅然加入共产党，誓为革命事业奋斗终身。"至此，姜家姐弟五人都成了共产党员。此后，姜辉麟在刘晓、李主一等人的领导下，担任中共奉贤县委交通联络员，秘密进行党的地下工作。

自从加入共产党后，姜辉麟少有时间在家孝敬老人，打理家务，教育孩子。她的小女儿曾说："1926年，我刚2岁，我的母亲就丢弃了我们，去参加秘密的革命工作，我失去了慈母，感到孤独，感到痛苦。因此，我在幼年时代，常常有这样的想法，我的母亲丢得下才2岁的女儿，多么的狠心啊！我的生命危险，我的前途惘惘，我们兄妹四人，名义上是有母亲的，实际上是孤儿，好狠心的母亲，你丢弃了我后，我没有得到慈母之爱！"从小女儿的话中，我们可以想见，由于母亲参加革命，不能看护、培养儿女，特别是2岁的小女，给儿女们带来很大的伤害。在周围一片责骂声中，姜辉麟我行我素，全身心地投入革命的浪潮中。有人不能理解，问她为什么如此下得了这般狠心？她率真地回答："有人认为革命的出发点是'爱'，而我则认为是'恨'。我恨旧社会的一切，要用革命来打它个落花流水，把它彻底摧毁！"

有的时候，革命者与一些先知先觉者是不被常人理解的。

姜辉麟与这本书中其他女革命者不同，其他人或是未婚女孩，或者结了婚，随夫一起天南海北闹革命。而姜辉麟是有了4个孩子后逃离家庭参加革命的，比起其他女性有着更大的压力与困难。自古忠孝不能两全，对于姜辉麟来说，不仅仅是忠与孝，她还为人母为人妻，还有哺育子女的责任。但为了天下的妇女能够摆脱封建礼教的束缚，为了劳苦大众能够得到彻底的解放，人民真正得到自由、平等、幸福，她不惜抛家别子参加革命。没有对旧社会切肤的痛恨，没有坚定的信念，她是不可能做到这一地步的。她既然走出家门参加革命，也就做好了随时牺牲的准备。曾有人问过她：

图 7-2 姜辉麟生前刺绣

"如果你被捕了怎么办？"姜辉麟回答："死而已。"一句"死而已"，我们看到了姜辉麟对自己选择道路的坚定，一个江南女子内心世界的决绝。

姜家一门五姐弟均参加了革命，松江城内中心弄19号的姜家，便成了松江中共地下组织的联络点。活跃在地下党中的姜辉麟和姜兆麟，人称"小姜"与"大姜"。

1928年4月，曙光中学被奉贤县政府突然查封，姜辉麟奉命转移到奉贤县南桥继续开展地下工作。9月，中共江苏省委决定建立淞浦特委，负责领导松江、金山、青浦、奉贤、南汇、川沙、嘉定、崇明、宝山、太仓10个县的农民运动。陈云被任命为特委委员兼组织部部长。姜辉麟被调到中共淞浦特委机关任秘书。此时，姐姐姜兆麟也被调到中共淞浦特委任内部交通，与淞浦特委负责人严朴以夫妻名义住机关。两人日久生情，后来，这对假夫妻成了真夫妻。

在中共淞浦特委，姜辉麟一度管理过特委机关的后勤工作，几十年后，与她同在特委工作的姐姐回忆，当时经济来源很困难，有时遇到饭菜不够吃，姜辉麟总是让别的同志先吃饱，自己少吃，最艰难的时候，她把仅有的一点饭菜分给了别人，独不留给自己的一份，喝一点开水熬了过去。在南桥工作时，一位周姓同志奉命去别一个地方工作，因没有路费而不能成行，正在着急时，姜辉麟不声不响地来到当铺，把自己的一件衣服当掉了，解决了这位同志的燃眉之急。新中国成立说到姜辉麟时，前驻苏联大使、外交部常务副部长刘晓回忆，让他记忆深刻的有两件事。他们在南汇新场工作时，刘晓外出归来，适遇如注大雨，浑身衣服湿透，姜辉麟不声不响地去做了一碗姜茶端给刘晓喝，并让他脱下衣服上床休息，她则把透湿的衣服烘干；还有一次，刘晓患了皮肤病，姜辉麟不怕传染，天天悉心为他换药包扎，直至病愈。

从这些生活琐事来看，姜辉麟善良、心细，为他人着想，是一位典型的江南柔情女子。不要以为姜辉麟只能做些室内的管理工作，我们来看看姜辉麟下面都做了些什么。

3

在中共淞浦特委机关工作不久，姜辉麟又被派往南汇县新场镇和周浦镇，担任联系和掩护中共南汇县委负责人吴仲超的工作。此时她化名姜石贤，以行医为合法身份，建立了党的秘密机关，来往于上海、奉贤、南汇之间，运送党的秘密文件、宣传品及枪支弹药等。

最惊心动魄的一次是姜辉麟给陈云等人运送了土制炸弹。

那是1929年的年初，陈云同刘晓、杭果人等人准备领导奉贤庄行农民举行一次暴动。暴动前夕，陈云与严朴等人冒险亲自制造的土炸弹需要有人送到奉贤。知情人说起这事时，回忆了当时姜辉麟与一位负责人的一段对话。

负责人：小姜，现在要派个人到奉贤去。
姜辉麟：送信吗？
负责人：不是送信，是送炸弹。
姜辉麟：送炸弹！哪来的炸弹？
负责人：我和特委几个同志做的。
姜辉麟：奉贤那边等着它派用场吗？
负责人：怎么不呢，正等着它用在庄行暴动上呢。

姜辉麟：那太好啦，派我去！下刀子我也要去。

负责人：这不是一般的任务，危险着呢，路上检查很严。

姜辉麟：怕什么，老虎还有打瞌睡的时候，世上没有渡不过去的河。

负责人：万一，万一被抓住……

姜辉麟：大不了做个断将军！您放心，不成志，便成仁，什么时候走？

负责人：马上就走。旱路关口多，只能走水路。

姜辉麟：行。这条路我最熟悉。

为了确保万无一失，这位负责人与姜辉麟仔细分析研究送炸弹的过程中可能发生的各种情况后，姜辉麟出发了。她打扮成一个农村妇女，穿了件青布棉袄，腰间围了个大围裙，右胳膊上挎着一只大大的竹篮，悄悄地从后门出去，七拐八绕，来到一个同志家里，拿到了土制炸弹。她又跟这位同志借了一条破裤子把炸弹裹好，放在大竹篮子的土特产品中，从容地穿街过巷来到了前往奉贤的码头。

姜辉麟一路走，一路思考着怎么样应付可能出现的状况，不一会儿功夫，就到了码头。她知道这是自己要过的第一关，也是最关键的一关，这关过不去，不仅任务完不成，还会给自己带来杀身之祸。正这么想着，一抬头就看见一群宪兵正在一个一个地检查乘船的人。她环顾四周，寻找闯过检查的机会。正在她想着怎么应付之时，已到了检查口，只见三个宪兵正在检查一位老太太的皮箱，一个宪兵把老太太皮箱里的衣服倒了一地，在箱底找到几块银元，一边敲一边翻来覆去地看，对老太太恶狠狠地说："你这银元是假的，假的就是犯法，要没收。"老太太一听要没收她的银元，当然不干，说这是自己积攒多年的银元，怎么会是假的呢。遂与这个宪兵吵闹。姜辉麟走近听明白了，灵机一动，走上前去，站在那个宪兵旁边，盯着宪兵手中的银元看，一边看一边还说："是假的吗？"那个宪兵回头看到一个农妇盯着他手上的银元，慌慌张张地对着她吼着："看什么，看什么看，去去去。"姜辉麟一边"唔唔唔"地答应着，一边赶紧离开宪兵，上了船。

船很小，姜辉麟弓着腰上了船进了中舱，靠里边坐了下来。此时船上只有一位乘客，这人脸色铁青，愤怒地骂着："这叫什么世道？一个老百姓也要检查，连老子的路费都给搜去了，真他妈的拦路虎，雁过拔毛……"姜辉麟一边与这位乘客说话，一边趁他不注意将一块船板掀开，将破衣服包着的炸弹塞进了船板下，又盖好了船板，一屁股坐在上面。做完这一切，三三两两的客人也上了船，她那颗悬着的心才算放进了肚子里。船开到中途，一艘小船靠近，姜辉麟放下的心又悬了起来，两个宪兵走上船来，又一个一个地开始检查，一个宪兵检查到她的面前，看着一篮子农产品，翻了翻就走了。宪兵一走，姜辉麟的汗就出来了，好在没人注意到，这第二关也就过去了。

傍晚时分，小船快要到码头了，姜辉麟趁天黑用围裙挡着将炸弹拿了出来放进了大篮子里。想到在码头上船时的情况，下船时有可能还会被盘查，怎么办？突然，姜辉麟灵机一动，决定提前下船。于是，她收拾了一下，拎着她的大篮子来到船老大面前，用商量的口气跟船老大说："阿伯啊，我家就在这边的岸上，家里有重病人，急等着我送药回去，烦劳你把船靠个边让我在这里上岸，免得我到了码头再摸黑走这么远的回头路。"船老大听她的口音是本乡人，就将船划靠了岸，姜辉麟谢了船老大上了岸。她避免了码头上的检查，闯过了最后一关。上了岸的姜辉麟趁着夜色从从容容地将炸弹送到了目的地。

第二天晚上庄行暴动爆发了。姜辉麟听到这个消息后，笑了，笑得很甜很美。

4

庄行农民暴动结束后，姜辉麟又做了一件机智的事。让我们先从庄行农民暴动说起。

1月21日那晚，暴动队伍出发前召开了百余人大会，进行战前动员，约定口令为"开花"，如有人忘了口令也可用"嘘嘘"之声代替。7时半队伍出发，这支只有17支驳壳枪、2支手枪和一些土制炸弹，大量大刀、铁叉、棍棒、长矛的队伍，在陈云、刘晓等人的率领下，高举红旗，颈佩红布条标记，分三路向奉贤庄行镇进发。晚8时半左右，打响进攻公安支局的战斗。战斗很快结束，打死职员1人，伤警士2人，支局长张同昆逃跑了。

公安支局战斗结束后，另外两路队伍才赶到庄行。这时，公安队的部分人员已持枪潜逃，所余小部分很快缴械投降。商团也弃枪逃走。暴动队员把鞭炮点燃后放入煤油箱内，冒充机枪助长声势。全镇的国民党武装，不到一个小时便全部解决，暴动队伍占领了庄行镇。这时，参加暴动的群众，分别向各豪绅地主及大商家冲去，此时，已是人去楼空。群众便将搜查到的田单、契票、债据浇上煤油点上火焚烧，不料火成燎原，难以扑灭，烧毁了一些房屋。当夜10时许，庄行镇地保韩永良企图潜往县城南桥报信，被把守路口的队员发觉,当即将其击毙。这次暴动,共缴获步枪30多支,队员张四弟、王多生等3人牺牲,事后地下党对其家属进行了抚恤。

22日凌晨二三时,暴动队伍整队集合,领导人宣布已达到预期目的,命令队伍撤出庄行镇。暴动队伍唱着歌,呼着口号,凯旋而归。陈云、刘晓等人也撤回到上海,唐一新、冯阿五、吴大龙、吴三龙等人留在当地坚持斗争,开展游击活动。

国民党当局被庄行农民武装暴动一事所震惊。县长李家瀚因"防患不力"被撤职留任,公安支局长张同昆被"撤差"后逃跑遭通缉。淞沪警备司令部、水上公安队、省民政厅及松江、南汇县政府等调遣近千人军队、特务大队和公安队"驻县镇慑"。尚未撤离县境和坚持斗争的中共党员和暴动骨干先后遭到当局迫害,在县境内坚持斗争的吴大龙、吴三龙等人被捕,被关押在上海漕河泾监狱。

中共淞浦特委为了营救吴氏兄弟等人,决定派姜辉麟、唐一新两人先去探听监狱中的虚实,再设法营救。两人遂乔装打扮了一番,姜辉麟穿上洋布旗袍,脖子上围着一条白围巾,唐一新也是着长衫戴礼帽,手拎一只竹篮,里面放着一些食品与几个烂苹果,他们以兄妹相称来到监狱探望两个"表弟"。

两人到了监狱,找到典狱长,化名投了书帖,并在书帖下面放着钱袋。典狱长看了书帖收了钱袋,即安排姜辉麟"兄妹"与犯人见面。但关照不准多说话、不准带东西,经他们一再恳求,只允许他们带进那个篮子。里面的东西经典狱长逐个检查才放他们进去。

狱中的吴氏兄弟听说他的"表兄妹"来探监,喜出望外,知道是党组织派人来了。姜辉麟一见吴氏兄弟,不等他俩说话,就抢前一步哭开了:"表弟呀,你们害得家里好惨啊,姑妈想你们想得都病倒了。你们一定要记住"母亲"交待你们的话啊,不能老是这么孩子气。"吴氏兄弟心知肚明，连连回应道："表哥表姐，烦劳你们来看我们，你们自己也要保重好，请替我们转告'母亲'，我们会记住她老人家的话，不会再犯错误了。"在看守的一再催促下，姜辉麟二人与吴氏兄弟告别，告别时唐一新将带来的竹篮递给大龙，并告诉大龙："'母亲'让我们带来一些苹果，有些已经烂了，吃时小心，不要吃到烂处。"大龙会心地点点头。"兄妹"俩离开后，大龙趁看守不注意，急忙拿出那只烂苹果，一口咬开，里面藏着一张小纸条，上面写着："母亲"知道了你们的情况，正在设法营救，请转告其他兄弟们，不要着急，注意各种病魔的侵袭，切记切记！

姜辉麟"兄妹"探监成功，让党组织及时掌握了狱中的情况，做出了相应的措施；同时把党组织的温暖带给了监狱中的同志们，让他们有信心有力量地与敌人周旋斗争，等待党组织的营救。

5

1929年的秋天，党组织派姜辉麟去沪西小沙渡、沪东杨树浦工厂区做女工工作。翌年又调她到虹口区，在岳州路立中里办了一所"立中小学"，作为党的交通机关。她用姜石贤的化名担任校长，以合法身份开展地下活动。姜辉麟利用学校教室，晚上还办了工人识字班。她深入工人家庭，了解工人们的疾苦，对一些交不起学费的工人子女，予以免费，自己还花钱买了书簿送给学生，学生病了，她帮助医治。时间一长，就与工人们打得火热，女工们有事就上学校找校长。姜辉麟趁机宣传："我们女子长期受人欺侮迫害的日子，不久就会结束了，我们要团结起来才能有力量。"她自编一本《新中华党义课本教授书》，深入浅出地向工人灌输党的主张。当时的教育局为了扼杀这所工人活动频繁的学校，以"未登记在案"为由勒令停办，一些地痞流氓也趁机敲诈勒索，敲诈不成，就常来捣乱。有一次上课，课堂里被扔进了许多砖头瓦片。工人们知道后，十分气愤，赶来与地痞流氓说理，保护学校、保护校长。

1932年，姜辉麟调江苏省委工作，任中共江苏省委交通员，兼搞妇女运动。

这年的冬天，姜辉麟因蒋云的一封信被顾顺章诱捕了。

这一句话出现了三个人的名字，读者一定很奇怪，姜辉麟被捕怎么牵扯了蒋云与顾顺章，事情确实有些曲折，先从顾顺章说起。

1931年4月24日，中共中央特科负责人顾顺章在汉口被捕，随即叛变。他供出了刚刚被捕关押在南京中央军人监狱的恽代英后，又供出蒋云（化名姜志行）。国民党中统局即电令黄凯对蒋云进行抓捕。

蒋云是江阴人，原名陈宇中，又名蒋雄，中共六大代表，是江阴著名烈士陈叔璇的胞弟。蒋云在莫斯科参加完中共六大回到上海，担任中共江苏省委巡视员。1928年，时任中共江阴县委书记的蒋云，因第四次后塍暴动失败，被敌人追捕，转移到上海及上海郊区从事革命活动，与当时在上海做特科工作的顾顺章多有接触，所以顾顺章很了解蒋云。蒋云也曾在淞浦特委工作过，负责淞浦特委的巡视工作，与时任淞浦特委机关秘书的姜辉麟相识相知。

1931年12月11日，蒋云在上海沪西三和里参加产业总工会联席会议时被捕，同时被捕的还有李阿生（化名小汤）和郑福宁（宁波老头，被捕后死亡）。后经上海、苏州等地的法院多次审讯，尽管有叛徒许惠山和特务顾建中（蒋云在苏州工专读书时的同学）的指认，但蒋云坚决不承认自己的身份，他还在1932年的4月6日写了"恳请从事昭雪，宣告无罪"的上诉书，最后被国民党江苏省高等法院第三分院判刑三年零四个月，押解南京服刑。

此时，顾顺章正在南京为国民党中统卖命，得悉蒋云被判决后，立即上报他的新主子，将蒋云从监狱转移到细柳巷4号的特务机关里，要挟他为国民党特务机关效劳，帮着他起草"新共产党的五年计划"。蒋云一方面与顾顺章周旋，一方面秘密写信给姜辉麟，让她与在上海的江苏省委继续联系，信中说："顾匪的生命操在我的手中。"蒋云想为党立功，除掉这个大叛徒。但是，他太低估顾顺章了。

蒋云私下写给姜辉麟信的事，竟被顾顺章侦悉。顾顺章当然恼怒，遂派特务胡洪涛到上海了解情况，胡跑到上海，经过一番调查，证实确有其事。顾顺章害怕蒋云说出他成立"新共产党"的秘密，不敢对他进行公开审判，乃蒙混国民党中央组织部调查科主任徐恩曾，说："自首分子公开处死，会影响自首政策。"徐遂同意将蒋云秘密处决。于是顾顺章摹仿蒋云的笔迹，写信给姜辉麟，要她到南京接受任务。姜辉麟一看是蒋云笔迹，哪里知道这是顾顺章的诡计，立即从上海赶往南京。火车在镇江车站停下后，被等候在那里的特务劫持，特务把姜辉麟带下火车，推进早已准备好的汽车，直奔南京。一看姜辉麟被抓到，顾顺章一阵大笑，嘱咐特务将她押到边营，也关押进细柳巷4号的特务机关里。

顾顺章对姜辉麟一番客气，让她说服蒋云为他工作，遭姜辉麟拒绝，又严刑逼供，也遭失败。回头再去逼蒋云，也遭蒋云严拒。这样软硬兼施来回劝降逼供均遭失败后，顾顺章终于失去了耐心。

1932年12月的一天晚上，南京已进入寒冷季节，刚刚下的一场大雪，融化的雪变成了冰棱，坠满了南京城南边营一带房屋的屋檐。国民党中统设在这里的一个特务室也不例外，除了寒冷，还阴森。顾顺章让特务将五花大绑的蒋云押了过来，对特务说："给他松绑。"顾顺章从桌上端起一杯酒来到蒋云面前，说："你也不要怨我，你既不配合，又想害我，看在我们相识一场，给你留个全尸，你把这酒喝下去，一切都结束了。"蒋云的愤怒无以复加，比天气还寒冷的目光逼视着顾顺章，大骂他叛徒，无耻，是共产党的罪人。

站在蒋云身旁的几个特务也不说话，一拥而上撬开了他的牙齿，直接将一杯毒酒灌进他嘴里。在一阵挣扎过后，蒋云不动了。一个小特务用手试了试蒋云的鼻息，恐惧地说："他还没死。"于是，他们又用绳子把他勒死，拖到后院埋进城墙边事先挖好的坑里。第二天，他们又用绳子将姜辉麟勒死，也拖到城墙边，埋在蒋云的旁边。

如今，姜辉麟的墓地在上海松江烈士陵园内，当年的老战友、前国务院副总理陈云为姜辉麟写了碑文：

> 姜辉麟烈士（1897—1933），女，上海市松江县人，中国共产党员。"五卅"时期，参加革命活动。1927年，国民党反动派制造四一二反革命政变，千百万共产党员和革命人民惨遭屠杀。在当时革命艰难时刻，辉麟同志毅然加入共产党，誓为革命事业奋斗终身。

> 辉麟烈士先后在中共奉贤县委、淞浦特委、上海、南京等地担任党的地下工作，机智、勇敢地完成任务。1932年，辉麟同志被反动派逮捕，她坚贞不屈，1933年牺牲于南京雨花台。

> 辉麟烈士永垂不朽！

陈云为姜辉麟写的碑文两处有误：一是牺牲时间，不是1933年，而是1932年；二是牺牲地点，不是雨花台，是南京城南的城墙边。

姜辉麟牺牲后，姐姐姜兆麟凭着一双小脚随夫翻越虎头山封锁线，抵达江西瑞金中央苏区。她先后担任财政部会计、国民经济部会计兼节省委员会和优待红军家属委员会主任等职。翌年10月，红军长征，她因患重病留下，6天后被捕，受到严刑审讯，她始终伪装成批售冬笋的贩子，8个月后获释，行乞返沪，与党失去了联系，潜身佛学会任会计，并以小儿推拿为谋生职业。1949年松江解放后，姜兆麟重新入党。1957年，首都北京举行纪念五一国际劳动节活动时，姜兆麟应邀去北京参加观礼，见到了当年同姜辉麟共同工作过的老战友陈云、刘晓、吴仲超等人，故宫博物馆馆长吴仲超吟诗一首以赠。诗云：

大地春回草木深，快逢旧雨话前尘。
当年战侣从头数，此日亲朋着意寻。
壮烈万人流热血，欢欣兆姓庆新生。
莫愁无地迎忠骨，留得芳名千古馨。

让我们用姜辉麟的挚友范志超为姜辉麟写的一首诗结束这篇文章：

弃儿舍女叛亲人，走险挺身主义真。
不惜头颅忠革命，千秋万代史留名。

第八章 向着泾县进发

苏联有位作家曾说过:"战争让女人走开。"事实上,战争并没有让女人走开。在中国的抗战史上,女人非但没有走开,有的比男人担负着更加艰险的任务。她们冲破重重封锁,克服千难万险,有的奔赴延安,有的向着泾县进发,投身于抗战的洪流中。诗人何其芳说:"延安的城门成天开着,成天有从各个地方走来的青年,背着行李,燃烧着希望,走进这城门,学习,歌唱。过着紧张的快活的日子。然后一群一群地,穿着军服,燃烧着热情,走散到各个方向去。"新四军军歌里唱着:"扬子江头淮河之滨,任我们纵横地驰骋。深入敌后百战百胜,汹涌着杀敌的呼声。要英勇冲锋,歼灭敌寇!要大声呐喊,唤起人民!发扬革命的优良传统,创造现代的革命新军。为了社会幸福,为了民族生存,巩固团结坚决的斗争。抗战建国高举独立自由的旗帜!抗战建国高举独立自由的旗帜!前进,前进!我们是铁的新四军!前进,前进!我们是铁的新四军!前进,前进!我们是铁的新四军!"女兵的声音嘹亮而激昂。可以说,没有千千万万女性的奉献,就不会有抗日的胜利。

孙晓梅：文精武壮女中魁

1

孙晓梅被家乡人称为"怪女子"，被祖父孙蓉第说成"蛮女子"。称怪女子是对她不怀好意；说蛮女子是对她厌恶嫌弃。孙晓梅聪明伶俐，正直善良，敢作敢为，为什么被他们说成怪女子、蛮女子呢？这里先讲两个小故事。

孙晓梅出生于浙江富阳龙门。龙门地处钱塘江上游，富春江南岸，四面环山。《富阳县志》云："有泉自山顶悬流石崖，泻作瀑布，飞速喷溅，非遇暑炎冬涸不可近。山腹有上、中、下三潭，天然石泓，名曰龙潭。其中下二潭，踪迹可至，其上龙潭不得贸然无津问云。"旧时，每逢久旱不雨，人们都会来到龙门山上龙潭迎龙祈雨。据说，有求必应，十分灵验。因此，孙晓

图 8-1 孙晓梅

梅的族人立下一条规矩：女性只准到下龙潭，不得去上龙潭，绝不能入龙潭嬉水洗澡。规矩写在木牌上，立于龙门山脚和龙潭边上，告示也贴在龙门的老街上。其实，这些规矩、告示不用贴，也是人人知晓，上辈传给下辈，代代相传。所以，没有发生过女子去上龙潭，更没有入龙潭嬉水的。

但是，龙门有了孙晓梅。她偏不信这个邪。

那个夏日的午后，孙晓梅召集几个胆大的小姐妹来到龙门山游玩。她们一路走一路嘻嘻哈哈，走到山脚下的龙潭处，一个过路的族人看她们正往上走，大声告诫："你们没看到牌子上的规矩吗？女子不能上去，只能到此为止，否则要受到族规处罚。"孙晓梅也大声回答："女子上山看一看潭水都要受到限制，这是什么规矩。"说着，领着几个姐妹继续往上走。走到中龙潭，一泓清澈碧绿的涧水，让这几个闺中姑娘激动不已，嬉笑互相追逐的声音传到了上龙潭正在洗澡的一群男子耳朵里。他们非常吃惊："这里怎么会有女子的声音！""女子怎么到了上龙潭？"几个男人一边说着，一边迅速上岸穿衣服。衣服刚穿好，就看见几个姑娘嬉闹着走了过来，走在最前面的是孙晓梅。一个男子冲着孙晓梅说："你这个怪女子，怎么敢跑到上龙潭来，就不怕以后找不到婆家。"另外的几个男子也冲着其他姑娘说："你们不要跟她学，学她的样今后也找不到婆家。"几个男子一边说一边摇着头下山去了。孙晓梅与几个姑娘虽说生长在龙门，可从来没到龙潭来玩过，她们也学着男子下龙潭嬉水打闹，玩了个痛快后才下山回家了。

她们的行为在龙门村可谓平地起惊雷。女子上龙潭嬉水这还了得。"没有家教，不守妇道""冲犯了神龙，会有报应的"，各种说道在龙门村传开了。那段时间，几个姑娘上龙潭嬉水的事儿成了热门话题。孙晓梅当然遭到祖父的强烈责骂，连带她的母亲一起遭到祖父的指责。一般的女孩也许今后再也不敢了，可孙晓梅偏不，她索性卷起裤脚，下到龙门溪中，捞鱼捉虾摸螺蛳。在那个时代，女子的脚是绝对不能露出来的，可孙晓梅偏不，就把脚露出来了，你们能拿我怎么样。祖父拿她也没有办法，连连说："蛮女子，蛮女子。"村里人挤在溪边观看，有的指责辱骂，有的大呼小叫："怪女子，怪女子。"

还是青春年少的孙晓梅不是真的不在乎，而是她想用自己的行动对抗这个歧视女子的规矩。她曾说："我小时候的家庭，原是一个不合理的大家庭，对儿童的教育，非但不注意，而且环绕我们四周的，全是欺骗、虚伪、尖刻、恶毒的勾当，幸亏我们的母亲的贤良，才能使我们受完普通教育。"

图 8-2　少女时代的孙晓梅

我们再来看看另外一个故事。

浙江富阳的孙家是东吴大帝孙权的后代,到了孙晓梅这一辈已是第61世孙了。因此,孙氏家族制定了一些行为规范来约束家族中人,家训成为这个家族的精神"图腾"。孙氏宗祠也是古朴庄严,气势恢弘,正厅面阔三间,孙权像及孙权撰写的《天子自序》悬挂堂中,堂前是天井戏台,左右为廊。

每年的农历二月初二和十月十九,孙氏家族举办祭祀大典,祭祀大典就在孙氏宗祠举行。那年农历二月初二,孙氏族人照例在宗祠举行春祭大典。孙氏家族有个规矩,高小毕业的男秀才才有资格进祠堂参加祭祀活动,祭拜祖宗结束后可分得一块胙肉;高小毕业的女秀才没有进祠堂拜祖宗的资格。一般祭祀三天,在这三天里,全族停工,盛装参加祭祀活动。这年的春祭如往常一样,祭祀第一天,祠堂开门演戏,一曲终了,族人集聚,祭祀大典开始。正门至荫堂中门大开,祖宗牌位前,六张八仙桌一字排开,上铺红布,美味佳肴水果糕点陈列在八仙桌上,桌前供架上摆着系有彩条红绸的全猪全羊,一对巨型蜡烛把祠堂照得雪亮。主祭是族长,陪祭的是各房当家的,家族缙绅都到场,20名秀才担任司仪。祭祀正式开始,主祭与陪祭叩首、上香、献供品后,族长跪读祭文。正当族长聚精会神地读祭文,族人聆听时,从宗祠外冲进一拨叽叽喳喳的人群,德高望重的族长愤怒地放下手中的祭文,其他人也都扭头朝着这群人看去。读者可能看出来了,来者不是别人,正是孙晓梅。

她的到来,犹如一道闪电划过天际,刺破了夜的宁静。

此时的孙晓梅已不是龙潭嬉水时的小姑娘了,20岁出头的她正在海宁硖石仲路小学任教,已受进步思想的影响多时,妇女解放的思想在她的脑中已定型。这天她正在家乡，族人不让女子进祠堂祭拜祖宗的规矩，她认为是对女子的歧视。因此，她召集了几个思想进步的姐妹，对此事进行商议后，开始行动。她们联系了全村所有高小毕业的女子，对她们进行进宗祠动员，同时争取了一些开明士绅的支持。这些工作做好后，趁着族长等人祭祀的时候闯进祠堂。

闯入祠堂的她们与宗族董事会理论，要求今后女子也能进祠堂，与男子一样参加祭祀大典。

族长德高望重，哪见过这个场面，大怒过后，大声喊道："谁家的女子，如此不懂规矩，给我拿下，按族规处置。"孙晓梅也不示弱，大声问道："请问族长，女子为什么不能进祠堂，为什么不能祭拜祖宗，难道我们不是孙氏子孙？"

"这是千百年来的规矩，难道你不知道？"

"什么规矩！难道千百年的规矩不能变吗？我们绍兴的秋瑾不是女人嘛，为推翻数千年的封建统治，英勇地就义在绍兴轩亭口，她做的事情难道不如男子吗？如今已是民国，没有皇帝了，千百年的规矩也要变了。"

气极的族长一时愣在那里，一句话说不出来。

由于之前做了几个开明绅士的工作，此时，几个人都在场，他们也觉得孙晓梅说得有道理，所以，从中调和，劝说族长让她们离开，又答应孙晓梅她们，宗族董事会对她们提出的要求进行众议。

祭祀大典结束后，宗族董事会为此事专门召开了会议。经过一番讨论，在几个开明士绅的坚持下，对家规作了修改，准许高小毕业的女子进祠堂祭拜祖先，并可获得胙肉一块。

孙晓梅她们虽然胜利了，但乡间那些墨守旧规的老人是不能理解的，对孙晓梅的这次做法深恶痛绝，辱骂声不绝于耳，受气更是常事，她的家庭，尤其她的母亲也受到牵连。

本来就重男轻女的祖父不再容忍了，他认为他们孙家世代书香门第毁在了这个孙女手上，一定要把孙晓梅赶出家门。而当下赶出家门的唯一办法就是把她嫁出去。于是，祖父到处托人给孙女找婆家，而孙晓梅呢，跟祖父较上劲了，来一个媒婆赶走一个，来两个媒婆赶走一双，最后，媒婆也不登孙家的门了。

孙晓梅曾在日记中这样写着："我的生性是固执而喜自由，我的心情是富于同情而不受屈服，物质压迫不怕苦，精神刺激一点也受不来，我不大肯对比我的地位高的人妥协、恭维，我宁愿委屈人而表现自己的个性。"有人说，性格即命运。孙晓梅非常了解自己的性格，她又说："我将永远地执行着自我的人生方式，向自我认定的人生目标前进，结果如何，我是无功夫去计较，亦懒得去计较。"孙晓梅的这种烈女般的个性随着她追求真理步伐的迈进，将成为革命者具有的不可或缺的精神品质。

母亲心疼女儿，但女儿做出这等事来，她也没有办法，婆家找不到，那就让她暂时离开龙门吧。于是，她把女儿喊到身边："小妹，你父亲在杭州工作，你弟弟在杭州读书，他们的生活也没人照顾，你代替我去杭州照顾他们吧。"孙晓梅不乐意去杭州，回母亲道："我为什么要去照顾他们？"母亲又说："你不是想读书嘛，杭州有图书馆，图书馆里有很多图书，比我们景山小学图书馆的书多得多。"一听说杭州有很多书，孙晓梅心动了。知性的母亲终于说服了女儿。

2

那年春节过后，孙晓梅坐上客运轮船，前往杭州。坐在船上的孙晓梅心里五味杂陈，她不是不想离开家乡，她也想离开家乡，离开那些陈腐不堪的族人，但她不喜欢被人赶走的那种感觉；此外，她也不放心母亲，怕母亲因她而遭受族人的责难。

作为一名知识女性，嫉恶如仇的性格使孙晓梅融不进那个男尊女卑的社会，她渴望男女平等，追求妇女解放。随着知识的积累与自身反抗的经历，她深刻体会到，空喊口号是没有用的，于是，她就用一个小女子的力量首先在家族里获得应有的权益。"我禁止自己喊空泛的口号，亦不赞成人家的喊。听到人家一次喊，我只在内心加一层痛苦。""我们唯有彻底地觉悟，起来奋斗，自我来解除不平等的桎梏。"从孙晓梅的这段话中，我们知道，她闯进家族祠堂是有一些心理因素的。

父亲对女儿的到来有点意外，也有些淡然。孙晓梅曾在日记中这样描述她的父亲："我们的父亲，是一个懦弱无能的老实人，在家庭中毫无地位，而且个性很特别。他对于我们儿女，如陌路人一般，既不来管束我们，亦不来指导我们，随便我们上天下地，他除对我们笑笑之外，从不多说一句话。所以我们平时怕的是母亲，常以朋友看待父亲。"女儿了解父亲，父亲当然也知道女儿的个性，他生怕女儿再给他惹出什么麻烦来，倒是弟弟孙承勋看到姐姐来杭州感到非常开心。弟弟孙承勋就是后来的著名作家何满子，现正随父在杭州读书，后由姐姐的同事、后来成为冼星海夫人的钱韵玲推介，到上海参加战地服务团，融入了抗日的洪流。

在杭州这段时间，孙晓梅有过两段感情生活。

到杭州不久，她认识了弟弟孙承勋的美术老师、西湖美专（今浙江美院）学生潘美如，跟他学起了美术。孙晓梅非常有艺术天赋，学了一段时间的美术就给杭州王星记扇庄画起了扇面，她画的一幅版面竟然被推荐到《东南日报》"东南画刊"栏目刊登。在学画这段期间，她与潘美如彼此欣赏有了感情，后因感情破裂而分手。1936年，孙晓梅与潘美如的朋友，也是她在杭州横河桥小学的同事、作家季诚性相爱而结婚。杭州遭日军战机轰炸，疏散人口时，两人回到龙门老家，但因两人性格不合、政见不同，屡屡发生争吵，几个月后，季诚性离家考进了国民党中央军校，两人因此分道扬镳。后来，季诚性留在国民党的军事机关做事。孙晓梅个性鲜明，敢想敢做，不会因为两人感情不合而凑合婚姻，在那个时代女子离婚已是凤毛麟角，要求离婚更是寥若晨星。

孙晓梅没有机会像张应春、陈君起、吕国英她们以省、市、县妇女部部长的身份从事妇女解放运动，她是以自身的行动，以一己之力来抗拒旧礼教加在女子身上的不公与歧视。一旦有机会她会如她的老乡秋瑾一样"身不得，男儿列，心却比，男儿烈"。

1938年的秋天，机会终于来了。

3

1938年的10月，孙晓梅收到堂弟孙成修的一封信。堂弟在信中告诉她，他已经从延安到了皖南的云岭，在新四军教导队里工作，让她动员家乡青年追求进步，去皖南参加新四军。读完信，孙晓梅心中一阵激动，这正是她想去的地方啊。她渴望自己能走出平庸生活，去追求自己向往的神圣事业。孙晓梅曾写过这样一首诗："青年的同伴们！早晨来了！起！起！起！勿打盹！早晨来了！起！起！起！勿寻梦！青年的同伴们！早晨来了！走！走！走！勿踟蹰！早晨来了！走！走！走！勿回头！青年的同伴们！出汗没出汗？出汗的吃块面包，没出汗的努力走！走！走！……踏上成功之途。"从这首诗中我们看到了一位充满朝气，向往光明的知识女性。所以，孙晓梅看完堂弟的信后，没有任何犹豫，没有回家，拿着信直接去找她的族亲、中共地下党员孙京良。孙京良看完孙晓梅带来的信，眼中闪着光芒，他对孙晓梅说："你去通知战时补习班的几个可靠学生来，我就在孙氏宗祠外等你们。"

一个小时后，孙晓梅带着几个年轻人来到孙氏宗祠，孙京良跟几个年轻人说了堂弟来信的内容，最后孙晓梅说："堂弟信中还说，现在上海、浙江、江西等地方的一些热血青年正前往云岭参加新四军，自去年底日军侵占富阳后，民众惨遭日军的暴虐。天下兴亡，匹夫有责，眼下抗战局势一天天紧张，国共两党也合作一致对外了，民众是有钱出钱，有力出力，孙京良现在参加了政工队，走不了，我准备前往，希望你们也能去，我们同心协力地去抗击日军。"听完他们的话，几个年轻人都表示要一起去皖南云岭参加新四军。有几个人年龄较小，家里有困难的，孙晓梅建议他们不要去。去的人相约先不告诉家人，免得家人担心不让去，等到了云岭再来信告诉家人。

就这样，孙晓梅一行5人踏上了前往皖南的征程。

出发前，他们已经打听好了，从富阳出发，沿途关卡林立，绝大部分被国民党军队封锁控制，小部分被日军占领。无论国军控制还是日军占领的关卡都是不被容许通过的。所以，出发前，孙京良通过熟人关系帮他们开具了县国民政府的难民通行证，通行证上写着姐弟5人前往安徽投亲靠友。为了符合难民形象，这一群年轻人各显神通，把自己打扮成形态各异的"难民"，他们背着破旧的衣服与被子徒步向着泾县进发了。他们经桐庐、建德，傍晚时分抵达淳安，一到淳安就有人接应他们，是孙京良为他们安排的。这是他们离家的第一个晚上，被安排在茶园古镇的农民协会会长家里，主人为他们准备了简单的晚饭。第二天，5个年轻人早早起床，吃了早饭，又上路了。从淳安到皖南，要翻越浙皖古道大连岭，男主人为他们画好了线路图，女主人为他们准备了一锅山芋，作为一天的粮食。

大连岭古道南起浙江淳安浪川乡连岭村，北至安徽歙县石门乡石门村，全长60里，主峰啸天龙海拔1300余米高，是古徽州与睦州的旱路商贾要道。他们白天翻山越岭，晚上栖身于驿站与祠堂庙宇。干粮吃完了，钱也用完了，他们一边走一边找吃的。这几个年轻人从未吃过这样的苦，可泾县吸引着他们，他们顽强地向着泾县走去。

半个月后，他们终于抵达了安徽旌德县境，这个晚上，他们住进了难民收容所。5个年轻人住难民所引起了国民党军警的注意，军警怀疑他们是要去泾县参加新四军，就对他们严加盘问。当时国民党顽固派害怕大批年轻人投奔新四军队伍，特出台政策，凡是青年人不能去泾县。之前，孙晓梅与其他4个年轻人说好，如果遇到麻烦，就说家乡沦陷，姐弟5人前往泾县投靠叔叔。好在他们有难民证，才允许他们继续住在难民所。

第二天，他们刚走出一个村子就遭到国民党顽固派的拦截。孙晓梅伶牙俐齿，与士兵理论起来，于是，双方发生了争执，被几个士兵带到连部。一个军官模样的人气势汹汹地说："泾县是新四军的地盘，上峰有令，凡年轻人一律不准进泾县。"孙晓梅不服，理论道："我们只是投亲靠友，并不是去参加新四军，为什么不让过。"她坚持要走。最后，士兵把他们5人关进一家祠堂。第二天，孙晓梅从饥饿中醒来，想着，这样下去也进不了泾县，要不以退为进，出去后再想办法进泾县。这样想着，她就喊："转告你们长官，不让我们去泾县，我们不去了，放我们出去。"

走出祠堂后，他们一行往回走了一段路，走进了一个村子，遇一个农民，孙晓梅上前问路，说家乡被日本人占领，他们要去泾县参加新四军打鬼子。这个农民看一群年轻人有此决定，特别是一个女娃娃要去打鬼子，令他敬佩。于是，这个有正义感的农民大叔对他们说："走，跟我走，我带你们走一条没有关卡的路。"于是，这个农民带着他们迂回到绩溪，给他们指明了前往泾县的路：沿两县交界走，经水川、百川等村庄，绕过顽军封锁线，进入太平县，再经西潭、刘家等村就进入泾县境内了。按农民指示的路线，他们顺利地到达泾县，一路问人，询问而行，最后抵达章家渡兵站。

4

孙晓梅他们5人，徒步一个月，吃尽了辛苦，到达云岭时个个像难民。孙晓梅在安徽泾县新四军军部找到了堂弟孙成修、堂哥孙承熙。

此时，恰逢新四军教导总队扩招学员，孙晓梅被编入教导总队第八队学习，其他4人被编入第五队学习。

当时，新四军教导总队成立了一个由女兵和青少年组成的女子队，编为第十一队。随着女兵的增多，教导总队又单独设立了女子队，编为女子八队。女子八队有100多名学员，因人数众多，又分成两个队：八（1）队与八（2）队。八（1）队基本上是爬雪山过草地的女红军，她们的文化程度不高，除了学习政治外，主要是学文化。八（2）队主要是知识青年，有少数产业工人，孙晓梅被编入这支队伍，队长是于晶。

学习期间，部队有规定，晚上学员要去附近村庄了解民众的思想、生活、经济等情况。孙晓梅借住的小村庄只有六七户人家，她上门挨家挨户地走访，今天晚上去这家，把部队配发的一点猪肉带给这家的老人，明天去那家，把草鸡蛋带给那家的小孩，后天又去另一家，帮人家哄孩子……很快孙晓梅就融入了他们中间，像他们的邻家姑娘，家长里短什么都聊，没过多久，孙晓梅就把村里的情况摸得一清二楚。

孙晓梅有文化有思想，特别擅长做群众工作。有天傍晚，她带着一位新战士到一个小山村走访农户，他们走进一户农家，男主人在田里耕种，女主人在忙着晚饭，顾不上孩子，孩子哭得满床打滚。孙晓梅赶紧跑过去一把抱起孩子，一边哄着孩子一边掏出手帕为孩子揩眼泪、擦鼻涕，待孩子安静后，她把孩子递给新战士抱着，自己又去灶前一面添柴烧火，一面跟女主人唠叨，根本没把自己当外人。就在这唠叨中，她了解到当地的具体情况。女主人还一个劲儿地说："孙同志，你懂我们穷人的苦，新四军都是好人。"

1939年4月，孙晓梅在教导总队第八队毕业，被分配到军政治部农村经济调查研究组工作,组长由新四军教导队教育长薛暮桥兼任。她的主要工作是随薛暮桥开展农村经济现状调查。

多年后,一位当年的新四军战士回忆第一次见到孙晓梅的印象:"我坐着,打量着孙晓梅同志,她个儿不高,中等身材,胖胖的圆脸,皮肤黑里透红,长得结实健壮。她穿着一套灰布军装,军装的颜色洗得已经泛白了,肩头、膝盖处被磨得有些发毛,左臂上缝着一块布,白底蓝色,上面印着一个穿军装、持枪向前冲刺的战士,有"NA4"的外文字。她戴着一顶灰帽,帽檐上方正中缝有一个铁质的青天白日旗的帽徽。腿上裹着灰布绑腿,穿着一双用稻草和破布拧成绳打成的草鞋。后来才知道,这种草鞋经穿、耐磨、不会擦伤皮肤,是红军的传统。总之,她那飒爽英姿的气概,是一个地地道道的女兵形象。我第一次见到她,她就深刻地印在我的脑海里了。"

孙晓梅与战友受薛暮桥指派,前往泾县章家渡开展农村经济情况调查。一天,他们去化林乡解决借粮度荒问题。当地农民抗日救国会反映一个情况:有一户地主存谷2000担以上,不肯出借给断粮的农民、佃农,准备跟以往一样留作放债。孙晓梅听后建议道:"以农抗会的名义向地主借粮,利息每担20斤稻谷,待到秋后还上。"同志们认为这个建议好。想了片刻,孙晓梅又说:"如果他们不肯借,那就禁止粮食出村,决不让这户地主将粮食运出村卖掉,再动员全体佃农退租。"大家一听又纷纷赞好。过后,她又听说"农抗会"的一个成员家里有100多担存粮,孙晓梅立即找到这个"农抗会"成员,劝他带头借粮,做个表率,让有粮的人家效仿。这个"农抗会"成员不愿带这个头借粮,孙晓梅口才极好,又有理论,在她的攻势下,这位"农抗会"成员终于同意做这个表率开仓借粮。这个局面一打开，后面的工作就好做了。民先队长汪大铭一个劲地说："新四军大姐还真有思路和办法。"

她白天访贫问苦，晚上整理材料、阅读经济学书籍，撰写读书笔记。在这一段时间里，她被当地妇女支援新四军打鬼子的事迹所感动，写了一篇题为《繁昌战斗中的妇女们》一文，发表在1940年4月15日浙江绍兴专署出版的抗日刊物《战旗》上。这篇文章反映了抗日根据地广大妇女群众在中国共产党领导下积极参与抗战的真实情景。

5

1940年的初夏，孙晓梅奉命随工作队离开皖南，奔赴苏南敌后抗日根据地。她的战友朱微明回忆孙晓梅的这段经历时说：

"晓梅是一个既严肃又活泼的同志，她平易近人，但不随便开玩笑，做起工作来，动作麻利、干练，简直灵活极了……在行军过程中，晓梅显得特别活跃，特别勤快。她有时帮助体弱的同志背米袋；有时第一个跳过山沟去，伸出粗壮的手，接应一个又一个女同志过山沟；上坡下坡时，她走得特别慢，频频招呼后面的同志当心，免得在光滑的岩石上跌倒……她穿着稻草和破布条拧成绳打的草鞋，不穿袜子，露出脚丫子，在山间石板上'啪哒，啪哒'地走着，这'啪哒'之声和着嘹亮的歌声，在山谷里回荡着。

"我们行军到江苏省溧阳县境时，就转入平原了。这里离目的地也很近了。长期被层峰叠峦挡住了视线，一旦进入平原地区，真是豁然开朗，一望无际的空间，显得广袤、宽阔，人的精神也特别亢奋了。我们经过十天左右的行军，终于安抵一支队驻地溧阳县水西村了。"

新四军第一、第二支队司令部机关合并，是1939年11月7日在溧阳水西村完成的，此时，苏南抗日根据地已进入建设阶段，司令部、政治部为他们的到来举行了盛大的欢迎会，正副指挥陈毅与粟裕，以及政治部主任钟期光都在会上讲了话，他们欢迎新战友到前方工作，也祝愿他们在工作战斗中能得到锻炼成长。当晚，工作队话剧组还为他们演出了《第四十一个》短剧。会后，他们就分组开始工作了。

孙晓梅和朱微明分在一个小组，还有一个组长。他们的任务是到离水西村十多里的南渡镇近郊，调查农村经济，以及地主、富农的地租和高利剥削；调查上中农、中农、佃农、贫户农的收入和生活情况。根据调查情况，然后讨论、综合和分析，再写成书面报告。

他们三人的调查很成功，但在回程途中天气突变，朱微明回忆："在我们结束调查的前夕，要做的工作特别多，我们三个人返回水西村时，天已经黑了，一霎时，乌云密布，哗啦啦下起瓢泼大雨来了。虽然离宿营地没多远，但我们没有雨具，都穿着单军装任凭风吹雨淋。江南农村，一下雨，表层的泥土泡松软了，走路时又滑又黏，再加我们走的是夜路，伸手不见五指，所以走得特别小心，防止摔倒。晓梅走在第一个，也许因为她穿草鞋的原因，像跃步前进似的，而我呢，拖着浸透泥水的布鞋，走在最后一个。组长走在中间，他是深度近视眼，雨水模糊了他的眼镜片，他看见旁边有白光横着，以为是条大路，经直向白光走去，谁知这是一条小河的反光，他一脚踩下去，人就连滚带跌地掉进河里去了，只听见他

'哎哟，哎哟'地喊着。我走在后面还不知是怎么回事，本能地站定了。朦胧中隐约看见晓梅的身影朝白光纵身一跳，由于河岸不陡，河水也不深，终于把组长拉上了岸，两个人都拖泥带水湿淋淋的，齐腰的泥水往下淌着……"

几十年后，战友对孙晓梅的印象还是那么深刻，对孙晓梅的一言一行记忆犹新。通过他们的回忆，孙晓梅的形象渐渐地栩栩如生了。

这年9月，孙晓梅加入了中国共产党。

6

1941年的初春，孙晓梅被调到镇江，就任中共镇江县委妇女部部长。她初到镇江时，镇江十分混乱，局面很难把持。县委书记张光对镇江的恶劣工作环境没有回避，他对孙晓梅说：皖南事变后，国民党顽固派大肆捕杀新四军，日伪顽夹击，战斗不断，经济困难。苏南主力和地方武装力量减少，仅个把月就减员1000余人，地方干部大量损失，区委书记以上干部牺牲的就有20余人，还有少数干部动摇逃跑，有的叛变，不少地区工作停顿，党群组织处于瘫痪状态。

孙晓梅就是在这种恶劣环境中进入了她的艰难工作状态。

孙晓梅是搞民运工作的，经过慎重考虑，她决定就从民运开始。计划一定下来，她立即开始工作，日夜走村串巷。在了解各方面情况后，加强巩固了妇抗会、农抗会、青抗会等群众组织。孙晓梅的大胆果断工作作风和能力赢得了同志们的肯定。不久，她又兼管大港区委工作。大港是重要港口,辖17个乡千余个自然村。孙晓梅接管大港区时,与刚到镇江时一样,大港区也处于混乱局面。她在深入了解这个区之前,无数次地往来于村庄、阡陌、河道之间。正在她一个村一个村地宣传抗日政策时,镇江县抗日民主政府秘书长等人及一些新四军被日伪军枪杀了。一时,大港区的老百姓极度恐慌,悲观情绪蔓延在各类人员中,就是在这样的工作状态中,孙晓梅没有退却,重新理清思路。她在日记中写道:"深入群众,依靠群众,团结争取封建势力及地方势力,彻底肃清汉奸、叛徒。尽快发展新党员,尽快争取地方乡绅及帮会。"

孙晓梅参加新四军,在苏南活动的情况传到了家乡浙江富阳龙门,母亲陆琰对女儿很不放心,为女儿的安全日夜担心。母亲为这个女儿没少受家族人的白眼,本想女儿成家,生儿育女,做母亲的也少了一份担心。没想到,女儿居然远足投军,这越发让她睡不着觉。不仅如此,女儿还把儿子也带上投奔了共产党。如今,外面谣言四起,说什么的都有,什么新四军军长被扣留,副军长被打死,新四军已经被消灭。任何一个做母亲的听到这些谣言也会担心自己儿女的安危。陆琰立即给女儿写了一封信,希望孙晓梅立即回家,过一个女人应该过的日子。孙晓梅接到母亲的信后,为母亲的担忧而不安,她立即给母亲回了一封信。她在信中说:"我是一个有理智和勇气的青年,我不会被人家利用和愚弄。我有我的人生目标、理想信念,我决不会让自己盲目地陷入黑暗的深渊里去。我有我天赋的顽强性,我不怕任何压力、威胁、非议,我能毅然地打碎封建礼教所束缚我的镣铐。我所要的名利,是大众所需要的名利,我不稀罕个人的名利。对于这种问题,在我们看来,实在太平凡了,在我们事业的过程中,不过是属于私人生活的最小的一个环节而已。""我们除了为大众谋福利而奋斗外,个人利益本来就是放在后面的。全忠不能全孝,这是历来忠臣义士的名言。母亲,请原谅我,不能如你的愿,让我自己去做封建社会下的牺牲品。"

母亲收到女儿的信后,非常生气但又无可奈何。她又请自己的妹妹给儿女去信相劝。时隔半月,孙晓梅收到姨母的来信,姨母在信中劝她念及母女之情赶紧回家侍奉母亲。孙晓梅也给姨母回了信。几十年后,孙晓梅写给姨母的这封家书被收入中宣部编写的《重读抗战家书》中,读来令人感叹不已。

让我们来看看这封令无数人感动的信中说了些什么。

姨母大人:

"人非木石,孰能无情?""羊跪食乳,尚识天性之恩",何况人乎!来信读后,心肺实存难言之痛!然时代迫使如此,曾望深谅是幸!

所言各节,全为顽固分子之谣言,现在梅等全以舌耕糊口,何曾在军队服务?正因为米珠薪桂,所入不敷所出,故有要求家庭津贴之意见见诸前信;要是服务四军,谈四军的艰苦奋斗之部队,所有人员决不愿向人诉苦,即使是家庭,他们亦无若何企求。由此已可证明梅等之目前生活情形及行踪,望可对外人言之,加以声明和解释,莫将来弄成误会。

大江南北尽第四军足踪。所谓解散四军,原为一般投降顽固派自己心里想的事,过去十年都消灭不掉,今天谈何容易?在抗战过程中,据云,四军力量已扩大到12万人。以前听人家说,在事变初期,由赣湘等省集中时,仅数千人,现在所谓被解散的不过其中军部的一部分。据当地老百姓告诉我们,他们的主力全集中在苏北。在江南,也有他们一部分,离这里很远,我们时有所闻,在江南北经常有四军的胜利消息,在此地的民众,非常敬佩,并称他们为神兵。不过都与我们无涉,我们只吃我们的粉笔屑,过我们的冷板凳生活。

我身体很坏,时常生病。幸寄父母侍服我,心里非常过意不去。在上次信中,曾经信母亲,要她老人家寄几斤茶叶来给我,现在仍请转告,能早些寄来给我以便我送给他们老人家,聊表我的谢意! 我想,母亲一定会答应我的要求,姨母你想怎么样?

家事无人料理,确常在我的意料之中,不过梅等亦出于无奈。欲归无力,欲动无能,惟有恳转姨母代为料理,并能督促煦弟,有以助母亲一臂,来日事平之后,梅等决不忘大恩大德。母亲年事日长,有望莫操劳过度,一切看破一点。反正,生不带来,死不带去,所谓赤裸裸的来到这世界,转眼间又将赤手空拳的回去,所不能平的,不能白白的来世走一遭。梅等正有鉴于斯,愿奔走他乡,自谋而生,不愿苟安偷生,将生易轻若鸿毛,这点望能深谅梅等之苦衷,俟后莫再烦言□梅等之行动,实为□幸!

大人等幼读四书,文墨知其一二种,义识其大端。岳飞之能留芳千古,实其母造就大半。若当年其母不鼓历[励]他尽忠报国,令其为国效劳,何来今天之岳坟、岳庙昭名千古? 孟子、徐庶等要皆有贤母,有望母亲能以古之贤母之精神来教诲子女。

国不保,家何能存?在此民族生死关头,望母亲能以国家为主、民族至上,莫以区区儿女情,而埋没子孙的前途。梅等虽非岳飞以及其他人可比拟,且亦无岳飞之时机、境遇,然古人之精神,堪为梅等学习,想姨母及母亲亦必同情也。

"谁无父母,提[携]幼奉[捧]负?谁无夫妇,如宾如友?谁无兄弟,如足如手?生也何恩,死也何咎!"正因为人类不应残杀,然人已残杀我,而我能不自卫乎?想三四年来,多少人妻离子散?多少人家破人亡?多少人尸骨分飞?多少人战死沙场?想人生不免一死,不过死得其时而得所值乎?!望姨母劝慰母亲,一切从远着想,莫听无稽之谈,而效井底之蛙语,一手不能掩尽天下人耳目,公理最后终能得胜利。

梅等不敏,然不愿做时代之落伍人;虽无能,亦必勉力追随历史之轮。如今天生活虽云清苦,愿自勉,决不做民族罪人。

所有亲戚友好,望能代梅问候致安!如有机缘,当返里亲候慈颜。阅报章,宁波吃紧,不知影响家乡否?现在草纸价值若干,海口被封,销路当大受影响,全村人民,当受冻饿之忧矣!

时交夏令,寒暖不匀,望能保养玉体,并努力加餐是幸。临风寄意,不尽所怀。专此敬请

金安! 并颂

阖府康泰!

甥陈云
五一灯下

茶叶望能早日寄来！

昨日延医诊治，曾打一针，身体想不日可疾健，望勿念！

又写。

这是孙晓梅1941年5月1日写的信。此时"皖南事变"刚刚发生不久，新四军损失惨重，军长叶挺被国民政府扣押，副军长项英被害于皖南蜜蜂洞，一时谣言四起。信中"以舌耕糊口"，是孙晓梅为了掩护自己和保护家人而特意这样写的。此时，孙晓梅化名陈云，故信后署名"陈云"。

7

1943年3月，孙晓梅又被任命为中共句北县委妇女部部长，在句容宝华山一带从事着传递情报、人员护送和物资运输等秘密工作。4月27日，孙晓梅接受护送两位新四军军部领导北渡长江的任务。为此，她对这一路情况做了详细了解。这一带是日本宪兵队本木小队的辖区，江中时有敌人巡逻艇巡逻，江边和铁路旁，除了关卡哨所，还布满了竹篱笆和铁丝网。孙晓梅知道，护送任务是一件既危险又艰难的事，一定得加倍小心谨慎。几天后，两位新四军干部抵达，孙晓梅把自己打扮成一个渔民，扛着渔网，趁着黑夜翻山越岭来到宝华山下，在地方联络站人员的接应下，顺利避过敌人的各个哨卡，穿过敌人的封锁线，越过沪宁铁路线，又经过10余里伪化区，顺利到达龙潭附近的长江岸边。然后，渡江把两位领导安全送到江北接应联络站。

新四军的两位领导离开后,孙晓梅一下子轻松起来,一路上凝重的表情也露出了一丝笑意。路上虽然危险紧张,但总算顺利地完成了护送任务。

第二天午夜,孙晓梅独自一人返回。

此时,春雨绵绵,打在脸上,孙晓梅仍感觉到了阵阵寒意。她轻车熟路,悄无声息地上了一只藏在芦苇丛中的小船,趁着夜色,她过了江上了岸,瞬间,消失在雨夜的黑暗中。过了伪化区,孙晓梅悬着的心放进了肚子里,她疾走一阵,到了句容县天昌乡营防镇附近的一条土公路上,她准备经营防镇回到根据地。孙晓梅刚拐进一条道,就听到一阵杂乱无章的脚步声,她的心一下子紧张起来,她意识到可能遇上了敌人,立即停住了脚。还没等她反应过来,一队荷枪实弹的便衣就冲到了她的面前,几个人不由分说就把她来了个五花大绑。绑好后推搡着她一路向前。此时,天色微明,借着光亮,孙晓梅认出了其中一个人,秦世勇。

孙晓梅知道她的身份已暴露无遗了。

孙晓梅被捕的消息传到日军驻龙潭宪兵小队队部。队长本木早就听说长江沿岸有几位厉害的新四军女干部,今天听说抓到她们中的一个,非常兴奋,立即命令将孙晓梅押到他们的驻地龙潭。

本木小队长下令给孙晓梅松绑,并设宴"招待"。孙晓梅知道这是敌人的鬼花招,不用说,本木的诱降遭到孙晓梅的严拒,并历数了日军侵华的桩桩罪行,孙晓梅辩才无碍,又有理论支撑,把本木说得暴跳如雷。诱降不成,本木下令对孙晓梅进行严刑拷打。孙晓梅是个烈女,岂能投降日军。最后日军将她押到龙潭镇附近的一个叫老虎山凹的地方,把她绑在一株大树上,本木小队长走近孙晓梅身边,问她到底降还是不降?孙晓梅一口血沫吐到了本木的脸上。本木举起军刀,一刀划开孙晓梅的衣服,接连两刀先剐下孙晓梅的双乳,在鲜血四溅中本木"哇啦哇啦"地大叫,这个嗜血的日军小队长又举起他的屠刀向孙晓梅砍去……

孙晓梅是1914年出生的,此时刚满29岁。

本来我不想细写孙晓梅被杀这一段的,我怕再一次刺激我的神经,虽然我的神经在写作过程中一次又一次地坚韧起来,但还是受到了刺激,不仅神经受到刺激,心脏也感到不适。我们也考虑到读者,怕给读者带来阅读的不适。但两天后,我打开电脑,把"1943年春,孙晓梅被日军杀害于龙潭。"这一句删除,还原了当时的被杀场景。

战争的残酷,让和平年代的我们无法想象,但我们知道战争意味着无尽的杀戮和死亡,给人类带来的是永远无法弥补的伤痛。我们应该揭开战争的恐怖面纱,揭开战争背后的心酸往事。我们应该铭记历史,珍惜和平。

40年后,孙晓梅的战友朱微明得知孙晓梅被日军残杀经过时,她这样说:"40年来音讯杳无,也曾一瞬间闪过,她或许已不在人间了,但万万没料到她死得这么壮烈,这么凄惨。我们心犹如被撕裂似的,感到十分疼痛,我用右手按住了胸膛,断断续续地叙述了我们共同工作学习生活的经历……"

1984年6月7日,已是中国经济学界泰斗薛暮桥为孙晓梅写了一首诗:

> 二十年华运幄帷,
> 文精武壮女中魁。
> 昔日洒下一腔血,
> 今朝腾起千枝梅。

编后记

《芳魂》是献给中国共产党建党100周年主题图书。该书是国内第一部以牺牲在南京及雨花台女烈士为题材的红色传记文学作品。全书选取了17位女英烈的革命事迹，她们中有中国妇女运动的先驱张应春，有陈潭秋第二任妻子徐全直，有刘少奇夫人何宝珍，有中国共产党内杰出经济学家薛暮桥早年的同事孙晓梅，她们绝大多数是中国共产党党员，为了革命理想，为了共产主义事业，虽身陷囹圄，坚贞不屈，用生命践行共产主义战士的初心。

这些女英烈是中国妇女的优秀代表，她们是早期接受现代教育的中国女性，受教育程度远高于国民平均受教育水平，有毕业于女子师范学校、女子体育专门学校和就读于现代大学的，还有在国外接受大学教育的。她们本可以相夫教子，养尊处优，过着波澜不惊的安逸生活，却走出小我，成全社会大我，以先进思想文化引领社会变革，提倡妇女解放，反对包办婚姻，追求男女平等，她们是中国社会现代转型中推动妇女自身解放的最重要的力量。

在中国共产党的引领之下，她们又从妇女解放转向全体劳苦大众的解放，投身中国共产党领导的革命事业，信仰共产主义，宣传革命理论，从事地下革命工作，发动工人、农民、学生共同参加反帝反封建的斗争，出生入死，无惧无悔，信念坚定，始终恪守组织纪律，对党组织和人民无限忠诚，宁可牺牲生命，矢志不渝，坚守共产党人的理想信念，其人格意志的光芒与日月同辉。

热土有幸埋忠魂。她们大都牺牲在了南京雨花台，她们是现代中国的女中豪杰，是为中国革命事业牺牲的最美丽的英雄。

作为后来人，对她们最好的纪念是以寿于金石的文字，传递她们的崇高精神，以激励来者承接她们上下求索、九死不悔的革命者的意志和品格。在纪念中国共产党成立100周年前夕，雨花台烈士陵园文博处闻慧斌处长约请著名女作家孙月红担纲，采用传记文学的手法，通过大众最喜闻乐见的故事体裁，讲述女英烈波澜壮阔的革命伟绩。孙月红女士不仅是知名作家，还非常熟稔雨花烈士史料，擅长革命人物题材的创作与书写。因此，该书不仅有非常好的文学可读性，也充分照顾到历史的真实性。全书约30万字，配有40幅历史图片，非常适合向青少年读者、女职工、女党员推荐。重温雨花女烈士革命事迹，学通学透百年党史。

本书选题由南京市雨花区妇联张晓慧主席动议、雨花台烈士陵园闻慧斌处长策划，南京市润盛建设集团有限公司对该书的出版给以了大力支持。在此谨向南京市雨花台区妇女联合会、南京市润盛建设集团表示衷心的感谢。